ワンアクション韓国語

朴庾卿
仲島淳子
金美順
徐明煥

河正一 監修

朝日出版社

『ワンアクション韓国語』 HP URL

https://text.asahipress.com/text-web/korean/oneaction/index.html

装丁　　：申　智英
イラスト ：メディアアート

はじめに

本書は、韓国・朝鮮語（以下、韓国語）を初めて学ぶ方、主に大学で韓国語を学ぶ学習者を対象としています。韓国語の学習者が増えている中、学習者のニーズも多様化しており、教材の内容も細分化しています。このような現状から「文法+会話」という語学学習の2本柱を一冊で効率よく学べる教材を作りました。入門から中級前半までをカバーする充実した文法項目（ハングル能力検定試験5、4級、TOPIK I）と、その文法を用いた様々な場面における会話を盛り込んでおり、実践的に使える表現を最初から積極的に学んでいきます。

1. 本書の構成

文字編全4課と文法・会話編全20課に分かれており、90分授業を週2回行った場合、1年程度でマスターできる内容となっています。課毎の基本構成は、「導入―文法―本文会話―会話練習―話してみよう―聞いてみよう」となっており、「読む・書く・話す・聞く」の4つの技能が総合的に学習できる構成となっています。

2. 特徴

①本書は『ワンステップ韓国語』（河正一著）の姉妹教材で、文法項目と説明はそれに準拠しております。「文法＋会話」教材としてはもちろん、すでに『ワンステップ韓国語』を使っている場合、会話教材としてもご活用いただけます。

②各課の冒頭には学習内容をイラストと共に提示し、どの場面で使う表現なのかを分かりやすく紹介しています。

③文法は簡潔に学び、話しながらその使い方に慣れるよう、実践的に使える表現を取り入れたロールプレイを用意しました。

④単語は、いつでもどこでもゲーム感覚で覚えられるよう、Quizletを用意しました。予習復習にご活用ください。

⑤本文会話には発音変化が表記されています。発音練習にお役立てください。

⑥そのほか、覚えておきたい単語〈単語の引き出し〉、さらなるステップアップに〈プラス1〉、そして韓国文化コラムを用意しました。ぜひお楽しみください。

皆さんの韓国語学習に役立つ一冊となるよう願っております。

著者一同

目次

【文字編】

【文法・会話編】

【付　録】

文字編

韓国・朝鮮語の特徴、基本母音

文字編

1. 韓国・朝鮮語の特徴

韓国・朝鮮語（以下、韓国語とする）は「ハングル」という文字を使う言語である。ハングルは、世宗国王（朝鮮王朝第4代目）が学者と共に創り出した表音文字であり、母音は基本母音10個と複合母音11個、子音は基本子音（平音）10個、激音4個、濃音5個で構成されている。

● ハングルの仕組み

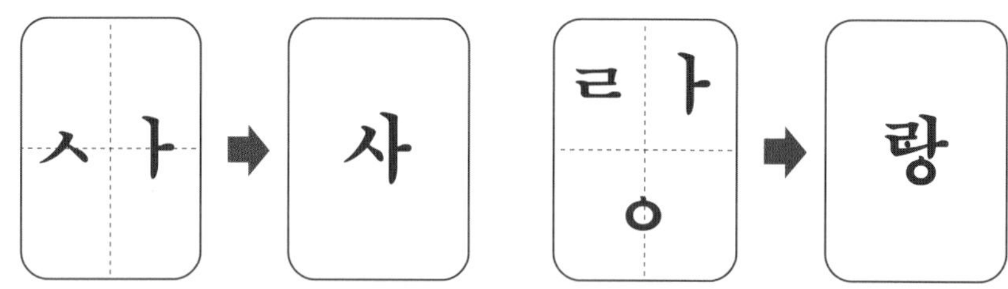

ハングルは子音と母音の組み合わせで、子音と母音さえ覚えておけばハングルで書かれた文字を読むことができる。例えば、사は「ㅅ（s：子音）」と「ㅏ（a：母音）」の組み合わせで「sa」、랑は「ㄹ（r：子音）」+「ㅏ（a：母音）」+「ㅇ（ŋ：子音）」の組み合わせで「raŋ」と読む。

● 韓国語と日本語

韓国語は日本語との類似性が最も高い言語のひとつである。

〈 語順 〉

야마다 씨가 책을 읽습니다.
山田さんが本を読みます。

語順が同じなので、単語や基本文法項目を日本語に合わせて置き換えることで文をつくることができる。また、多少のずれはあるものの日本語と同様に助詞を用いるという類似点もある。

〈 語彙の類似性 〉

회사	사회	회의	의논	논문
会社	社会	会議	議論	論文

漢字の読みの違いはあるものの、韓国語は日本語と同じく漢字文化圏であるため、漢字の組み合わせが非常に似ている。

〈 敬語 〉

日本語と同様に、韓国語にも尊敬語・謙譲語といった敬語がある。日本語はソトの人に対し身内を高めることをしない相対敬語であるが、韓国語は身内でも目上の人なら尊敬語を使う絶対敬語の側面が強い言語である。

〈 固有語と漢字語 〉

日本語の数字には「ひとつ、ふたつ…」と「いち、に…」のように固有語と漢字語がある。同様に、韓国語にも「하나、둘…」と「일、이…」といった固有語と漢字語があり、このような漢字語が数字以外にも全体語彙の7割を占めている。

このように、日本語と韓国語は言語的類似性だけでなく、それを使う文化的な背景も多く共通しているため、日本語母語話者にとっては最も学びやすい外国語だと言えるだろう。

2. 基本母音

この課では10個の基本母音を学ぶ。母音を書くときは無音の子音「ㅇ」をつけて書く。

基本母音		書き順	発音のコツ
ㅏ	[a]	①↓ㅏ→②	口を大きく開けて［ア］とほぼ同じく発音
ㅑ	[ja]	①↓ㅑ→②→③	口を大きく開けて［ヤ］とほぼ同じく発音
ㅓ	[ɔ]	①→ㅓ↓②	口を縦に開けて［オ］と発音
ㅕ	[jɔ]	①→②→ㅕ↓③	口を縦に開けて［ヨ］と発音
ㅗ	[o]	①↓②→ㅗ	口を丸めて［オ］とほぼ同じく発音
ㅛ	[jo]	①↓②↓③→ㅛ	口を丸めて［ヨ］と発音
ㅜ	[u]	①→ㅜ↓②	口を突き出して［ウ］と発音
ㅠ	[ju]	①→②↓ㅠ↓③	口を突き出して［ユ］と発音
ㅡ	[ɯ]	①→ㅡ	口を横に引いて［ウ］と発音
ㅣ	[i]	ㅣ↓①	口を横に引いて［イ］とほぼ同じく発音

※ 間違いやすい母音の口の形

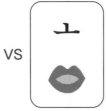

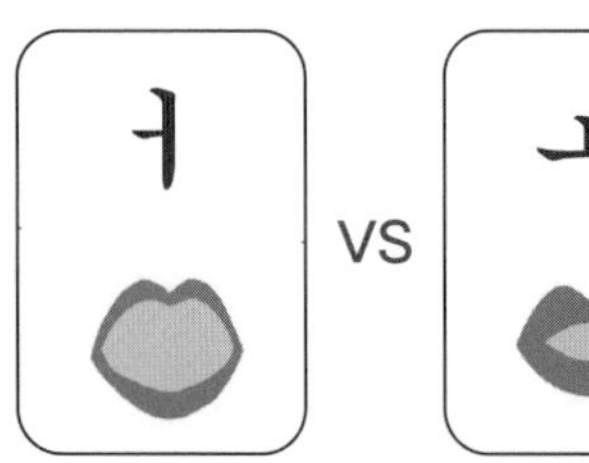

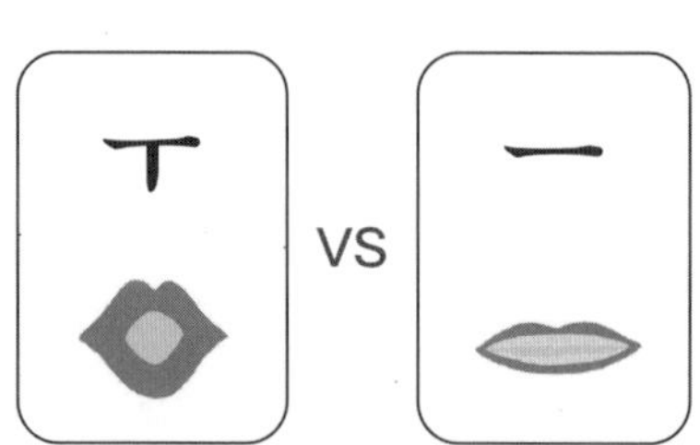

練習 1 発音しながら書いてみよう。

아	야	어	여	오	요	우	유	으	이

練習 2 発音しながら書いてみよう。

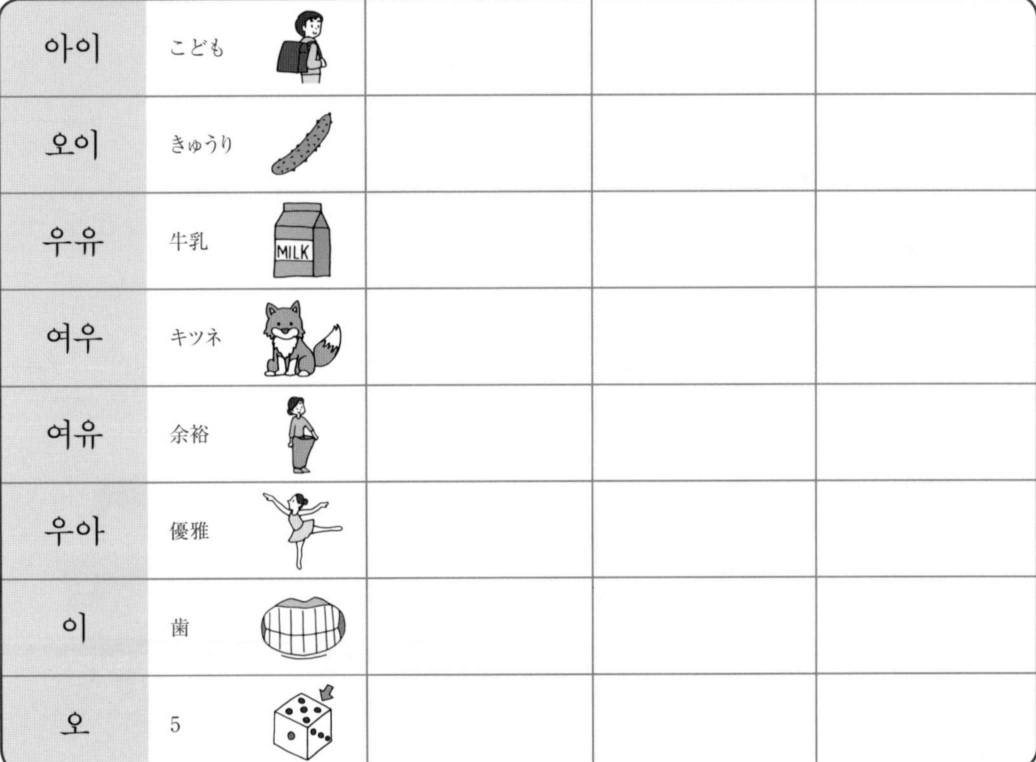

아이	こども			
오이	きゅうり			
우유	牛乳			
여우	キツネ			
여유	余裕			
우아	優雅			
이	歯			
오	5			

4

聞き取り 1 音声を聞いて発音している文字を選んでみよう。

(1) 아 / 야　　(2) 으 / 이　　(3) 어 / 오　　(4) 여 / 요

5

聞き取り 2 音声を聞いて発音している文字を書いてみよう。

(1)	(2)	(3)	(4)	(5)

ペアになって、発音したカードを選ぼう。

アクティビティシート ①

note

基本子音（平音）、激音、濃音

文字編

1．平音

韓国語の子音には基本子音（平音）と激音、そして濃音がある。この課では子音を学ぶ。

子音		呼び方	書き順	発音のコツ
ㄱ	[k/g]	기역	ㄱ①	語頭ではカ行の子音に近い発音 語中ではガ行の子音に近い発音
ㄴ	[n]	니은	①ㄴ	ナ行の子音に近い発音
ㄷ	[t/d]	디귿	①②ㄷ	語頭ではタ行の子音に近い発音 語中ではダ行の子音に近い発音
ㄹ	[r/l]	리을	②ㄹ①③	ラ行の子音に近い発音
ㅁ	[m]	미음	①ㅁ②③	マ行の子音に近い発音
ㅂ	[p/b]	비읍	③①ㅂ②④	語頭ではパ行の子音に近い発音 語中ではバ行の子音に近い発音
ㅅ	[s/ʃ]	시옷	①ㅅ②	サ行の子音に近い発音
ㅇ	[無音/ŋ]	이응	①ㅇ	語頭では無音 パッチムでは「ン」の発音
ㅈ	[tʃ/dʒ]	지읒	①ㅈ②	語頭ではチャ行の子音に近い発音 語中ではジャ行の子音に近い発音
ㅎ	[h]	히읗	①ㅎ②③	ハ行の子音に近い発音

練習 1 発音しながら書いてみよう。 6

	ㅏ	ㅑ	ㅓ	ㅕ	ㅗ	ㅛ	ㅜ	ㅠ	ㅡ	ㅣ
ㄱ	가									
ㄴ		냐								
ㄷ			더							
ㄹ				려						
ㅁ					모					
ㅂ						뵤				
ㅅ							수			
ㅇ								유		
ㅈ									즈	
ㅎ										히

練習 2 発音しながら書いてみよう。 7

가수	歌手			
나라	国			
뉴스	ニュース			
드라마	ドラマ			
버스	バス			
자리	席			
주소	住所			
오후	午後			

第2課

발음 변화 発音変化　有声音化①

子音ㄱ[k]、ㄷ[t]、ㅂ[p]、ㅈ[tʃ]が母音に挟まれるとそれぞれ[g][d][b][dʒ]のように有声音化(濁音化)する。

例)　고기 [kogi] 肉　　바다 [pada] 海

부부 [pubu] 夫婦　　아주 [adʒu] とても

8 **練習 3 有声音化に注意し、発音しながら書いてみよう。**

(1) 거기 そこ ＿＿＿＿＿＿＿　(2) 두부 豆腐 ＿＿＿＿＿＿＿

(3) 이야기 話 ＿＿＿＿＿＿＿　(4) 휴지 トイレットペーパー ＿＿＿＿＿＿＿

(5) 라디오 ラジオ ＿＿＿＿＿＿＿　(6) 구두 靴 ＿＿＿＿＿＿＿

(7) 지도 地図 ＿＿＿＿＿＿＿　(8) 사거리 交差点 ＿＿＿＿＿＿＿

9 **聞き取り 1 音声を聞いて発音している単語を選んでみよう。**

(1) 우리 / 유리　(2) 구두 / 두부　(3) 고기 / 거기

(4) 휴지 / 바지　(5) 아버지 / 어머니　(6) 가수 / 버스

10 **聞き取り 2 音声を聞いて発音している単語を書いてみよう。**

(1)	(2)	(3)	(4)	(5)
(6)	(7)	(8)	(9)	(10)

ペアになって、発音したカードを選んでみよう。

アクティビティシート②③

2. 激音

激音は息を強く吐く音である。平音のㄱ [k/g]、ㄷ [t/d]、ㅂ [p/b]、ㅈ [tʃ/dʒ] のそれぞれに線や点を加えたㅋ [kʰ]、ㅌ [tʰ]、ㅍ [pʰ]、ㅊ [tʃʰ] が激音となる。

子音		呼び方	書き順	発音のコツ
ㅋ	[kʰ]	키읔	ㅋ ①②	息を強く吐き出しながらㄱ [k] を発音
ㅌ	[tʰ]	티읕	ㅌ ①②③	息を強く吐き出しながらㄷ [t] を発音
ㅍ	[pʰ]	피읖	ㅍ ①②③④	息を強く吐き出しながらㅂ [p] を発音
ㅊ	[tʃʰ]	치읓	ㅊ ①②③	息を強く吐き出しながらㅈ [tʃ] を発音

練習 1 発音しながら書いてみよう。 11

	ㅏ	ㅑ	ㅓ	ㅕ	ㅗ	ㅛ	ㅜ	ㅠ	ㅡ	ㅣ
ㅋ										
ㅌ										
ㅍ										
ㅊ										

12
練習 2 発音しながら書いてみよう。

스타	スター			
커피	コーヒー			
아파트	アパート			
스키	スキー			
피아노	ピアノ			
치마	スカート			
스포츠	スポーツ			
피자	ピザ			

13

聞き取り 1 音声を聞いて発音している単語を選んでみよう。

(1) 크기 / 그기 (2) 토마토 / 도마도

(3) 기차 / 기자 (4) 비자 / 피자

14

聞き取り 2 音声を聞いて発音している単語を書いてみよう。

(1)	(2)	(3)	(4)	(5)

3. 濃音

濃音は息を出さずに喉を詰まらせる音である。平音のㄱ [k/g]、ㄷ [t/d]、ㅂ [p/b]、ㅅ [s/ʃ]、ㅈ [tʃ/dʒ] に、同じ子音を重ねたㄲ [ʔk]、ㄸ [ʔt]、ㅃ [ʔp]、ㅆ [ʔs]、ㅉ [ʔtʃ] が濃音となる。

子音		呼び方	書き順	発音のコツ
ㄲ	[ʔk]	쌍기역	①ㄲ②	ㄱの前に「ッ」を入れたつもりで息を出さずに「ッカ」のように発音 例)「しっかり」の[ッカ]の発音
ㄸ	[ʔt]	쌍디귿	①③ ㄸ ②④	ㄷの前に「ッ」を入れたつもりで息を出さずに「ッタ」のように発音 例)「やった」の[ッタ]の発音
ㅃ	[ʔp]	쌍비읍	③②⑦ ①ㅃ⑥ ④⑤⑧	ㅂの前に「ッ」を入れたつもりで息を出さずに「ッパ」のように発音 例)「やっぱり」の[ッパ]の発音
ㅆ	[ʔs]	쌍시옷	①ㅆ③ ②④	ㅅの前に「ッ」を入れたつもりで息を出さずに「ッサ」のように発音 例)「あっさり」の[ッサ]の発音
ㅉ	[ʔtʃ]	쌍지읒	①ㅉ③ ②④	ㅈの前に「ッ」を入れたつもりで息を出さずに「ッチャ」のように発音 例)「ぽっちゃり」の[ッチャ]の発音

15

練習 1 発音しながら書いてみよう。

	ㅏ	ㅑ	ㅓ	ㅕ	ㅗ	ㅛ	ㅜ	ㅠ	ㅡ	ㅣ
ㄲ										
ㄸ										
ㅃ										
ㅆ										
ㅉ										

16

練習 2 発音しながら書いてみよう。

코끼리	ゾウ			
오빠	兄(女性から見た)			
허리띠	ベルト			
버찌	さくらんぼ			
아저씨	おじさん			
뿌리	根			
꼬리	しっぽ			
쓰다	書く			

聞き取り 1 音声を聞いて発音している文字を線でつないでみよう。

17

푸	가	쯔	꺼
또	뿌	쨔	
거	도	치	따
카	찌	스	
지	부	쩌	커
토	짜	쳐	
까	터	타	다

聞き取り 2 音声を聞いて発音している単語を書いてみよう。

18

(1)	(2)	(3)	(4)	(5)

ペアになって、発音したカードを選んでみよう。

アクティビティシート ④ ⑤

参考１　調音位置と調音法

・調音位置：発声器官の中で、音の区別に大きく関わる部分を指す。

・調音法：呼気がどのように流れるか流れないかという発音の仕方を指す。

調音法＼位置			両唇音	歯茎音	硬口蓋音	軟口蓋音	喉音
無声	破裂音	平音	ㅂ	ㄷ		ㄱ	
		濃音	ㅃ	ㄸ		ㄲ	
		激音	ㅍ	ㅌ		ㅋ	
	破擦音	平音			ㅈ		
		濃音			ㅉ		
		激音			ㅊ		
	摩擦音	平音		ㅅ			ㅎ
		濃音		ㅆ			
有声	鼻音		ㅁ	ㄴ		ㅇ	
	流音				ㄹ		

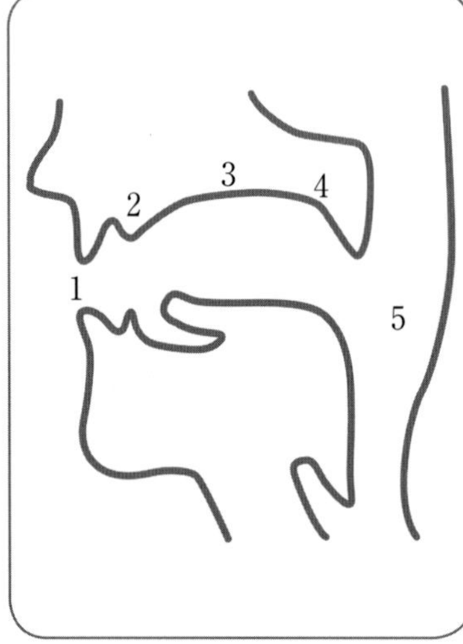

1：両唇音　（ㅁ, ㅂ, ㅃ, ㅍ）

2：歯茎音　（ㄷ, ㄸ, ㅌ, ㅅ, ㅆ, ㄴ）

3：硬口蓋音（ㅈ, ㅉ, ㅊ, ㄹ）

4：軟口蓋音（ㄱ, ㄲ, ㅋ, ㅇ）

5：喉音　　（ㅎ）

濃音は息を出さずに発音する。そして、平音は息を少し出して発音し、激音は平音よりさらに息を強く吐き出して発音する。

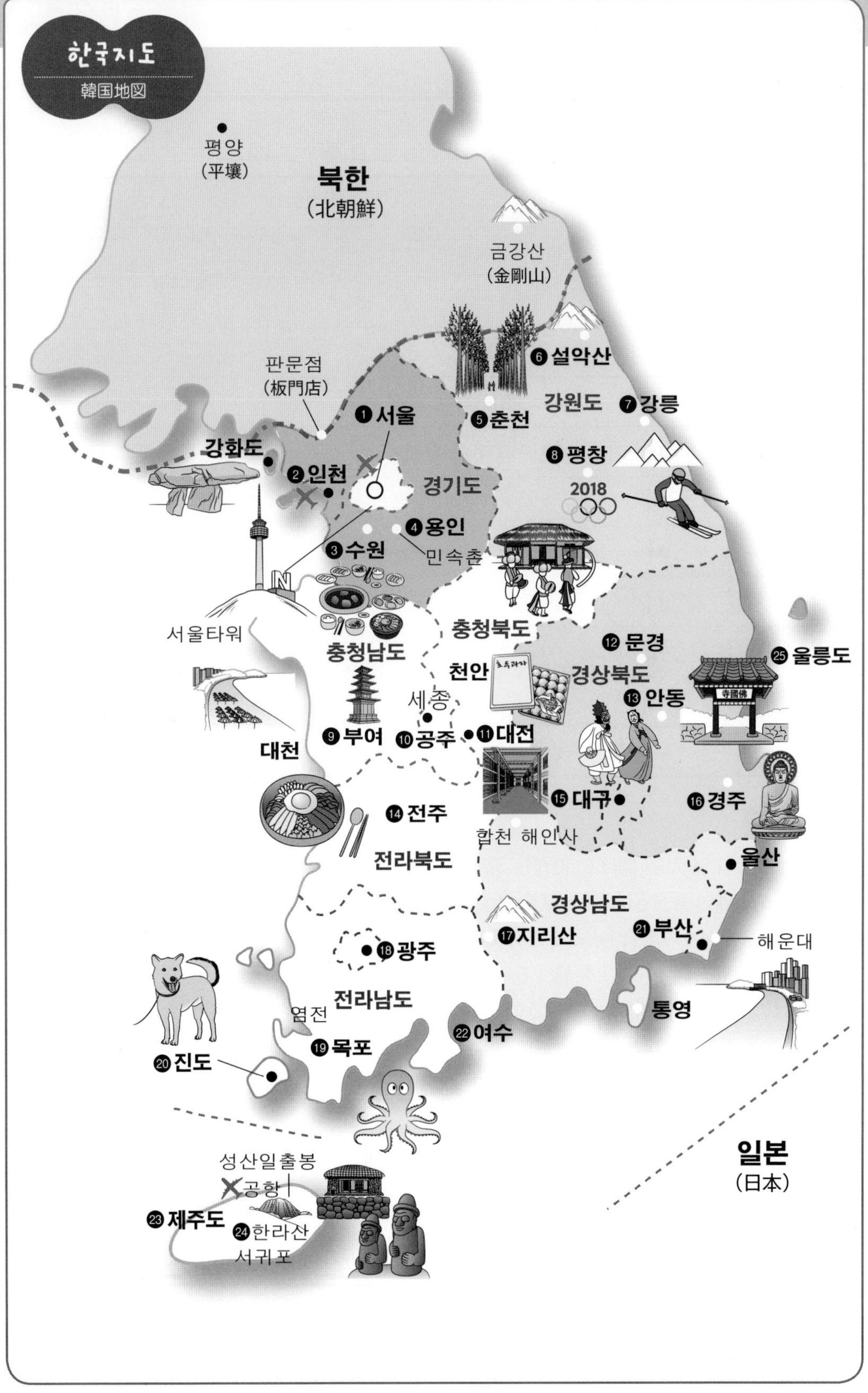
한국지도
韓国地図
평양
(平壌)
북한
(北朝鮮)
금강산
(金剛山)
6 설악산
판문점
(板門店)
1 서울
5 춘천
강원도
7 강릉
강화도
2 인천
8 평창
경기도
2018
4 용인
3 수원
민속촌
서울타워
충청북도
충청남도
12 문경
25 울릉도
천안
경상북도
세종
13 안동
9 부여
10 공주
11 대전
대천
15 대구
16 경주
14 전주
합천 해인사
울산
전라북도
경상남도
17 지리산
21 부산
해운대
18 광주
전라남도
통영
염전
22 여수
19 목포
20 진도
일본
(日本)
성산일출봉
공항
23 제주도
24 한라산
서귀포

複合母音

文字編

この課では、基本母音の組み合わせである複合母音 11 個を学ぶ。

19 

基本母音		書き順	発音のコツ
ㅐ	[ɛ]	①②ㅐ③	口を大きく開けて「エ」と発音
ㅒ	[jɛ]	①②ㅒ③④	口を大きく開けて「イェ」と発音
ㅔ	[e]	①②ㅔ③	「エ」とほぼ同じ発音
ㅖ	[je]	①②ㅖ③④	「イェ」とほぼ同じ発音
ㅘ	[wa]	①②ㅘ③④	「ワ」とほぼ同じ発音
ㅙ	[wɛ]	①②ㅙ③④⑤	「ウェ」とほぼ同じ発音
ㅚ	[we]	①②ㅚ③	「ウェ」とほぼ同じ発音
ㅝ	[wɔ]	①②ㅝ③④	「ウォ」とほぼ同じ発音
ㅞ	[we]	①②ㅞ③④⑤	「ウェ」とほぼ同じ発音
ㅟ	[wi]	①②ㅟ③	口を丸めて「ウィ」と発音
ㅢ	[ɰi]	①ㅢ②	口を横に引いたまま「ウィ」と発音

※発音の注意

(1) **애**は**에**より口を大きく開ける。ただし、現代韓国語では二つの発音をほとんど区別しない。

(2) **왜**と**외**と**웨**の発音もほとんど区別せずに[ウェ]と発音する。

(3) **예**は、子音が**ㅇ**の場合[イェ]と発音するが、その他の子音に付くと**에**[エ]と発音する。例えば、**시계**(時計)は[시게]と発音する。

(4) **의**は、単語が母音**의**で始まるときのみ口を横に引いたまま[ウィ]と発音するが、それ以外では[イ]と発音する。また、助詞「～の」の場合、[エ]と発音する。

・**의**회 議会 → [의회]　　・희망 希望 → [히망]

・회**의** 会議 → [회이]

・어머니**의** 시계 母の時計 → [어머니에 시게]

※書き方の注意

・**워**と**웨**を書く場合は、短い横線が**우**の横線の上に書かないようにしよう。

○ ×　　○ ×

워 워　　웨 웨

練習 1 発音しながら書いてみよう。

20

	ㅐ	ㅒ	ㅔ	ㅖ	ㅘ	ㅙ	ㅚ	ㅝ	ㅞ	ㅟ	ㅢ
ㄱ											긔
ㄴ										뉘	
ㄷ									뒈		
ㄹ								뤄			
ㅁ							뫼				
ㅂ						봬					
ㅅ					솨						
ㅇ				예							
ㅈ			제								
ㅊ		챼									
ㅋ	캐										
ㅌ		턔									
ㅍ			폐								
ㅎ				혜							

21 

練習 2 次の単語を発音しながら書いてみよう。

韓国語	意味			
타워	タワー			
회의	会議			
의자	椅子			
쇠고기	牛肉			
교과서	教科書			
페이지	ページ			
웨이브	ウエーブ			
돼지	豚			
귀	耳			
어깨	肩			

聞き取り 1 音声を聞いて発音している単語を選んでみよう。

22 

(1) 의자 / 이자　　(2) 개미 / 거미　　(3) 최고 / 체구

(4) 쉬다 / 시다　　(5) 과자 / 가자　　(6) 얘기 / 아기

聞き取り 2 音声を聞いて発音している単語を選んで書こう。

23

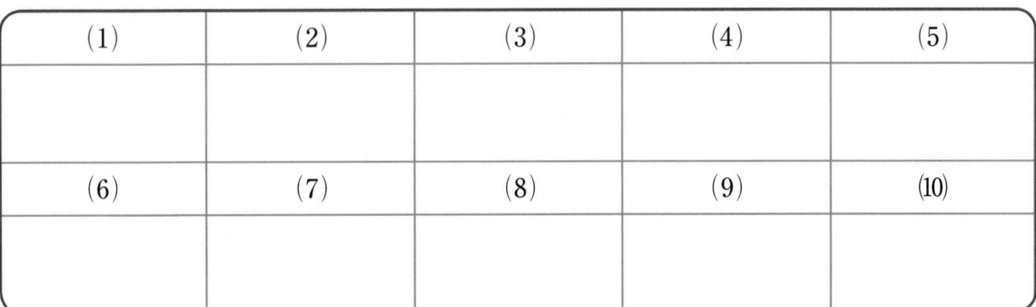

(1)	(2)	(3)	(4)	(5)
(6)	(7)	(8)	(9)	(10)

왜 何故	예의 礼儀	취미 趣味	회화 会話	카페 カフェ
귀 耳	얘기 話	최고 最高	하와이 ハワイ	돼지 豚

ペアになって、発音したカードを選んでみよう。

アクティビティシート ⑥

第4課 終声（받침:パッチム）

文字編

韓国語には「子音＋母音」の組み合わせだけではなく、「子音＋母音＋子音」という組み合わせがあり、最後の子音の音を終声、文字をパッチムと言う。

終声は次の表のとおり7つの音で、パッチムとして現れる文字は、すべてこれら7つの音に分類される。例えば、「ㄱ（k型）」には「ㄱ、ㅋ、ㄲ」のパッチムが属しており、すべて［k］と発音する。つまり、각、갘、갂の発音はすべて[kak]となる。

	パッチム	終声
口音	ㄱ, ㅋ, ㄲ, ㄳ, ㄺ	ㄱ（k型）
	ㄷ, ㅌ, ㅅ, ㅆ, ㅈ, ㅊ, ㅎ	ㄷ（t型）
	ㅂ, ㅍ, ㅄ, ㄿ	ㅂ（p型）
鼻音	ㅇ	ㅇ
	ㄴ, ㄵ, ㄶ	ㄴ
	ㅁ, ㄻ	ㅁ
流音	ㄹ, ㄼ, ㄽ, ㄾ, ㅀ	ㄹ

<終声の発音の違い>

口音：

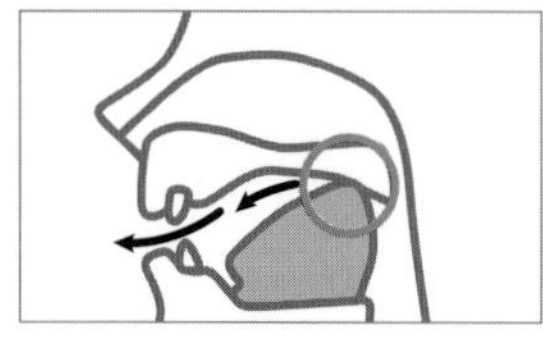

終声 ㄱ（k型）

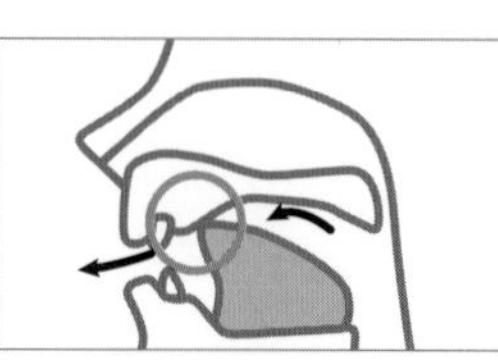

終声 ㄷ（t型）

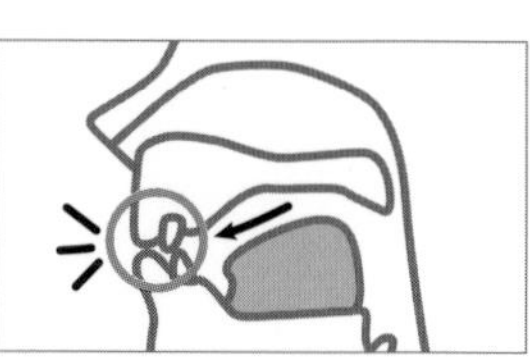

終声 ㅂ（p型）

鼻音：

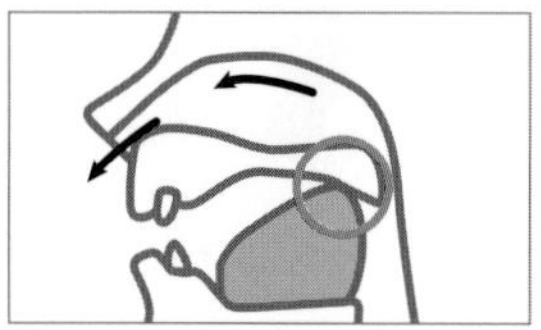

終声 ㅇ

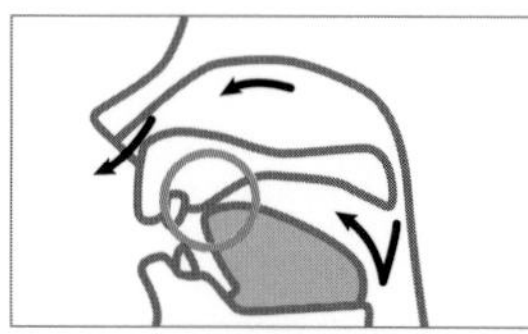

終声 ㄴ

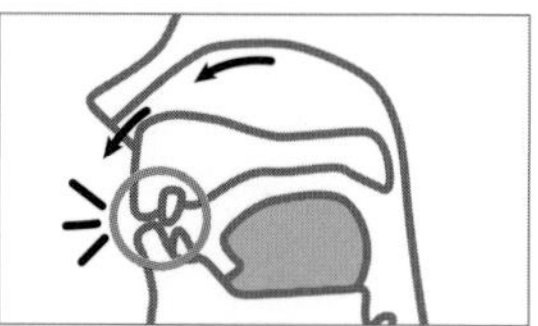

終声 ㅁ

24

ㄱ	[ᵏ]	「ガッコウ」と言うときの「ッ」の音。舌を奥の軟口蓋に引っ込めながら息を出さずにしっかり止めて発音する。	악
ㄴ	[n]	「アンナイ」と言うときの「ン」の音。発音したときに舌先が上の歯茎につき息を鼻から出す。	안
ㄷ	[ᵗ]	「ヤッタ」と言うときの「ッ」の音。舌先が上の歯茎につき息を止めるように発音する。	앋
ㄹ	[l]	英語の「L」に近い音。このとき息が漏れて「ル」と発音しないようにする。舌先をやや反らせて上の歯茎から少し離れたところで止めて発音する。	알
ㅁ	[m]	「サンマ」と言うときの「ン」の音。両唇をしっかり閉じて発音する。このとき、息を鼻から出す。	암
ㅂ	[ᵖ]	「ハッパ」と言うときの「ッ」の音。両唇をしっかり閉じて発音する。	압
ㅇ	[ŋ]	「マンガ」と言うときの「ン」の音。舌を奥の軟口蓋に引っ込めながら口を開けたまま発音する。このとき、息を鼻から出す。	앙

第4課

※発音の注意

パッチムがある場合、必ず発音の最後に各終声の特徴が現れる。例えば、ㄴとㄷは同じ歯茎音（調音位置）なので舌先が上の歯茎に触れる。しかしㄴは鼻音（調音法）なので、안と発音すると最後に終声ㄴの影響を受けて鼻孔が響く。一方、ㄷは破裂音なので、息を止めるように発音する。（調音位置と調音法はp16参照）

25 練習 1 発音しながら書いてみよう。

(1) 각 간 갇 갈 감 갑 강

(2) 넉 넌 넏 널 넘 넙 넝

(3) 학 한 핟 할 함 합 항

26 練習 2 発音しながら書いてみよう。

(1) 떡 餅 / 부엌 台所 / 낚시 釣り

(2) 맛 味 / 밑 下 / 좋다 良い / 빛 光

(3) 앞 前 / 지갑 財布

27 練習 3 発音しながら書いてみよう。

김밥	のり巻き			
달력	カレンダー			
필통	筆箱			
받침	パッチム			
벚꽃	桜			
숟가락	スプーン			
인터넷	インターネット			
선생님	先生			

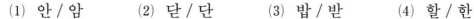

聞き取り 1 音声を聞いて発音している文字を選んでみよう。 28

(1) 안 / 암　　(2) 닫 / 단　　(3) 밥 / 받　　(4) 할 / 한

(5) 낙 / 낭　　(6) 각 / 간　　(7) 랄 / 람　　(8) 맘 / 망

聞き取り 2 音声を聞いて発音している文字を選んでみよう。 29

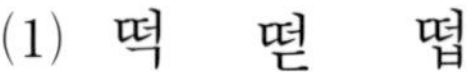

(1) 떡　떤　떱　　(2) 곰　곧　곱

(3) 돔　동　돈　　(4) 빵　빤　빰

(5) 긴치　김치　깁치　　(6) 걱다　겁다　걷다

(7) 지갑　지간　지각　　(8) 갈비　갑비　간비

第4課

ペアになって、発音したカードを選んでみよう。

アクティビティシート ⑦

パッチムが2つある場合、ㄺ、ㄻ、ㄿ以外は左側のパッチムを発音する。
밟다 (踏む) は例外として右側のパッチムを発音

左側の音を発音	右側の音を発音
ㄵ, ㄶ, ㄼ, ㄳ, ㄾ, ㅀ, ㅄ	ㄺ, ㄻ, ㄿ

30 

※発音を書いてみよう。

닭[닥] 鶏　삶[＿＿] 人生　읊다[＿＿따] 詠む　밟다[＿＿따] 踏む

여덟[여＿＿] 八　없다[＿＿따] ない　앉다[＿＿따] 座る

발음 변화 発音変化　有声音化②

終声「ㄴ」「ㅁ」「ㄹ」「ㅇ」の後に続く平音「ㄱ」「ㄷ」「ㅂ」「ㅈ」は有声音化する。「ㄱ」「ㄷ」「ㅂ」「ㅈ」以外の子音が有声音化することはない。

終声		初声		終声		初声	
ㄴ ㅁ ㄹ ㅇ	+	ㄱ [k] ㄷ [t] ㅂ [p] ㅈ [tʃ]	=	そのまま	+	ㄱ [g] ㄷ [d] ㅂ [b] ㅈ [dʒ]	한국 [hanguk] 韓国 담당 [tamdaŋ] 担当 일본 [ilbon] 日本 상자 [saŋdʒa] 箱

31 

練習 有声音化に注意し、発音しながら書いてみよう。

(1) 갈비 カルビ ＿＿＿＿＿＿　(2) 명동 明洞 ＿＿＿＿＿＿

(3) 남자 男子 ＿＿＿＿＿＿　(4) 간장 醤油 ＿＿＿＿＿＿

(5) 공기 空気 ＿＿＿＿＿＿　(6) 얼굴 顔 ＿＿＿＿＿＿

(7) 농구 バスケットボール ＿＿＿＿＿＿　(8) 심부름 お遣い ＿＿＿＿＿＿

参考２　ハングル入力及び辞書の引き方

1 ハングル入力

キーボードの左側が子音字、右側が母音字である。分かち書きをするときには、スペースキーを打つ。

- 子音＋母音　→　아：D+K、소：T+H、쏘：Shift T+H
- 子音＋母音（複合母音）　→　워：D+N+J、과：R+H+K、계：R+Shift P
- 子音＋母音＋子音　→　진：W+L+S
- 子音＋母音（複合母音）＋子音　→　권：R+N+J+S
- 子音＋母音＋子音＋子音　→　짧：Shift W+K+F+Q

練習　次の単語を入力してみよう。

(1) 일본 ＿＿＿＿＿＿＿＿　(2) 한국 ＿＿＿＿＿＿＿＿

(3) 쓰레기 ＿＿＿＿＿＿＿＿　(4) 읽다 ＿＿＿＿＿＿＿＿

2 辞書の引き方

辞書の引き順（韓国式）は、「初声（子音）」→「中声（母音）」→「終声（子音）」の順となる。

・初声（子音）の配列

ㄱ ㄲ ㄴ ㄷ ㄸ ㄹ ㅁ ㅂ ㅃ ㅅ ㅆ ㅇ ㅈ ㅉ ㅊ ㅋ ㅌ ㅍ ㅎ

・中声（母音）の配列

ㅏ ㅐ ㅑ ㅒ ㅓ ㅔ ㅕ ㅖ ㅗ ㅘ ㅙ ㅚ ㅛ ㅜ ㅝ ㅞ ㅟ ㅠ ㅡ ㅢ ㅣ

・終声（子音）の配列

ㄱ ㄲ ㄳ ㄴ ㄵ ㄶ ㄷ ㄹ ㄺ ㄻ ㄼ ㄽ ㄾ ㄿ ㅀ ㅁ ㅂ ㅄ ㅅ ㅆ ㅇ ㅈ ㅊ ㅋ ㅌ ㅍ ㅎ

 参考３　日本語のハングル表記方法

かな					語頭					語中・語末				
あ	い	う	え	お	아	이	우	에	오	아	이	우	에	오
か	き	く	け	こ	가	기	구	게	고	카	키	쿠	케	코
さ	し	す	せ	そ	사	시	스	세	소	사	시	스	세	소
た	ち	つ	て	と	다	지	쓰	데	도	타	치	쓰	테	토
な	に	ぬ	ね	の	나	니	누	네	노	나	니	누	네	노
は	ひ	ふ	へ	ほ	하	히	후	헤	호	하	히	후	헤	호
ま	み	む	め	も	마	미	무	메	모	마	미	무	메	모
や		ゆ		よ	야		유		요	야		유		요
ら	り	る	れ	ろ	라	리	루	레	로	라	리	루	레	로
わ				を	와				오	와				오
ん				っ						ㄴ				ㅅ
が	ぎ	ぐ	げ	ご	가	기	구	게	고	가	기	구	게	고
ざ	じ	ず	ぜ	ぞ	자	지	즈	제	조	자	지	즈	제	조
だ	ぢ	づ	で	ど	다	지	즈	데	도	다	지	즈	데	도
ば	び	ぶ	べ	ぼ	바	비	부	베	보	바	비	부	베	보
ぱ	ぴ	ぷ	ぺ	ぽ	파	피	푸	페	포	파	피	푸	페	포
きゃ		きゅ		きょ	갸		규		교	캬		큐		쿄
しゃ		しゅ		しょ	샤		슈		쇼	샤		슈		쇼
ちゃ		ちゅ		ちょ	자		주		조	차		추		초
にゃ		にゅ		にょ	냐		뉴		뇨	냐		뉴		뇨
ひゃ		ひゅ		ひょ	햐		휴		효	햐		휴		효
みゃ		みゅ		みょ	먀		뮤		묘	먀		뮤		묘
りゃ		りゅ		りょ	랴		류		료	랴		류		료
ぎゃ		ぎゅ		ぎょ	갸		규		교	갸		규		교
じゃ		じゅ		じょ	자		주		조	자		주		조
びゃ		びゅ		びょ	뱌		뷰		뵤	뱌		뷰		뵤
ぴゃ		ぴゅ		ぴょ	퍄		퓨		표	퍄		퓨		표

① カ、タ、キャ、チャ行は、語頭では平音、語中では激音で表記する。

例）高畑 たかはた 다카하타　川上 かわかみ 가와카미

② 濁音は語頭と語中の区別なく平音で表記する。

例）栃木 とちぎ 도치기　岐阜 ぎふ 기후　香川 かがわ 가가와

高田 たかだ 다카다　馬場 ばば 바바

③ 長音は表記しない。

例）東京 とうきょう 도쿄 (○)　도우쿄우 (×)

大阪 おおさか 오사카 (○) 오오사카 (×)

大嶋 祐樹 おおしま ゆうき 오시마 유키 (○) 오오시마 유우키 (×)

④「ス、ズ、ツ、ヅ」は、母音「ㅜ」ではなく、「ㅡ」を当て表記する。

「ス」: 스 (○)　수 (×)　「ズ」: 즈 (○)　주 (×)

「ツ」: 쓰 (○)　쑤 (×)　「ヅ」: 즈 (○)　주 (×)

例）静岡 しずおか 시즈오카　大塚 おおつか 오쓰카

須藤 拓馬 すどう たくま 스도 다쿠마

⑤ 促音（ッ）はパッチム「ㅅ」で、撥音（ン）はパッチム「ㄴ」で表記する。

例）鳥取 とっとり 돗토리　群馬 ぐんま 군마

堀田 凛 ほった りん 홋타 린

⑥ 苗字だけでなく名前も語頭として扱う。

例）加藤 奏 かとう かな 가토 가나

津田 斗真 つだ とうま 쓰다 도마

練習

(1) 神奈川 かながわ ________　(2) 国立 くにたち ________

(3) 銀座 ぎんざ ________　(4) 北海道 ほっかいどう ________

(5) 辻井 鈴 つじい すず ________

※ 自分の名前や学校名、駅名などをハングルで書いてみよう。

____

32 

인사말

あいさつの表現

会ったとき

안녕하십니까?
こんにちは。

안녕하세요？
こんにちは。

만나서 반갑습니다.
お会いできて嬉しいです。

잘 부탁합니다.
よろしくお願いします。

別れるとき

안녕히 계세요.
さようなら（見送られる人）。

안녕히 가세요.
さようなら（見送る人）。

お礼の言葉

고맙습니다. / 감사합니다.
ありがとうございます。

謝る言葉
미안합니다. / 죄송합니다.
ごめんなさい。 / すみません。
아니에요, 괜찮아요.
いえいえ、大丈夫です。
食事のとき
잘 먹겠습니다.
いただきます。
잘 먹었습니다.
ごちそうさまでした。
お祝いのとき
축하합니다.
おめでとうございます。
감사합니다.
ありがとうございます。

발음 변화 発音変化　鼻音化①

終声「ㄱ (k型)」「ㄷ (t型)」「ㅂ (p型)」の後に鼻音「ㄴ」「ㅁ」が続くと、「ㄱ (k型)」は「ㅇ」、「ㄷ (t型)」は「ㄴ」、そして「ㅂ (p型)」は「ㅁ」で発音する。

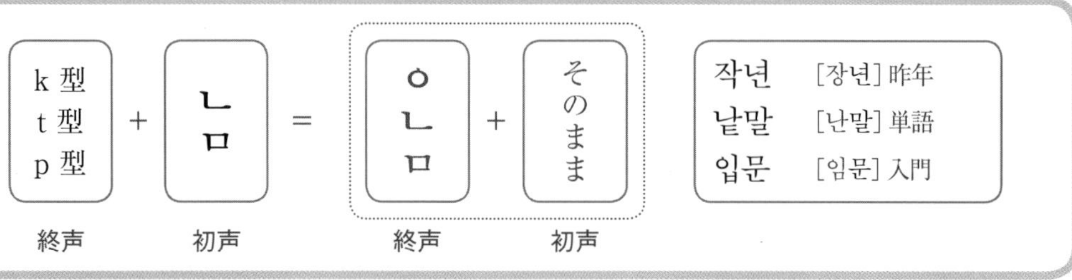

33 

練習　次の単語を発音しながら書いてみよう。

(1) 한국말 韓国語 ＿＿＿＿＿＿　(2) 끝나다 終わる ＿＿＿＿＿＿

(3) 감사합니다 ありがとうございます ＿＿＿＿＿＿　(4) 굿모닝 グッドモーニング ＿＿＿＿＿＿

34 

교실용어 教室用語

- 여기 보세요.　こちらを見てください。
- 들어 보세요.　聞いてみてください。
- 따라하세요.　後について言ってください。
- 읽어 보세요.　読んでみてください。
- 써 보세요.　書いてみてください。
- 말해 보세요.　言ってみてください。
- 오늘은 여기까지예요.　今日は、ここまでです。

질문 있어요?
質問ありますか。

네, 있어요. はい、あります。
아뇨, 없어요. いいえ、ありません。

알겠어요?
わかりましたか。

네, 알겠어요. はい、わかりました。
아뇨, 모르겠어요. いいえ、わかりません。

文法・会話編

제1과 저는 와다 유카라고 합니다.

自己紹介　私は和田由香と申します。

クールに韓国語で自己紹介ができるようにならないと!
どうやって自己紹介するんだろう・・・

主な表現

- ～です(か)：-입니다/입니까?
- ～は：-는/은
- ～も：-도
- ～と申します/と言います：-라고/이라고 합니다

발음 변화 発音変化　連音化

終声の次に母音が続くと、終声が次の母音に移って発音される。この現象を連音化と言う。終声が二文字の場合は、左側の子音は終声として残り、右側の子音のみ次の母音に移って発音される。

음악

[으막]

音楽

국어	[구거]	国語
흙이	[흘기]	土が
젊은이	[절므니]	若者
밖에	[바께]	外に
종이	[종이]	紙

※ 終声が濃音の場合、終声全体が次の母音に移る。
※ 終声がㅇの場合、連音化は起きず、初声の母音が鼻音になる。

35 

연습　次の単語を発音通り書いてみよう。

(1) 밥은 ご飯は [　　　] (2) 닮았어요 似ています [　　　]

(3) 여름은 夏は [　　　] (4) 고양이 猫 [　　　]

문법과 표현 文法と表現

문법 1 体言 + 입니다 / 입니까 ?「〜です / ですか」

「-입니다」は日本語の「〜です」、「-입니까?」は「〜ですか」にあたる表現である。

〜です	ですか
-입니다	-입니까?

例）A：대학생입니까? 大学生ですか。　B：네, 대학생입니다. はい、大学生です。

A：교사입니까? 教師ですか。　B：아뇨, 의사입니다. いいえ、医者です。

연습 1 例のように、「-입니까?」「아뇨, -입니다」という文にしよう。

例）미카 씨 / 유카

Q: 미카 씨입니까? 美佳さんですか。　A：아뇨, 유카입니다. いいえ、由香です。

(1) 오사카 大阪 / 서울 ソウル

Q: ＿＿＿＿　A: ＿＿＿＿

(2) 일본 사람 日本人 / 한국 사람 韓国人

Q: ＿＿＿＿　A: ＿＿＿＿

(3) 김서준 씨 / 김하준

Q: ＿＿＿＿　A: ＿＿＿＿

문법 2 体言 + 는 / 은「助詞：は」

「-는/은」は日本語の「〜は」にあたる助詞である。

母音終わりの体言 + 는	어머니는 お母さんは	아버지는 お父さんは
子音終わりの体言 + 은	선생님은 先生は	서울은 ソウルは

연습 2 例のように、「-는/은, -입니다」という文にしよう。

例）저 / 대학생　저는 대학생입니다. 私は大学生です。

(1) 오빠 女性から見た兄 / 한국 사람 ＿＿＿＿

(2) 취미 趣味 / 요리 料理 ＿＿＿＿

(3) 고향 故郷 / 부산 釜山 ＿＿＿＿

문법 ❸ 体言＋도「助詞：も」

「-도」は日本語の「〜も」にあたる助詞である。

도	일본도 日本も　　한국어도 韓国語も

연습 3 例のように、「-도, -입니다」という文にしよう。

例) 유카 씨 / 학생　　유카 씨도 학생입니다.
由香さんも学生です。

(1) 저 / 일본 사람　　＿＿＿＿＿＿

(2) 현빈 씨 / 유학생 留学生　　＿＿＿＿＿＿

(3) 스즈키 씨 / 회사원　　＿＿＿＿＿＿

문법 ❹ 体言＋라고 / 이라고 합니다.「〜と申します」「〜と言います」

「-라고/이라고 합니다」は、日本語の「〜と申します」「〜と言います」にあたる表現である。

母音終わりの体言 ＋ 라고 합니다	와다 유카라고 합니다. 和田由香と申します。
子音終わりの体言 ＋ 이라고 합니다	강서준이라고 합니다. カンソジュンと申します。

연습 4 例のように、「-는, -라고/이라고 합니다」という文にしよう。

例) 저 / 아카네　　저는 아카네라고 합니다.
私はあかねと申します。

(1) 저 / 김고은　　＿＿＿＿＿＿

(2) 오빠 女性から見た兄 / 겐타　　＿＿＿＿＿＿

(3) 다이가쿠세이 大学生/ 대학생　　＿＿＿＿＿＿

登場人物

와다 유카(和田　由香)

主人公。韓国の大学に留学している日本人。素直で、何事にも積極的に臨むしっかり者。ジウとソジュン先輩と山あり谷ありの留学生活を過ごしている。

강서준(カン・ソジュン)

大学のサークルの先輩。少しおっちょこちょいだが、由香のことなら積極的になるやさしい先輩。

박지우(パク・ジウ)

由香のルームメイト。由香の良き相談相手。偶然にも由香が留学する大学の在学生。由香を旅行サークルに誘う。

단어 単語

No.	韓国語	発音	意味
(1)	안녕하세요?		こんにちは
(2)	저…		あの
(3)	혹시	[혹씨]	ひょっとして、もし
(4)	일본 사람		日本人
(5)	만나서 반갑습니다	[반갑씀니다]	お会いできて嬉しいです (初対面の時よく使われる表現)
(6)	-씨		~さん
(7)	학생	[학쌩]	学生
(8)	앞으로	[아프로]	これから
(9)	잘 부탁합니다	[잘부타캄니다]	よろしくお願いします

単語の引き出し

취미 趣味

등산 登山　여행 旅行　캠프 キャンプ　사진 写真　댄스 ダンス　요리 料理　노래 歌　음악 音楽
케이팝 K-POP　게임 ゲーム　영화 映画　드라마 ドラマ　농구 バスケットボール　애니메이션 アニメ
만화 漫画　유튜브 YouTube　독서 読書　수영 水泳　축구 サッカー　야구 野球　탁구 卓球
골프 ゴルフ　마라톤 マラソン

본문 회화 本文会話

韓国に留学で来た和田由香がシェアハウスのルームメイトと挨拶をする。 36

① 지우: 안녕하세요? 저… 혹시 일본 사람입니까?

② 유카: 아, 네, 일본 사람입니다.
저는 와다 유카라고 합니다.

③ 지우: 네, 저는 박지우입니다. 만나서 반갑습니다.

④ 유카: 지우 씨는 학생입니까?

⑤ 지우: 네, 학생입니다.

⑥ 유카: 저도 학생입니다. 앞으로 잘 부탁합니다.

【注意する発音変化】

① 혹시 [혹씨]　사람입니까？ [사라밈니까]
② 사람입니다 [사라밈니다]　합니다 [함니다]
③ 반갑습니다 [반갑씀니다]
④ 학생 [학쌩]
⑥ 앞으로 [아프로]　부탁합니다 [부타캄니다]

회화 연습 会話練習

例のように会話してみよう。

연습 1

ⓐ 박지우 씨입니까?

ⓐ 네, 박지우입니다.

어느 나라 사람입니까?

※어느 나라 どの国

ⓑ 한국 사람입니다.

a

❶박지우
❷왕첸민
❸유미코
❹마이클
❺히엔

b

❶한국 사람 韓国人
❷중국 사람 中国人
❸일본 사람 日本人
❹미국 사람 アメリカ人
❺베트남 사람 ベトナム人

연습 2

취미는 무엇입니까?

※취미 趣味、무엇 何

ⓐ 영화 감상입니다.

고향은 어디입니까?

※고향 故郷、어디 どこ

ⓑ 서울입니다.

a

❶영화 감상 映画鑑賞
❷요리 料理
❸수영 水泳
❹축구 サッカー
❺댄스 ダンス

b

❶서울 ソウル
❷오사카 大阪
❸도쿄 東京
❹교토 京都
❺부산 釜山

한 걸음 더 もう一歩

友達に聞いてみよう。

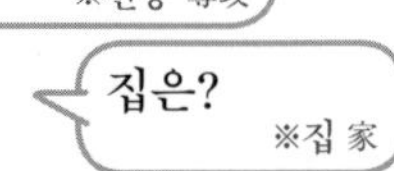

전공은?
※전공 専攻

집은?
※집 家

연습 3

저는 ⓐ 유카 (라고)/이라고 합니다.
ⓑ 대학생입니다.

a

❶유카
❷김태형
❸슌지
❹샐리

b

❶대학생 大学生
❷회사원 会社員
❸유학생 留学生
❹의사 医者

말해봅시다 話してみよう

友達と自己紹介をし、聞いた話をまとめて発表してみよう。

안녕하세요?
만나서 반갑습니다.
저는 ____________ 라고/이라고 합니다.
대학생입니다.
고향은 ____________입니다.
취미는 ____________입니다.
앞으로 잘 부탁합니다.

이름	고향	취미

例) ________씨 고향은 ________입니다. 취미는 ________입니다.

37 

들어봅시다 聞いてみよう

会話を聞いて質問に答えてみよう。

(1) 남자는 유학생입니까?

____

(2) 남자의 고향은 어디입니까?

____

覗いてみよう、韓国文化

コラム 1

初対面の会話－そんなことまで聞く？

韓国人は初めて会った人にプライベートな質問をするとよく言われます。しかし、このような質問は単純に個人情報を得るためのものではなく、相手にどのように接して、どのように呼べばいいのか呼称を決めるためのプロセスのひとつです。

名前で呼べばいいではないかと思うかもしれませんが、韓国社会では人を肩書なしで、名前で呼ぶことは失礼にあたる場合が多いので、注意を払う必要があります。たとえば、韓国人が驚くことの中で一つに、日本人が社内で上司を役職名ではなく「さん」づけで呼ぶことがあります。韓国では「金部長」、「李課長」のように肩書きをつけるか、役職名だけで呼びます。上司を○○さんと呼ぶことは社会的常識がない人と認識されてしまいます。会社だけではなく家族関係においても子どもが親戚の叔父さん、叔母さんの名前を「さん」を付けて呼んだりすることも韓国では見慣れない風景です。

このような社会的背景があるからこそ、年齢を尋ね、どのような仕事をしていて、どのような役職に就いているのかまで把握する必要があり、この情報を基に相手に失礼のない呼び方や接し方をすることができるのです。

これは大人の世界だけでなく、幼稚園や保育園で初めて会った子どもの会話でもよく見られます。「何歳？」「では私がお兄ちゃんだね」と序列をつけ、自分が1歳でも年上であれば、年下を名前で呼び、お兄ちゃんとしての役割を果たします。年下の子は年上を兄と呼び、弟として兄の言うことを聞き、二人は幼稚園という社会のなかで関係を築いていくのです。

初対面の人に色々と質問をする理由が少しはわかってきましたか。そうは言っても、一度しか会わなさそうな人には色々聞いたりはしません。最近はできるだけプライベートな質問をしない雰囲気に変わりつつありますが、もし、初めて会った韓国人に色々と質問されたら、この人は私と親しくなりたいんだと思ってください。

내일은 집에서 쉽니까?

予定を尋ねる　明日は家で休みますか。

主な表現
● ～です(か)/ます(か)：합니다体
● ～に：－에
● ～を：－를/을
● ～ない：－지 않다
● ～で：－에서
明洞にいくんですよ。
どこにいきますか。
アルバイトをしてるんです。
明洞で何をしますか。

발음 변화 発音変化　濃音化

終声「ㄱ (k型)」「ㄷ (t型)」「ㅂ (p型)」の後に「ㄱ」「ㄷ」「ㅂ」「ㅅ」「ㅈ」で始まる子音が続くと、それぞれ濃音の「ㄲ」「ㄸ」「ㅃ」「ㅆ」「ㅉ」に発音される。

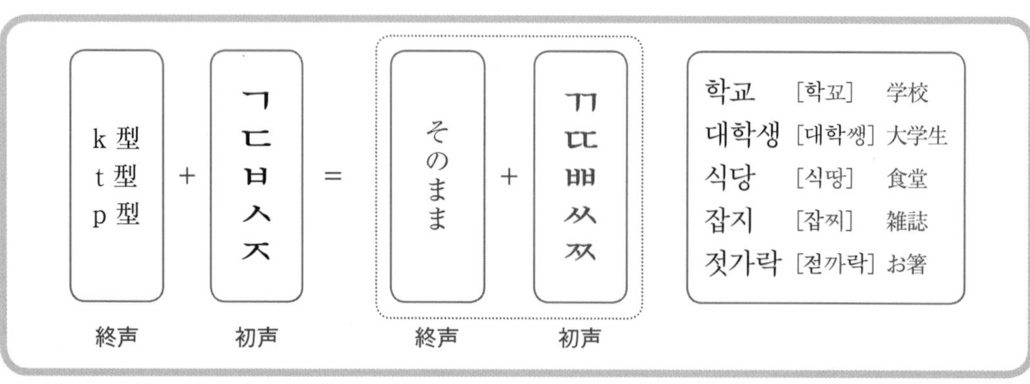

38 **연습** 次の単語を発音通り書いてみよう。

(1) 접시 皿　[　　　　　　　]　(2) 축구 サッカー　[　　　　　　　]

(3) 숟가락 スプーン　[　　　　　　　]　(4) 합격 合格　[　　　　　　　]

문법과 표현 文法と表現

문법 ① 합니다体「～です / ですか」「～ます / ますか」

日本語の「～です (か) /ます (か)」にあたるフォーマルな丁寧形である。

活用	用言 / 語幹	합니다体
母音語幹 ＋ ㅂ니다	가다 行く / 가	갑니다　行きます
子音語幹 ＋ 습니다	걷다 歩く / 걷	걷습니다　歩きます
ㄹ語幹【ㄹ脱落】 ＋ ㅂ니다	살다 住む / 살	삽니다　住みます

연습 1 次の表を完成させよう。

		ㅂ니다 / 습니다	ㅂ니까 / 습니까?
(例)	사다 買う	삽니다	삽니까?
(1)	읽다 読む		
(2)	만들다 作る		
(3)	쉬다 休む		
(4)	있다 ある・いる		
(5)	학생이다 学生だ		

【参考】用言と語幹

用言

動詞
하다 する、먹다 食べる、만들다 作る など

形容詞
크다 大きい、춥다 寒い、조용하다 静かだ

存在詞
있다 いる・ある、없다 いない・ない

指定詞
体言 ＋ 이다 ～だ、아니다 ～ではない

※「입니다」は「이다」の합니다体である。

語幹：다を除いた部分

하다　：語幹が母音で終わっている
⇒ 母音語幹用言

먹다　：語幹が子音で終わっている
⇒ 子音語幹用言

만들다：語幹がㄹで終わっている
⇒ ㄹ語幹用言

문법 ❷ 体言＋를/을「助詞：を」

「－를/을」は日本語の「～を」にあたる助詞である。

母音終わりの体言 ＋ 를	영어를 英語を	드라마를 ドラマを
子音終わりの体言 ＋ 을	이름을 名前を	학생을 学生を

연습 2 例のように「～を～です/ます」という文にしよう。

例） 밥 / 먹다　　밥을 먹습니다.
ご飯を食べます。

(1) 아르바이트 アルバイト / 하다 する ______

(2) 케이크 ケーキ / 만들다 作る ______

(3) 책 本 / 읽다 読む ______

문법 ❸ 体言＋에서「助詞：で」

「－에서」は日本語の「～で」にあたる助詞で、動作が行われる場所を表す。

[場所] 에서	카페에서 カフェで	식당에서 食堂で

연습 3 例のように適切な助詞を補って文を作ろう。

例） 도서관 / 공부하다　　도서관에서 공부합니다.
図書館で勉強します。

(1) 학교 学校 / 운동하다 運動する ______

(2) 백화점 百貨店 / 쇼핑하다 買い物する ______

(3) 집 家 / 떡볶이 トッポキ / 만들다 作る ______

제
2
과

문법 4 体言 + 에「助詞：に」

「-에」は日本語の「～に」にあたる助詞で、位置を表す。

[位置] 에	슈퍼에 スーパーに　　역에 駅に

연습 4 例のように、適切な助詞を補って文を作ろう。

例） 어디 / 있다　　어디에 있습니까?
どこにいますか。

(1) 식당 食堂 / 있다 ＿＿＿＿＿＿＿＿.

(2) 집 家 / 없다 いない ＿＿＿＿＿＿＿＿.

(3) 카페 カフェ / 있다 ＿＿＿＿＿＿＿＿.

문법 5 語幹 + 지 않다「否定形」

動詞と形容詞の否定形は、「語幹+지 않다」の形にする。「-지 않다」の않다は子音語幹のため、합니다体には「-습니다」をつけ、疑問文は「다」を「까?」に変える。

語幹 + 지 않다	하다 する　하지 않다 しない → 하지 않습니다 しません
	춥다 寒い　춥지 않다 寒くない → 춥지 않습니다 寒くありません

※있다 (いる・ある) の否定形は、없다 (いない・ない) を用いる。

연습 5 例のように (　　) の中の助詞を選び、否定形の文にしよう。

例） 아르바이트(를/을) / 하다　아르바이트를 하지 않습니다.
アルバイトをしません。

(1) 책(를/을) / 읽다 ＿＿＿＿＿＿＿＿

(2) 영화(를/을) / 보다 ＿＿＿＿＿＿＿＿

(3) 내일 明日 (는/은) / 쉬다 ＿＿＿＿＿＿＿＿

단어 単語

No.	韓国語	発音	意味
(1)	내일		明日
(2)	쉬다		休む
(3)	그럼		それじゃ、では
(4)	무엇(뭐)		何(뭐:縮約形)
(5)	하다		する
(6)	편의점	[펴니점]	コンビニエンスストア
(7)	알바(아르바이트)		アルバイト
(8)	면접		面接
(9)	보다		受ける、見る
(10)	그래요?		そうですか
(11)	어디		どこ
(12)	명동		明洞(ソウルの地名)
(13)	있다	[읻따]	ある・いる

도서관 図書館　회사 会社　백화점 百貨店　식당 食堂　교실 教室　집 家　카페 カフェ
서점 書店　학원 塾　병원 病院　약국 薬局　우체국 郵便局
영화관 映画館　스포츠센터 スポーツセンター　편의점 コンビニエンスストア

본문 회화 本文会話

ジウが由香に明日の日程を尋ねる。

39

① 지우: 유카 씨, 내일은 집에서 쉽니까?

② 유카: 아뇨, 쉬지 않습니다.

③ 지우: 그럼 무엇을 합니까?

④ 유카: 편의점에서 알바 면접을 봅니다.

⑤ 지우: 아, 그래요? 편의점은 어디에 있습니까?

⑥ 유카: 명동에 있습니다.

【注意する発音変化】

① 내일은 [내이른]　집에서 [지베서]　쉽니까 ? [쉼니까]

② 않습니다 [안씀니다]

③ 무엇을 [무어슬]　합니까 ? [함니까]

④ 편의점에서 [펴니저메서]　면접을 [면저블]　봅니다 [봄니다]

⑤ 편의점은 [펴니저믄]　있습니까 ? [읻씀니까]

회화 연습 会話練習

例のように会話してみよう。

연습 1

여보세요? 지금 어디에 있습니까?

※여보세요 もしもし、지금 今

ⓐ 학교에 있습니다.

식사는 어디에서 합니까?

※식사 食事

ⓑ 식당에서 합니다.

a

❶학교 学校
❷도서관 図書館
❸백화점 百貨店
❹회사 会社

b

❶식당 食堂
❷학생 식당 学生食堂
❸카페 カフェ
❹회사 식당 社員食堂

연습 2

이번 주말은 무엇을 합니까?

※이번 주말 今週末

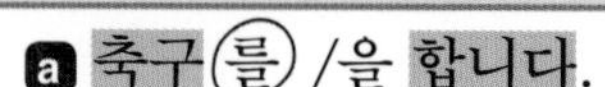

그리고 무엇을 합니까?

ⓑ 수영도 합니다.

a

❶축구 サッカー / 하다 する
❷책 本 / 읽다 読む
❸떡볶이 トッポキ / 만들다 作る
❹한국 음식 韓国料理 / 먹다 食べる
❺아르바이트 アルバイト / 하다

b

❶수영 水泳 / 하다
❷공부 勉強 / 하다
❸영화 映画 / 보다 見る
❹책 本 / 사다 買う
❺쇼핑 ショッピング / 하다

연습 3

내일 a 면접를/을 봅니까?

아뇨, a 면접를/을 보지 않습니다.

그럼 뭐 합니까?

b 도서관에서 책를/을 읽습니다.

a

❶면접 面接 / 보다 受ける
❷운동 運動 / 하다
❸아르바이트 アルバイト / 하다
❹영화 映画 / 보다 見る
❺일본어 日本語 / 배우다 習う

b

❶도서관 図書館 / 책 本 / 읽다 読む
❷식당 食堂 / 한국 음식 韓国料理 / 먹다 食べる
❸집 家 / 케이크 ケーキ / 만들다 作る
❹백화점 百貨店 / 쇼핑 ショッピング / 하다
❺학교 学校 / 한국어 韓国語 / 배우다

말해봅시다 話してみよう

ペアで質問してみよう。

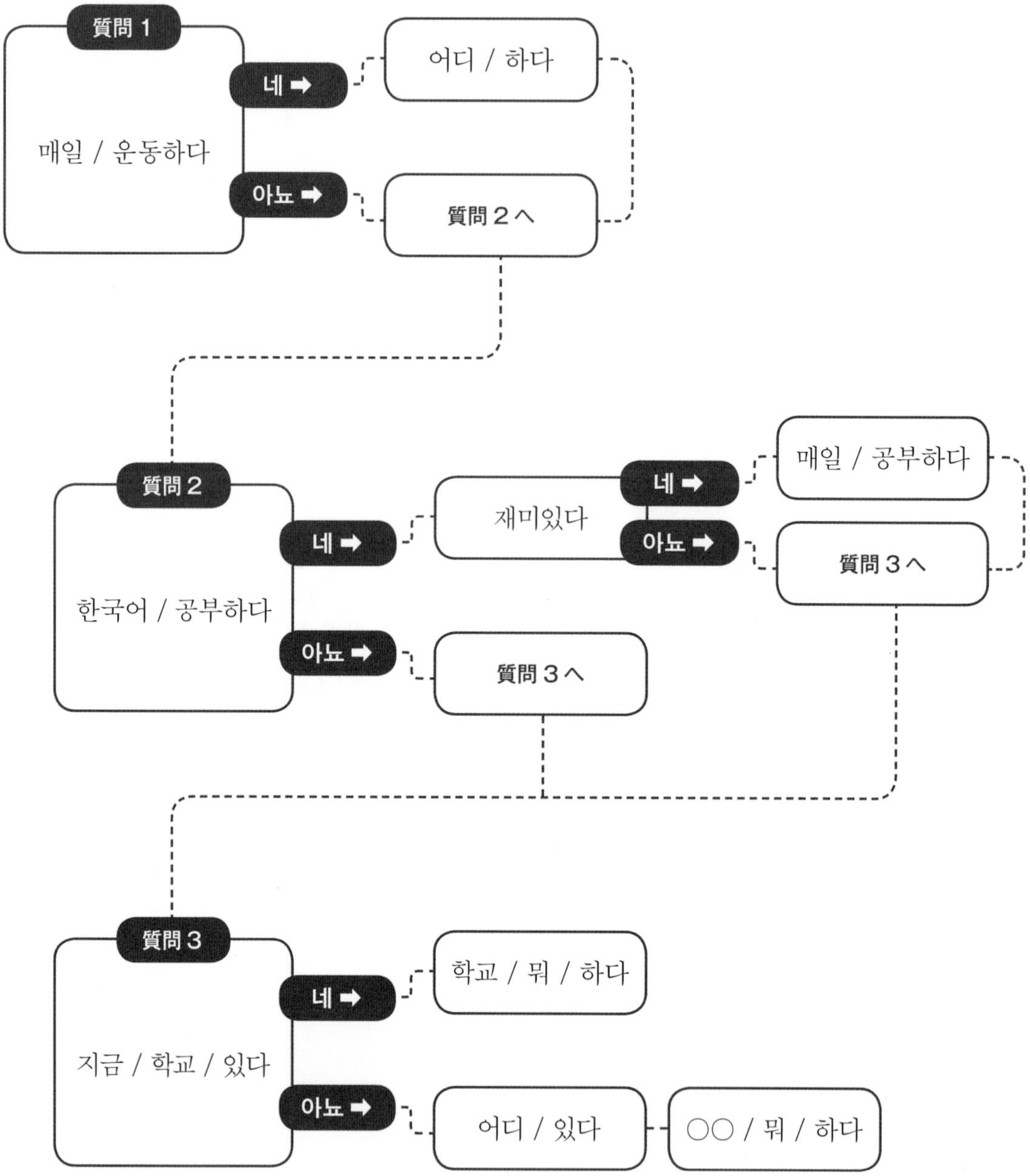

質問 1

매일 / 운동하다

- **네 ➡** 어디 / 하다 → 質問 2へ
- **아뇨 ➡** 質問 2へ

質問 2

한국어 / 공부하다

- **네 ➡** 재미있다
  - **네 ➡** 매일 / 공부하다 → 質問 3へ
  - **아뇨 ➡** 質問 3へ
- **아뇨 ➡** 質問 3へ

質問 3

지금 / 학교 / 있다

- **네 ➡** 학교 / 뭐 / 하다
- **아뇨 ➡** 어디 / 있다 → ○○ / 뭐 / 하다

들어봅시다 聞いてみよう

会話を聞いて質問に答えてみよう。

(1) 여자는 지금 어디에 있습니까?

____

(2) 여자는 지금 무엇을 합니까?

____

特集　動詞①

가다	오다	읽다	먹다	알다
行く	来る	読む	食べる	知る、分かる
보다	사다	앉다	살다	만들다
見る	買う	座る	住む	作る
마시다	타다	내다	입다	찍다
飲む	乗る	出す	着る	撮る
받다	자다	배우다	만나다	찾다
受け取る	寝る	学ぶ	会う	探す、(お金を)おろす
기다리다	가르치다	시작하다	좋아하다	일하다
待つ	教える	始める	好む (好きだ)	働く

이 시계와 공책은 얼마입니까?

買い物をする　この時計とノートはいくらですか。

さて、新生活に必要なものがいろいろあるぞ。
まとめて買いに行ってみよう。

時計はどこにありますか。

これじゃないです。

これとあれください。

いくらですか。

主な表現

- 漢数詞
- ～が ： -가/이
- ～と ： -와/과
- 指示語
- ～ではない ： -가/이 아니다

발음 변화 発音変化　ㅎ音の激音化①

終声「ㄱ（k型）」「ㄷ（t型）」「ㅂ（p型）」の後に「ㅎ」が続くと、終声が連音化されそれぞれ激音に変わる。

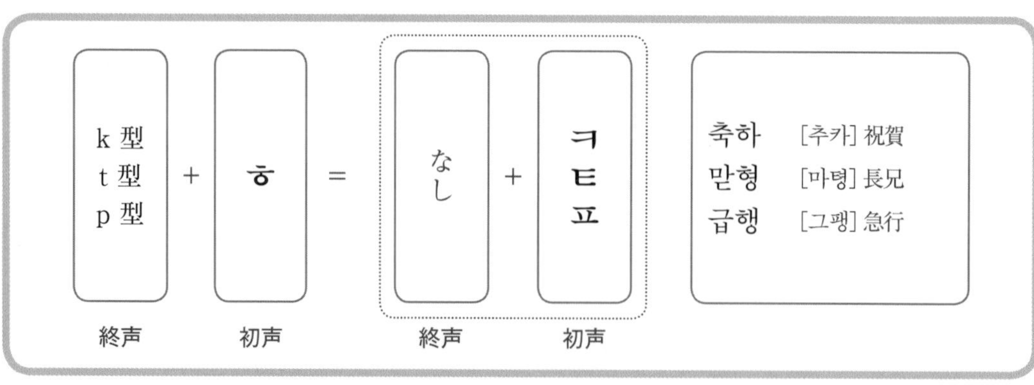

ただし、パッチム「ㅈ」の後ろに「ㅎ」が続く場合 、「ㅊ」になる。　例）맞히다 [마치다] 当てる

41 **연습　次の単語を発音通り書いてみよう。**

(1) 국회 国会 [　　　　　　　]　(2) 잡히다 捕まる [　　　　　　　]

(3) 따뜻하다 暖かい [　　　　　　　]　(4) 몇 학년 何年生 [　　　　　　　]

문법과 표현 文法と表現

문법 1 漢数詞

漢数詞は、日本語の「いち、に、さん…」にあたる数詞である。

1	2	3	4	5	6	7	8	9	10
일	이	삼	사	오	육	칠	팔	구	십

11	12	13	14	15	16	17	18	19	20
십일	십이	십삼	십사	십오	십육	십칠	십팔	십구	이십

百	千	万	億	ゼロ
백	천	만	억	영/공

※십육は、[십뉵(ㄴ挿入)]→[심뉵(鼻音化)]と発音する(7課 p102参照)。

※主に電話番号の場合は、「공(ゼロ)」を使う。

※1万は通常「일」をつけず、「만」と言う。その他は日本語と同じ。
12,000ウォン「만 이천 원」(○)「일만 이천 원」(×)

漢数詞とともに用いる助数詞は以下のようなものがある。

- …년　～年　　이천십구 년 2019年
- …월　～月　　십이월 12月 ※유월 6月　시월 10月(p65 プラス1参照)
- …일　～日　　팔 일 8日　이십삼 일 23日
- …분　～分　　칠 분 7分　사십육 분 46分
- …초　～秒　　삼십팔 초 38秒　오십구 초 59秒
- …원　～ウォン　육백사십이 원 642ウォン
- …층　～階　　육 층 6階　십구 층 19階
- …학년　～年生　일 학년 1年生　육 학년 6年生
- …電話番号　　공구공의[에] 일이삼사의[에] 오육칠팔 090-1234-5678

※몇 년(何年)、몇 월(何月)、며칠(何日)、몇 개(何個)、몇 장(何枚)のように助数詞の前の「何」は몇と言う。ただし、「何日」は몇 일ではなく、며칠と言う。なお、漢数詞と助数詞の間は基本的に分かち書きをする。

연습 1 ハングルで書いてみよう。

(1) 11,100ウォン ______

(2) 090-3254-679X ______

(3) 2020年10月9日 ______

문법 ❷ 体言＋가/이「助詞：が」

「-가/이」は日本語の「～が」にあたる助詞である。

母音終わりの体言 ＋ 가	어머니가 お母さんが	아버지가 お父さんが
子音終わりの体言 ＋ 이	회사원이 会社員が	가을이 秋が

※「私が」は、나가と저가ではなく내가と제가となる。

연습 2 例のように、「-가/이, -ㅂ니다/습니다」という文にしよう。

例）남동생 / 밥을 먹다　　남동생이 밥을 먹습니다.

弟がご飯を食べます。

(1) 일본 사람 / 한국 음식을 만들다 ______

(2) 여동생 妹 / 도서관에서 공부하다 ______

(3) 시계 時計 / 책상 아래에 있다 ______

※책상 机、아래 下

문법 ❸ 体言＋와/과、하고「助詞：と」

「-와/과、-하고」は日本語の「〜と」にあたる助詞である。

母音終わりの体言 ＋ 와	오빠와 언니 兄と姉
子音終わりの体言 ＋ 과	연필과 지우개 鉛筆と消しゴム
하고（話し言葉）	오빠하고 언니 兄と姉

연습 3 例のように、「-와/과、-하고」を使って2つの単語をつなげよう。

例）케이크 / 커피　　케이크와 커피　　케이크하고 커피

(1) 한국어 / 일본어　　＿＿＿＿＿＿　＿＿＿＿＿＿

(2) 가방 かばん / 지갑 財布　　＿＿＿＿＿＿　＿＿＿＿＿＿

(3) 책 / 공책　　＿＿＿＿＿＿　＿＿＿＿＿＿

문법 ❹ 指示語

指示語「이/그/저/어느」に「것（もの/こと）」をつけると、物を指す「これ/それ/あれ/どれ」となる。そして「곳（所）」をつけると場所を表すが、会話では「여기/거기/저기/어디」のほうが使われる。「쪽（側）」は方向を表す。

指示語	物	場所	方向
이 この	이것 これ	여기/이곳 ここ	이쪽 こちら側
그 その	그것 それ	거기/그곳 そこ	그쪽 そちら側
저 あの	저것 あれ	저기/저곳 あそこ	저쪽 あちら側
어느 どの	어느 것 どれ	어디/어느 곳 どこ	어느 쪽 どちら側

연습 4 （　）を韓国語にし、例のように適切な助詞を補って文を作ろう。

例）（ここ）/ 어디　　　여기는 어디입니까?

(1)（これ）/ 한국 음식　　＿＿＿＿＿＿＿＿

(2) 도서관 /（あちら側）　　＿＿＿＿＿＿＿＿

(3)（その）/ 책 / 유카 씨 / 것　　＿＿＿＿＿＿＿＿

문법 5　体言 + 가 / 이 아닙니다「～ではありません」

体言の否定を表す指定詞である。

母音終わりの体言 + 가 아닙니다	도시가 아닙니다. 都市ではありません。
子音終わりの体言 + 이 아닙니다	병원이 아닙니다. 病院ではありません。

※疑問文は、「아닙니다」を「아닙니까?」に変える。

연습 5 例のように、「-이/가 아닙니다」という文にしよう。

例）선생님　　선생님이 아닙니다.

先生ではありません。

(1) 의사　　＿＿＿＿＿＿＿＿

(2) 손님　　＿＿＿＿＿＿＿＿

(3) 점원　　＿＿＿＿＿＿＿＿

覗いてみよう、韓国文化

コラム2

韓国は、毎月14日が記念日？

韓国では、記念日が多いと言われます。実は、40種類以上の記念日があります。特に付き合ってから100日を記念する100日記念日は、彼氏が彼女に盛大なサプライズをしてあげる日です。100日記念日をサポートする業者もあるぐらい、カップルにとっては、大切な記念日ですね。そして、200日、300日・・・1000日まで記念日があります。100日記念日以外にも、日本と同じく2月14日はバレンタインデー、3月14日はホワイトデーですが、それ以外の韓国の特別な記念日を紹介します。

まず、1月14日は、ダイアリーデーです。自分の気持ちを書いた日記をお互いにプレゼントする日です。5月14日は、ローズデーです。恋人にバラの花をプレゼントする日です。6月14日は、キスデー。カップル同士が他人の目を気にせずキスをする日です。7月14日は、シルバーデー。恋人にシルバーリングをプレゼントする日です。そして8月14日は、ミュージックデー。音楽とお花をプレゼントして楽しむ日です。9月14日は、フォトデー。恋人にお花をプレゼントして一緒に写真を撮る日です。10月14日は、ワインデー。恋人にワインとお花をプレゼントする日です。11月14日は、ムービーデーです。恋人同士が素敵な映画を一緒に見る日です。12月14日は、ハグデー。寒い冬に恋人に愛のメッセージを送りハグする日です。最後に、4月14日のブラックデーには、恋人がいない人たちが一緒にジャジャン麺（자장면）を食べます。

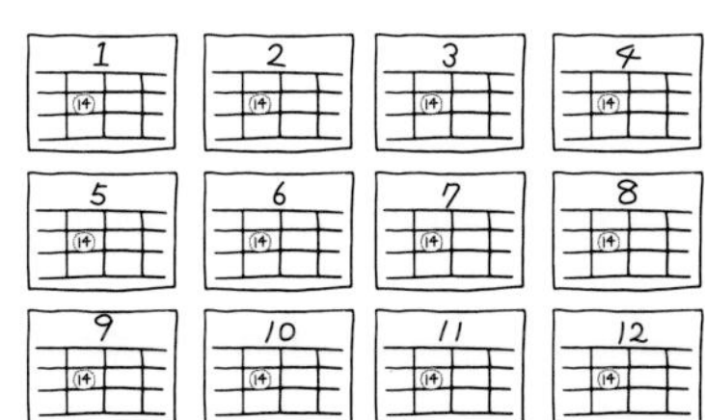

단어 単語

No.	韓国語	発音	意味
(1)	저기요		あの、すみません
(2)	시계		時計
(3)	점원	[저뭔]	店員
(4)	이쪽		こちら側
(5)	공책		ノート
(6)	아래		下
(7)	이		この
(8)	얼마		いくら
(9)	모두		すべて、全部、全部で
(10)	원		ウォン
(11)	주세요		ください
(12)	그런데		ところで
(13)	커피숍		コーヒーショップ
(14)	층		階

単語の引き出し

위치 位置

앞 前　뒤 後　위 上　아래 / 밑 下　옆 横　사이 間　안 中　밖 外　가운데 真ん中
오른쪽 右側　왼쪽 左側　근처 近く　맞은편 向かい側

본문 회화 本文会話

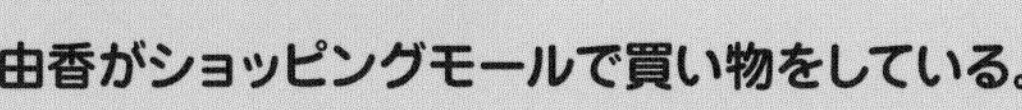

由香がショッピングモールで買い物をしている。

① 유카: 저기요. 시계가 어디에 있습니까?

② 점원: 네, **이쪽**에 있습니다.

③ 유카: 공책은 어디에 있습니까?

④ 점원: 네, 공책은 시계 **아래**에 있습니다.

⑤ 유카: 아~ (時計とノートを選んだ後)

이 시계**와** 공책은 얼마입니까?

⑥ 점원: 모두 18,000원입니다.

⑦ 유카: 네. 그럼, 주세요.

아! 그런데, 커피숍은 3층입니까?

⑧ 점원: 아뇨, 3층**이 아닙니다.** 5층에 있습니다.

【注意する発音変化】

① 있습니까 [읻씀니까]

② 이쪽에 [이쪼게]　있습니다 [읻씀니다]

③ 공책은 [공채근]

⑤ 얼마입니까 [얼마임니까]

⑥ 18,000원입니다[만팔처눠님니다]

⑧ 아닙니다 [아님니다]

회화 연습 会話練習

例のように会話してみよう。

연습 1

○○ 씨, 생일이 언제입니까?

※생일 誕生日、언제 いつ

ⓐ 6월 11일입니다.

그럼 전화번호는 몇 번입니까?

※전화번호 電話番号、몇 번 何番

ⓑ 080-5831-792X입니다.

ⓐ

❶6월 11일
❷3월 8일
❸7월 2일
❹12월 25일
❺10월 30일

ⓑ

❶080-5831-792X
❷090-7260-258X
❸010-2341-697X
❹02-965-801X
❺03-4736-125X

연습 2

ⓐ 수업가/㊀이 몇 교시입니까?

ⓑ 1교시입니다.

ⓐ

❶수업 授業 / 교시 時限
❷교실 教室 / 호실 号室
❸도서관 図書館 / 층 階
❹여동생 妹 / 학년 学年 (年生)

ⓑ

❶1교시 / 2교시 / 3교시 / 4교시
❷109호실 / 257호실 / 346호실
❸8층 / 16층 / 22층
❹1학년 / 2학년 / 3학년 / 4학년

연습 3 次の絵が置かれている場所を確認しながら例のように会話してみよう。

(a を指さしながら) 이것은 책입니까?

그것은 a 책가/(이) 아닙니다. a 공책입니다.

(b を指さしながら) 그것은 b 테이블입니까?

이것은 b 테이블가/(이) 아닙니다. b 책상입니다.

(c を指さしながら) 저것은 c 공책입니까?

그것은 c 공책가/(이) 아닙니다. c 잡지입니다.

a

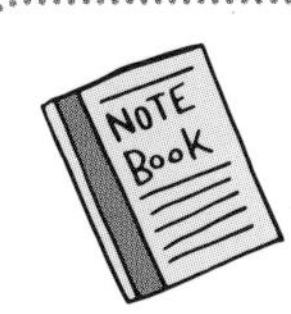

❶책/공책 ❷볼펜/연필

b

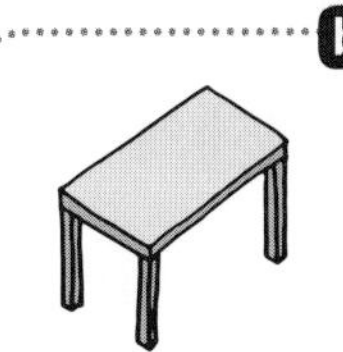

❶테이블/책상 ❷지갑/가방

c

❶공책/잡지 ❷의자/소파

話し手に近い物:	聞き手に近い物:	どちらからも遠い物:
이것	그것	저것

말해봅시다 話してみよう

店員とお客さんになって、棚にある商品について例のように話してみよう。
その後、気に入ったものを二つ以上買ってみよう。

例） 손님: 치마 (가)/이 어디에 있습니까?

점원: 지갑 아래에 있습니다.

손님: 아, 네. 이 치마 (는)/은 37,000원입니까?

점원: 아뇨, 그것는/(은) 37,000원가/(이)
아닙니다.
50% 세일중입니다. 그래서 18,500원입니다.

손님: 그럼, ________하고 ________주세요.

점원: 네, 감사합니다.

들어봅시다 聞いてみよう

43

会話を聞いて質問に答えてみよう。

ショッピングモールで友達の誕生日について話している。

(1) 지민 씨 생일이 언제입니까?

____

(2) 무슨 선물을 삽니까? ※무슨 何の、선물 プレゼント

____

(3) 선물은 얼마입니까?

____

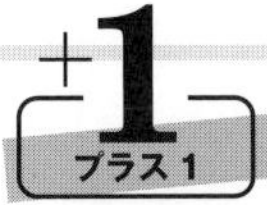

월 月

1月	2月	3月	4月
일월 [이뤌]	이월	삼월 [사뭘]	사월
5月	6月	7月	8月
오월	유월	칠월 [치뤌]	팔월 [파뤌]
9月	10月	11月	12月
구월	시월	십일월 [시비뤌]	십이월 [시비월]

금요일 3시에 여행 동아리에 갑니다.

予定を話す　金曜日の３時に旅行サークルに行きます。

韓国語で数を数えたり、時間を伝えてみよう！

今日は６時から
10時までです。
アルバイトは
何時からですか。

主な表現

- 固有数詞
- ～に（時間）：－에
- ～に･へ（場所）　：－에
- ～から～まで　：－에서/부터 －까지
- ～ない　：안
- ～が好きです　：－를/을 좋아하다

발음 변화 発音変化　口蓋音化

終声「ㄷ」と「ㅌ」の次に母音「이」が続くと、それぞれ「ㅈ」「ㅊ」の音に変わる。

ㄷ ㅌ	＋	이	＝	なし	＋	지 치
終声				終声		

굳이　［구지］あえて
같이　［가치］一緒に

44  **연습　次の単語を発音通り書いてみよう。**

（1）맏이 長男/長女［　　　　　　］　（2）미닫이 引き戸　［　　　　　　］

（3）밭이 畑が　［　　　　　　］　（4）끝이 終わりが　［　　　　　　］

문법과 표현 文法と表現

문법 1 固有数詞

固有数詞は日本語の「ひとつ、ふたつ…」にあたる数詞で、99まで数えることができる（100からは漢数詞で数える）。

1	2	3	4	5	6	7	8	9	10
하나	둘	셋	넷	다섯	여섯	일곱	여덟	아홉	열

20	30	40	50	60	70	80	90
스물	서른	마흔	쉰	예순	일흔	여든	아흔

1〜4、20の後ろに助数詞が続くと、次のように形が変わる。

	1	2	3	4	20
基本形	하나	둘	셋	넷	스물
連体形※	한	두	세	네	스무

※한 살 1歳、열두 살 12歳、스무 살 20歳、스물세 살 23歳

固有数詞とともに用いる主な助数詞は以下のようなものがある。なお、漢数詞と同様に固有数詞と助数詞の間は基本的に分かち書きをする。

● 개 個 ● 시 時 ● 시간 時間 ● 달 月 ● 사람 人 ● 명 名 ● 분 方 ● 번 回

● 장 枚 ● 마리 匹 ● 대 台 ● 권 冊 ● 병 瓶 ● 잔 杯

【参考】2021年6月19日　11時47分58秒

漢 년 漢 월 漢 일 固 시 漢 분 漢 초

이천이십일 년 유월 십구 일 열한 시 사십칠 분 오십팔 초

연습 1 ハングルで書いてみよう。

(1) 4名 ＿＿＿＿＿＿＿＿　(2) 23歳 ＿＿＿＿＿＿＿＿

(3) 12時30分 ＿＿＿＿＿＿＿＿　(4) 7枚 ＿＿＿＿＿＿＿＿

문법 ② 体言（時間）+ 에「助詞：に」

「−에」は日本語の「〜に」にあたる助詞で、時を表す体言とともに用いられる。

[時間] 에	오전에 午前に　　오후에 午後に

※ただし、時を表す体言であっても「−에」をつけない場合もある。
例）어제에 昨日（×）、지금에 今（×）

※日本語では「〜に」を入れなくてもいい場合も、韓国語では省略できない場合がある。例）아침에 朝、오후에 午後

연습 2 例のように、適切な助詞を補って文を作ろう。

例） 오전 / 영어 / 배우다　　오전에 영어를 배웁니다.
午前に英語を習います。

(1) 아침 朝 / 도서관 / 공부하다 ＿＿＿＿＿＿＿＿

(2) 3시 / 시험 試験 / 있다 ＿＿＿＿＿＿＿＿

(3) 주말 / 친구 友達 / 축구하다 サッカーする ＿＿＿＿＿＿＿＿

문법 ③ 体言（場所）+ 에「助詞：に・へ」

「−에」は日本語の「〜に・へ」にあたる助詞で、場所を表す体言とともに用いられる。

[場所] 에	편의점에 갑니다. コンビニに行きます。

※動作の目的を表すために「−에」の代わりに「−를/을」が使われる場合もある。
친구와 등산을 갑니다. 友達と登山に行きます。(参考：第16課 p208)

연습 3 例のように、適切な助詞を補って文を作ろう。

例） 오늘 / 학교 / 가다　　오늘 학교에 갑니다.
今日学校に行きます。

(1) 친구 / 일본 / 오다 来る ＿＿＿＿＿＿＿＿

(2) 지금 / 집 / 들어가다 入っていく ＿＿＿＿＿＿＿＿

(3) 여동생 / 회사 / 다니다 通う ＿＿＿＿＿＿＿＿

문법 4　体言 + 에서 / 부터 ～ 까지「助詞：～から～まで」

「-에서」は場所の出発点を、「-부터」は時間や順序の起点を表す。「-까지」は場所や時間の到着点を表す。

에서 ～ 까지 (場所)	서울에서 부산까지 ソウルから釜山まで
부터 ～ 까지 (時間)	오늘부터 내일까지 今日から明日まで

연습 4 例のように、「-에서/부터 ~까지」と、さらに適切な助詞を補い文を作ろう。

例）서울 / 부산 / 3시간 / 걸리다　　서울에서 부산까지 3시간이 걸립니다.
ソウルから釜山まで3時間かかります。

(1) 집 家 / 학교 / 가다　＿＿＿＿＿＿＿＿

(2) 1교시 時限 / 3교시 / 수업 授業 / 있다　＿＿＿＿＿＿＿＿

(3) 5시 / 9시 / 아르바이트 / 하다　＿＿＿＿＿＿＿＿

문법 5　안 + 用言「否定形」

動詞と形容詞の否定形は、第2課で学習した「語幹+지 않다」だけでなく、もうひとつ「안+用言」の否定形がある。

안 + 用言	안 보다 見ない → 안 봅니다 見ません
	안 입다 着ない → 안 입습니나 着ないです

※「名詞+する」の形の動詞の場合は、名詞を否定するのではなく、하다（する）を否定する。
（注意：名詞 안 하다（○）、안+名詞하다（×））
例）운동 안 하다（○）안 운동하다（×）　運動しない

연습 5 次の用言を二つの否定形にしましょう。

例）오다 来る　　안 옵니다.　　오지 않습니다.

(1) 가다 行く　＿＿＿＿　＿＿＿＿

(2) 좋다 良い　＿＿＿＿　＿＿＿＿

(3) 일하다　＿＿＿＿　＿＿＿＿

문법 6 体言＋를/을 좋아합니다「～が好きです」

日本語の「～が好きです/嫌いです」にあたる表現で、助詞の「が」を日本語の「を」に該当する「-를/을」を使い、「体言+를/을 좋아합니다/싫어합니다」と表現する。

를/을 좋아하다 ～が好きだ	노래를 좋아합니다. 歌が好きです。
를/을 싫어하다 ～が嫌いだ	운동을 싫어합니다. 運動が嫌いです。

연습 6 例のように、「-를/을 좋아합니다 (까?)」「-를/을 싫어합니다 (까?)」を用いた文にしよう。

例) 무슨 / 음악 / 좋아하다　　무슨 음악을 좋아합니까?
何の音楽が好きですか。

한국 음악 / 좋아하다　　한국 음악을 좋아합니다.
韓国の歌が好きです。

(1) 무슨 / 요리 料理 / 좋아하다　　________________

갈비 カルビ / 좋아하다　　________________

(2) 무슨 / 요일 曜日 / 싫어하다　　________________

월요일 月曜日 / 싫어하다　　________________

(3) 무슨 / 운동 運動 / 좋아하다　　________________

축구 サッカー / 좋아하다　　________________

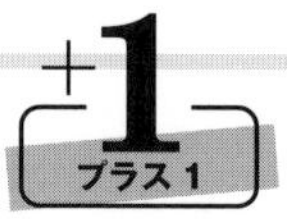

「의＝の」の省略

日本語の助詞「の」にあたる「의」の多くは省略される。

例) 友達の本 → 친구 책(○) 친구의 책 (△ 主に書き言葉でのみ)

ただし、位置を表す名詞が続く場合は、必ず「の」を省略する。

例) 机の上 → 책상 위(○) 책상의 위(×)

note

단어 単語

No.	韓国語	発音	意味
(1)	금요일	[그묘일]	金曜日
(2)	수업		授業
(3)	시		時
(4)	오후		午後
(5)	분		分
(6)	등산		登山
(7)	여행		旅行
(8)	왜요?		どうしてですか?
(9)	동아리		サークル
(10)	가다		行く
(11)	같이	[가치]	一緒に
(12)	어떻다	[어떠타]	どうだ
(13)	좋다	[조타]	良い

월요일 月曜日　화요일 火曜日　수요일 水曜日　목요일 木曜日　금요일 金曜日
토요일 土曜日　일요일 日曜日

본문 회화 本文会話

ショッピングを終えた由香は、5階のカフェでジウに会う。

① 지우: 유카 씨, 금요일 수업은 몇 시부터 몇 시까지입니까?

② 유카: 금요일은 9시부터 오후 2시 40분까지입니다.

③ 지우: 혹시 등산을 좋아합니까?

④ 유카: 아뇨, 등산은 안 좋아합니다.

⑤ 지우: 아, 그래요…. 그럼 여행은 좋아합니까?

⑥ 유카: 네. 그런데 왜요?

⑦ 지우: 저는 금요일 3시에 여행 동아리에 갑니다.
같이 어떻습니까?

⑧ 유카: 좋습니다!

【注意する発音変化】

① 금요일 [그묘일]　수업은 [수어븐]　몇 시 [면씨]　입니까 [임니까]

② 금요일은 [그묘이른]　9시 [아홉씨]　40분 [사십뿐]　입니다 [임니다]

③ 혹시 [혹씨]　등산을 [등사늘]　좋아합니까 [조아암니까]

④ 좋아합니다 [조아암니다]

⑤ 여행은 [여앵은]

⑦ 갑니다 [감니다]　같이 [가치]　어떻습니까 [어떠씀니까]

⑧ 좋습니다 [조씀니다]

회화 연습 会話練習

例のように会話してみよう。

연습 1

a 수업 (은)/는 몇 시부터 몇 시까지입니까?

b 9시 15분부터 12시 20분까지입니다.

a

❶수업 授業
❷시험 試験
❸동아리 サークル
❹면접 面接
❺알바 バイト

b

❶9시 15분 / 12시 20분
❷10시 10분 / 4시 55분
❸3시 / 5시
❹6시 / 6시 30분
❺7시 / 11시

연습 2

a 커피 (가)/이 몇 잔입니까?

b 1잔입니다.

a

❶커피 コーヒー / 잔 杯
❷볼펜 ボールペン / 개 個
❸책 本 / 권 冊
❹동생 弟/妹 / 살 歳
❺손님 お客様 / 분 名様

b

❶1잔 / 5잔
❷3개 / 7개
❸9권 / 34권
❹18살 / 20살
❺28명 / 6명

연습 3

ⓐ 월요일에 ⓑ 도쿄에 갑니다.

몇 시에 갑니까?

ⓒ 오전 10시에 갑니다.

여기에서 ⓑ 도쿄까지 얼마나 걸립니까?

※여기 ここ、걸리다 かかる

ⓓ 4시간 정도 걸립니다.

a
❶월요일
❷금요일
❸주말
❹내일

b
❶도쿄
❷교토
❸부산
❹서울

c
❶오전 午前 10시
❷오후 午後 1시
❸아침 朝 9시
❹저녁 夕方 8시

d
❶4시간
❷1시간
❸5시간
❹2시간

연습 4

○○ 씨, ⓐ 초콜릿를/(을) 좋아합니까?

아뇨, 안 좋아합니다.

그럼, 무엇을/어디를 좋아합니까 ?

ⓑ 케이크(를)/을 좋아합니다.

a
❶초콜릿 チョコレート
❷커피 コーヒー
❸콜라 コーラ
❹서울
 自分の好きな食べ物等を入れて話してみよう。

b
❶케이크
❷홍차 紅茶
❸사이다 サイダー
❹부산
☞ 自分の好きな食べ物等を入れて話してみよう。

제 4 과

말해봅시다 話してみよう

由香さんのスケジュールを見ながら例のように会話してみよう。会話が終わったら、お互いのスケジュールについて聞いてみよう。

(유카 씨의 스케줄)

일	월	화	수	목	금	토
① 오늘 今日 친구 영화관	2	3 학교 수업	4	5 동아리	6 친구 카페 6시 반	7 콘서트 5시~9시
8 미용실 오후 1시	9	10 시험을 보다	11	12	13 부산 여행	14

※시험을 보다 試験を受ける

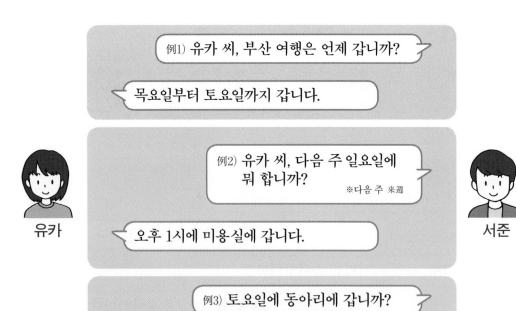

例1) 유카 씨, 부산 여행은 언제 갑니까?

목요일부터 토요일까지 갑니다.

例2) 유카 씨, 다음 주 일요일에 뭐 합니까?

※다음 주 来週

오후 1시에 미용실에 갑니다.

서준

例3) 토요일에 동아리에 갑니까?

아뇨, 안 갑니다. 목요일에 갑니다.

들어봅시다 聞いてみよう

46 

会話を聞いて質問に答えてみよう。

(1) 여자는 일주일에 몇 번 학교에 갑니까?

____

(2) 목요일에도 학교에 갑니까?

____

(3) 집에서 학교까지 얼마나 걸립니까?

____

제 4 과

부산에 엠티를 가요.

日程を決める　釜山へ MTに行きます。

韓国語には「です・ます」に該当する文末の表現が2種類あります。

합니다体

해요体

主な表現

- 해요体
- ～で　：　-로/으로
- ～より　：　-보다
- 指定詞の해요体
- 助詞のずれ①

발음 변화 発音変化　ㅎ音の激音化②

終声「ㅎ」の後に「ㄱ」「ㄷ」「ㅈ」が続くと、それぞれ激音に変わる。

終声		初声		終声		初声
ㅎ	+	ㄱ ㄷ ㅈ	=	なし	+	ㅋ ㅌ ㅊ

놓고　[노코] 置いて
좋다　[조타] 良い
좋지　[조치] 良いとも

47 **연습** 次の単語を発音通り書いてみよう。

(1) 좋고 良くて　[　　　　]　(2) 그렇죠 そうでしょ　[　　　　]

(3) 파랗다 青い　[　　　　]　(4) 많지 않다 多くない　[　　　　]

문법과 표현 文法と表現

문법 ① 해요体

韓国語の丁寧体には、「합니다体」と「해요体」がある。第2課で学習した「합니다体」は会議や演説などといった公的な場面で多く使われる改まった表現である。一方、「해요体」は日常生活の場面で使われる打ち解けた表現である。

Ⅰ. 語尾の다をとり、語幹だけにする。

・앉다 座る → 앉　　・높다 高い → 높

・먹다 食べる → 먹　　・신다 履く → 신

Ⅱ. 語幹末の母音（陽母音/陰母音）を確認する。

陽母音（ㅏ・ㅗ）の場合は、아요をつける。

・앉【ㅏ】→ 앉아요 座ります　　・높【ㅗ】→ 높아요 高いです

陰母音（ㅏ・ㅗ以外）の場合は、어요をつける。

・먹【ㅓ】→ 먹어요 食べます　　・신【ㅣ】→ 신어요 履きます

Ⅲ. 하다がつく用言は、여요をつけるが、하여요は해요に縮約される。

・공부하다 勉強する → 공부하여요 → 공부해요 勉強します

陽母音 + 아요	좋다 → 좋【ㅗ】+아요	좋아요 良いです
陰母音 + 어요	읽다 → 읽【ㅣ】+어요	읽어요 読みます
하다 → 해요	운동하다 → 운동【하다】+해요	운동해요 運動します

「해요体」は、イントネーションや文脈によって、平叙、疑問、勧誘、丁寧な依頼などの意味を併せ持つ。さらに「해요体」の最後の「요」をとると、友達同士で使うくだけた言葉使いになる。

・무엇을 먹어요? 何を食べますか。　　・밥을 먹어요. ご飯を食べます。

・같이 먹어요. 一緒に食べましょう。　　・빨리 먹어요. 早く食べてください。

제 5 과

연습 1 次の単語を「해요体」にしよう。

(1) 찾다 探す、調べる ＿＿＿＿＿＿ (2) 좋다 ＿＿＿＿＿＿

(3) 읽다 ＿＿＿＿＿＿ (4) 공부하다 ＿＿＿＿＿＿

(5) 있다 ＿＿＿＿＿＿ (6) 만들다 ＿＿＿＿＿＿

(7) 좋아하다 好む ＿＿＿＿＿＿ (8) 없다 ＿＿＿＿＿＿

以下の母音語幹で終わるものは縮約が起こる。(書き言葉では縮約が起こらない場合もある。)

ㅏ	+	아요	=	ㅏ요		타다 乗る 타아요→타요 차다 蹴る 차아요→차요
ㅓ	+	어요	=	ㅓ요		서다 立つ 서어요 →서요 건너다 渡る 건너어요→건너요
ㅕ	+	어요	=	여요		펴다 広げる 펴어요 →펴요 켜다 つける 켜어요 →켜요
ㅐ	+	어요	=	ㅐ요		끝내다 終える 끝내어요 →끝내요 지내다 過ごす 지내어요 →지내요
ㅔ	+	어요	=	ㅔ요		세다 数える 세어요 →세요 메다 担ぐ 메어요 →메요
ㅣ	+	어요	=	ㅕ요		다니다 通う 다니어요→다녀요 시키다 させる 시키어요→시켜요
ㅗ	+	아요	=	와요		돌아오다 帰る 돌아오아요→돌아와요 보다 見る 보아요 →봐요

ㅜ	+	어요	=	ㅝ요	바꾸다 かえる 바꾸어요 →바꿔요 외우다 覚える 외우어요 →외워요
ㅚ	+	어요	=	ㅙ요	되다 なる 되어요→돼요

※「쉬다」は縮約が起こらない。

연습 2 次の単語を「해요体」にしよう。

(1) 만나다 会う ＿＿＿＿＿＿
(2) 쉬다 ＿＿＿＿＿＿
(3) 잘되다 上手くいく ＿＿＿＿＿＿
(4) 싸다 安い ＿＿＿＿＿＿
(5) 걸리다 かかる ＿＿＿＿＿＿
(6) 세다 強い ＿＿＿＿＿＿
(7) 춤추다 (踊り)を踊る ＿＿＿＿＿＿
(8) 보내다 送る ＿＿＿＿＿＿
(9) 건너다 渡る ＿＿＿＿＿＿
(10) 나오다 出てくる ＿＿＿＿＿＿

문법 2 体言（手段・方法）＋로/으로「助詞：で」

「-로/으로」は日本語の「～で」にあたる助詞で、手段や方法を表す。

母音終わりの体言	＋로	택시로 タクシーで
ㄹ終わりの体言		일본말로 日本語で
子音終わりの体言 ＋ 으로		숟가락으로 スプーンで

※ただし、「歩いて行きます」は、「걸어서 가요」となる。

연습 3 例のように、適切な助詞を補い「-로/으로」を用いた해요体の文にしよう。

例） 버스 / 가다 　　버스로 가요.
バスで行きます。

(1) 숟가락 / 밥 ご飯 / 먹다 ＿＿＿＿＿＿
(2) 지하철 地下鉄 / 가다 ＿＿＿＿＿＿
(3) 한국어 / 읽다 読む ＿＿＿＿＿＿

第5과

문법 ❸ 体言 + 보다「助詞：より」

「-보다」は日本語の「〜より」にあたる助詞で、比較をする時に用いられる。

体言 + 보다	고기보다 야채를 좋아해요. 肉より野菜が好きです。

연습 4 例のように、適切な助詞を補い「-보다」を用いた해요体の文にしよう。

例） 저 / 남동생 / 잘하다　　저보다 남동생이 잘해요.

私より弟が上手です。

(1) 오늘 / 내일 / 좋다 ______________________

(2) 이것 / 저것 / 싸다 安い ______________________

(3) 공부 / 운동 / 싫어하다 嫌いだ ______________________

문법 ❹ 体言 + 예요 / 이에요「指定詞の해요体」

「-예요/이에요」は日本語の「〜です」にあたる。(합니다体は「-입니다」第1課参照)

母音終わりの体言 + 예요	제 누나예요. 私の姉です。
子音終わりの体言 + 이에요	저는 공무원이에요. 私は公務員です。

そして、否定形指定詞「아니다」の해요体「〜ではありません」は「-가/이 아니에요」となり、母音終わりの体言には「-가 아니에요」、子音終わりの体言には「-이 아니에요」が接続する。

母音終わりの体言 + 가 아니에요	가수가 아니에요. 歌手ではありません。
子音終わりの体言 + 이 아니에요	대학생이 아니에요. 大学生ではありません。

연습 5 例のように、「-가/이 아니에요、-예요/이에요」を用いた해요体の文にしよう。

例) 남동생 / 형　　남동생이 아니에요. 형이에요.
弟ではありません。兄です。

(1) 이번 주 今週 / 다음 주 来週 ＿＿＿＿＿＿＿＿

(2) 지하철 / 버스 ＿＿＿＿＿＿＿＿

(3) 오늘 今日 / 내일 明日 ＿＿＿＿＿＿＿＿

문법 5 助詞のずれ①

韓国語の助詞はほとんど日本語と同様の用いられ方をするが、「〜が好きだ/嫌いだ」の「が」を日本語の「を」に該当する「−를/을」を使い、「−를/을 좋아하다/싫어하다」と表現するなど、助詞のずれが多少ある。

体言 + 를/을 타다 ~に乗る	전철을 타요. 電車に乗ります。
体言 + 를/을 만나다 ~に会う	친구를 만나요. 友達に会います。
体言 + 를/을 잘하다 ~が上手だ	영어를 잘해요. 英語が上手です。
体言 + 를/을 못하다 ~が下手だ	운동을 못해요. 運動が苦手です。
体言 + 가/이 되다 ~になる	대학생이 돼요. 大学生になります。

연습 6 例のように、適切な助詞を補い해요体の文にしよう。

例) 남동생 / 영어 / 잘하다　　남동생은 영어를 잘해요.
弟は英語が上手です。

(1) 내년 / 의사 医者 / 되다 なる ＿＿＿＿＿＿＿＿

(2) 카페 / 친구 / 만나다 ＿＿＿＿＿＿＿＿

(3) 2시 / 비행기 飛行機 / 타다 乗る ＿＿＿＿＿＿＿＿

단어 単語

No.	韓国語	発音	意味
(1)	산		山
(2)	바다		海
(3)	우리		私たち
(4)	부산		釜山
(5)	엠티		MT(主に大学生がグループで行く合宿)
(6)	서울		ソウル
(7)	어떻게	[어떠케]	どうやって、どのように
(8)	케이티엑스		KTX(韓国の高速鉄道)
(9)	고속버스	[고속뻐스]	高速バス
(10)	더		もっと、さらに、より
(11)	싸다		安い
(12)	이번 주	[이번쭈]	今週
(13)	다음 주	[다음쭈]	来週

単語の引き出し

교통수단 交通手段

전철 電車　지하철 地下鉄　버스 バス　택시 タクシー　차 車　자전거 自転車　비행기 飛行機
배 船　기차 汽車　신칸센 新幹線　KTX 韓国の高速鉄道

본문 회화 本文会話

旅行サークルの先輩ソジュンと由香がMTについて話している。

48

① 서준: 유카 씨는 산**을 좋아해요**? 바다를 좋아해요?

② 유카: 저는 산**보다** 바다를 좋아해요.

③ 서준: 오! 그래요?
우리 동아리에서 부산에 엠티(MT)를 가요.
유카 씨도 같이 가요!

④ 유카: 와! 좋아요! 서울에서 부산까지 어떻게 가요?

⑤ 서준: 케이티엑스(KTX)**로** 가요.

⑥ 유카: 케이티엑스보다 고속버스가 더 싸요.

⑦ 서준: 그럼, 고속버스로 가요.

⑧ 유카: 그런데 엠티는 이번 주**예요**?

⑨ 서준: 이번 주**가 아니에요**. 다음 주예요.

제 5 과

【注意する発音変化】

① 산을 [사늘]　좋아해요? [조아애요]

③ 같이 [가치]

④ 좋아요 [조아요]　서울에서 [서우레서]　어떻게 [어떠케]

⑥ 고속버스 [고속뻐스]

⑧ 이번 주 [이번쭈]

⑨ 다음 주 [다음쭈]

회화 연습 会話練習

例のように会話してみよう。

연습 1

ⓐ 밥를/을 어떻게 먹어요?

ⓑ 숟가락로/으로 먹어요.

ⓐ

❶밥 ご飯 / 먹다
❷이 찌개 このチゲ / 만들다 作る
❸그 식당 あの食堂 / 찾다 探す･調べる
❹레포트 レポート / 제출하다 提出する
☞ 自由に質問してみよう。

ⓑ

❶숟가락 スプーン / 먹다
❷김치 キムチ / 만들다
❸인터넷 インターネット / 찾다
❹메일 メール / 제출하다
☞ 質問に自由に答えてみよう。

연습 2

ⓐ 한국 여행가/이 이번 주예요/이에요?

아뇨, ⓐ 이번 주이/가 아니에요.
ⓑ 다음 주예요/이에요.

ⓐ

❶한국 여행 / 이번 주
❷시험 / 오늘 今日
❸수업 / 3교시
❹취미 / 축구
❺나이 歳 / 20살

ⓑ

❶다음 주 来週
❷내일 明日
❸4교시
❹댄스 ダンス
❺19살

연습 3

ⓐ 산를/을 좋아해요?

아뇨, ⓑ 산보다 바다를/을 좋아해요.

ⓐ

❶산 山 / 좋아하다 好きだ
❷공부 / 잘하다 上手だ
❸지하철 地下鉄 / 자주 よく / 타다 乗る
❹남친 彼氏 / 자주 / 만나다 会う

ⓑ

❶산 / 바다 海 / 좋아하다
❷공부 / 운동 / 잘하다
❸지하철 / 버스 バス / 자주 / 타다
❹남친 / 친구 / 자주 / 만나다

제 5 과

特集　形容詞①

많다	적다	좋다	싫다
多い	少ない	良い	嫌い
싸다	비싸다	맛있다	맛없다
安い	(値段) 高い	美味しい	まずい
크다	작다	가깝다【ㅂ変則】	멀다
大きい	小さい	近い	遠い
길다	짧다	춥다【ㅂ変則】	덥다【ㅂ変則】
長い	短い	寒い	暑い
높다	낮다	쉽다【ㅂ変則】	어렵다【ㅂ変則】
高い	低い	やさしい	難しい

 말해봅시다 話してみよう

京都行きと済州島行きについて話してみよう。

例）A：◯◯ 씨, ＿＿＿＿＿에 같이 가요.

B：와! 좋아요! 여기에서 ＿＿＿＿＿까지 얼마나 걸려요?

A：＿＿＿＿＿로/으로 ＿＿＿＿＿정도 걸려요.

B：＿＿＿＿＿보다 ＿＿＿＿＿가/이 ＿＿＿＿＿.

A：그럼 ＿＿＿＿＿로/으로 가요.

B：그런데 여행은 ＿＿＿＿＿예요/이에요?

A：아뇨, ＿＿＿＿＿가/이 아니에요. ＿＿＿＿＿예요/이에요.

〈교토행 京都行き〉
신칸센 新幹線 / 1시간 45분
신칸센 / 버스 / 싸다 安い
이번 달 今月 / 다음 달 来月

〈제주도행 済州島行き〉
배 船 / 13시간
배 / 비행기 飛行機 / 편하다 楽だ
여름 방학 夏休み / 겨울 방학 冬休み

★旅行の計画を立ててみよう。

〈＿＿＿＿＿＿＿＿행〉

들어봅시다 聞いてみよう

49

会話を聞いて質問に答えてみよう。

(1) 여자는 다음 주에 어디에 가요?

(2) 거기에 어떻게 가요?　※거기 そこ

(3) 누구하고 가요?　※누구 誰

覗いてみよう、韓国文化

コラム 3

本当の오빠はだれ?

韓国語の오빠（オッパ）という言葉を聞いたことがありますか？오빠は女性から見た兄を意味します。韓国人はよく「いったい오빠が何人いるの？本当の오빠は誰？」といった質問を外国の方からされます。それはなぜでしょうか。韓国の女性は、血のつながった兄だけではなく、年上の彼氏、学校の先輩や知り合いの年上の男性に対しても親しくなれば、오빠と呼びます。さらに、好きな男性アイドルには年下でも오빠と呼んでいますね。

このような呼び方は오빠だけではありません。누나(男性から見た姉)、언니（女性から見た姉）、형（男性から見た兄）、이모(母の姉妹)、고모(父の姉や妹)、삼촌(母の男兄弟)もあります。누나は오빠と同様の場面で男性が使い、이모は母の友達、고모は父の女性友達、삼촌は母の男性友達を呼ぶときに使います。本当の家族ではなくても、家族のように身近な存在として認識する知り合いとの親密さが言葉の使い方にも表れているのでしょうか。みなさんは、自分を오빠や누나と呼んでほしい誰かがいますか？

이거 선배한테서 받았어요.

過去の出来事を述べる　これ先輩からもらいました。

過去にあった出来事を話してみよう。

主な表現

- 過去形
- ～に（対象）　：　－에게
- ～から（対象）：　－에게서
- ～て、で：　－고
- ～したい：　－고 싶다
- ～です：　－요/이요

デートで山に行きました。
友達とまた行きたいな。
去年の家族旅行

발음 변화 発音変化　ㅎ音の弱音化①

終声「ㄴ」「ㅁ」「ㄹ」「ㅇ」や母音の後に「ㅎ」が続くと、「ㅎ」の音は弱くなり、終声の連音化が起きる。

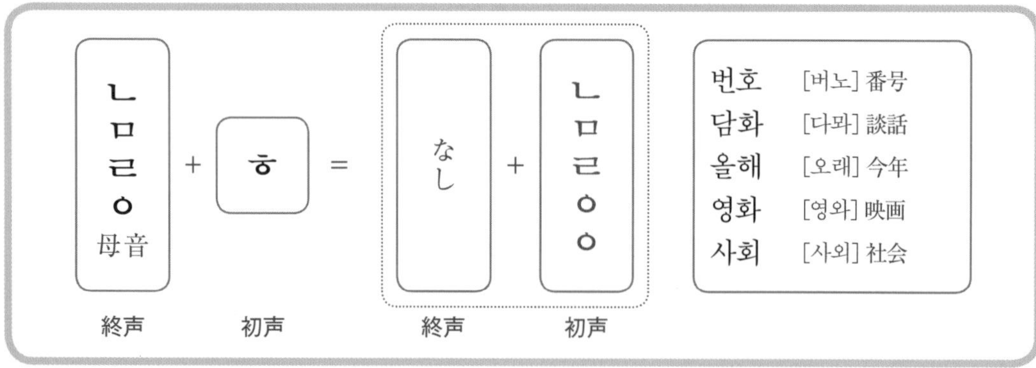

※ただし、終声が「ㅇ」の場合は連音化しない。

50 **연습　次の単語を発音通り書いてみよう。**

（1）전화 電話　[　　　　　]　（2）성함 お名前　[　　　　　]

（3）결혼 結婚　[　　　　　]　（4）저희 私たち　[　　　　　]

문법과 표현 文法と表現

문법 ❶ 過去形

用言（動詞、形容詞、存在詞）の語幹が陽母音（ㅏ・ㅗ）か陰母音（ㅏ・ㅗ以外）かにより、「-았다/었다」をつけると過去形の基本形となる。합니다体の過去形は基本形に「-았습니다/었습니다」、해요体の過去形は「-았어요/었어요」をつける。ただし「하다」がつく用言は「하였다」が基本形となり、会話では「했다」に縮約され「했습니다（합니다体）」、「했어요（해요体）」となる。

単語	意味	語幹	基本形	합니다体の過去形	해요体の過去形
좋다	良い	좋【ㅗ】	좋았다	좋았습니다	좋았어요
읽다	読む	읽【ㅣ】	읽었다	읽었습니다	읽었어요
하다	する	하	했다	했습니다	했어요

以下の母音語幹で終わるものは、5課の해요体と同様に縮約が起こる。

単語	意味	語幹	過去形	接続した形	縮約後の形
타다	乗る	【ㅏ】	+ 았어요	→ 타았어요	→ 탔어요
건너다	渡る	【ㅓ】	+ 었어요	→ 건너었어요	→ 건넜어요
켜다	つける	【ㅕ】	+ 었어요	→ 켜었어요	→ 켰어요
지내다	過ごす	【ㅐ】	+ 었어요	→ 지내었어요	→ 지냈어요
세다	数える	【ㅔ】	+ 었어요	→ 세었어요	→ 셌어요
다니다	通う	【ㅣ】	+ 었어요	→ 다니었어요	→ 다녔어요
보다	見る	【ㅗ】	+ 았어요	→ 보았어요	→ 봤어요
외우다	覚える	【ㅜ】	+ 었어요	→ 외우었어요	→ 외웠어요
되다	なる	【ㅚ】	+ 었어요	→ 되었어요	→ 됐어요

指定詞「-이다」の過去形の基本形は、母音終わりの体言には「-였다」、子音終わりの体言には「-이었다」をつける。합니다体の過去形は「-였습니다/이었습니다」となり、해요体の過去形は「-였어요/이었어요」となる。

単語	意味	末音	基本形	합니다体の過去形	해요体の過去形
친구	友達	【母音】	친구였다	친구였습니다	친구였어요
학생	学生	【子音】	학생이었다	학생이었습니다	학생이었어요

指定詞「아니다」の過去形は、母音終わりの体言には「−가 아니었다」、子音終わりの体言には「−이 아니었다」をつける。합니다体の過去形は「−가 아니었습니다/이 아니었습니다」となり、해요体の過去形は「−가 아니었어요/이 아니었어요」となる。

単語	末音	基本形	합니다体の過去形	해요体の過去形
친구	【母音】	친구가 아니었다	친구가 아니었습니다	친구가 아니었어요
학생	【子音】	학생이 아니었다	학생이 아니었습니다	학생이 아니었어요

연습 1 例のように、次の単語を過去形にしよう。

例） **앉다** 座る　　**앉았습니다 (합니다体)**　　**앉았어요 (해요体)**

(1) 먹다 ＿＿＿＿＿＿＿＿　＿＿＿＿＿＿＿＿

(2) 재미있다 ＿＿＿＿＿＿＿＿　＿＿＿＿＿＿＿＿

(3) 오다 ＿＿＿＿＿＿＿＿　＿＿＿＿＿＿＿＿

(4) 마시다 飲む ＿＿＿＿＿＿＿＿　＿＿＿＿＿＿＿＿

(5) 만나다 ＿＿＿＿＿＿＿＿　＿＿＿＿＿＿＿＿

(6) 배우다 習う ＿＿＿＿＿＿＿＿　＿＿＿＿＿＿＿＿

(7) 선배 ＿＿＿＿＿＿＿＿　＿＿＿＿＿＿＿＿

(8) 회사원 ＿＿＿＿＿＿＿＿　＿＿＿＿＿＿＿＿

문법 2　体言（対象）＋ 에게「助詞：に」、에게서「助詞：から」

対象（人·動物）を表す助詞「〜に」と「〜から」は、「−에게」と「−에게서」である。話し言葉では、「−한테」と「−한테서」がよく使われる。

人·動物 + 에게/한테	후배에게 줬어요. 後輩にあげました。
人·動物 + 에게서/한테서	후배에게서 받았어요. 後輩からもらいました。

※人·動物以外は「-에」を使う。　나무에 물을 줬어요. 木に水をやりました。

연습 2 例のように、「-에게/-에게서」を用いて、さらに適切な助詞を補い、해요体の過去形の文にしよう。

例）남동생 / 영어 / 가르치다　　남동생에게 영어를 가르쳤어요.
弟に英語を教えました。

(1) 언니 お姉さん / 선물 プレゼント / 주다 あげる ＿＿＿＿

(2) 손님 お客さん / 메일 メール / 받다 受け取る ＿＿＿＿

(3) 친구 / 연락 連絡 / 오다 ＿＿＿＿

문법 3 用言語幹 + 고「〜て、〜で」

状態や動作を単純に羅列したり、ある動作を時間的な順序に沿って羅列する際使う表現である。

用言語幹 + 고	먹다 食べる → 먹고 食べて
	대학생이다 大学生だ → 대학생이고 大学生で

주말은 보통 빨래를 하고 청소를 해요.　週末は普段、洗濯をして掃除をします。

내일은 친구를 만나고 학교에 가요.　明日は友達に会って学校に行きます。

누나는 대학생이고 남동생은 중학생이에요.　姉は大学生で弟は中学生です。

연습 3 例のように、適切な助詞を補い「-고」を用いた해요体の文にしよう。

例）밥 / 먹다 / 차 / 마시다　　밥을 먹고 차를 마셔요.
ご飯を食べてお茶を飲みます。

(1) 책 / 읽다 / 영화 映画 / 보다 ＿＿＿＿

(2) 레포트 / 제출하다 / 이야기 話 / 하다 ＿＿＿＿

(3) 저 / 일본 사람 / 친구 / 한국 사람 ＿＿＿＿

제 6 과

문법 ❹ 動詞語幹 + 고 싶다「～したい」

希望を表す表現。話し手の希望は「-고 싶다」、第三者の希望は「-고 싶어하다」で表す。

話し手：語幹 + 고 싶다	무엇을 먹고 싶어요? 何を食べたいですか。 김밥을 먹고 싶어요. のり巻きを食べたいです。
第三者：語幹 + 고 싶어하다	유카 씨도 먹고 싶어해요. 由香さんも食べたがっています。

연습 4 例のように、適切な助詞を補い「-고 싶다」「-고 싶어하다」を用いた해요体の文にしよう。

例）**(저/친구) / 명동 / 한국 요리 / 먹다**
저는 명동에서 한국 요리를 먹고 싶어요. 私は明洞で韓国料理を食べたいです。
친구는 명동에서 한국 요리를 먹고 싶어해요. 友達は明洞で韓国料理を食べたがっています。

(1) (저/친구) / 백화점 / 옷 / 사다

(2) (저/친구) / 여행 / 가다

(3) (저/유카 씨) / 생일 선물 / 받다

문법 5 体言や副詞など＋요／이요「～です（か）」

体言や副詞、助詞、語尾などにつき、説明や質問に対する答え、確認などを表す。해요体の「体言+예요/이에요」よりぞんざいな印象を与える。

母音終わりの体言 ＋ 요	A：지금 어디에 가세요? 今どこに行きますか。 B：학교요. 学校です。
子音終わりの体言 ＋ 이요	A：점심은 무엇을 먹어요? 昼ご飯は何を食べますか。 B：라면이요. ラーメンです。
副詞・助詞・語尾 ＋ 요	A：어제 바다에 갔어요. 昨日海に行きました。 B：바다에요? 海にですか。

※「이」が省略されることも多い。

연습 5 例のように、「-요/이요」を用いて答えてみよう。

例） 무슨 요리를 좋아해요? 　　비빔밥이요.

何の食べ物が好きですか。　　ビビンパです。

(1) 아침 몇 시에 먹어요? ＿＿＿＿＿＿＿＿

(2) 유카 씨는 어느 나라 国 사람이에요? ＿＿＿＿＿＿＿＿

(3) 주말에는 어디에서 공부해요? ＿＿＿＿＿＿＿＿

단어 単語

No.	韓国語	発音	意味
(1)	그날		あの日
(2)	밤		夜
(3)	선배		先輩
(4)	갔다 오다	[갇따오다]	行ってくる
(5)	바닷가	[바닫까]	海辺
(6)	커피		コーヒー
(7)	마시다		飲む
(8)	불꽃놀이	[불꼰노리]	花火
(9)	어머		あら、まあ
(10)	메모		メモ
(11)	전화번호	[저놔버노]	電話番号
(12)	받다	[받따]	受け取る
(13)	어떡해요	[어떠케요]	どうしよう
(14)	벌써		もう、すでに

본문 회화 本文会話

MTから戻った由香とジウがMTの最後の夜について話している。

① 지우: 유카 씨, 그날 밤에 서준 선배하고 어디에 갔다 왔어요?

② 유카: 바닷가요.

③ 지우: 바닷가요? 바닷가에서 뭐 했어요?

④ 유카: 커피도 마시고 불꽃놀이도 했어요.

⑤ 지우: 어머! 그런데 그 메모는 뭐예요?

⑥ 유카: 이거요? 선배 전화번호예요. 선배한테서 받았어요. 어떡해요~ 벌써 서준 선배가 보고 싶어요.

⑦ 지우: 네??!!

【注意する発音変化】

① 밤에 [바메]　갔다 왔어요 [갇따와써요]

② 바닷가 [바닫까]

③ 했어요 [해써요]

④ 불꽃놀이 [불꼰노리]

⑥ 전화번호 [저놔버노]　받았어요 [바다써요]　어떡해요 [어떠케요]

회화 연습 会話練習

例のように会話してみよう。

연습 1

(物を渡しながら)
a 여행 선물를/을 받았어요. 드세요.
※드세요 召し上がってください

와~ 누구한테서 받았어요?

b 친구한테서 받았어요.

저는 c 김치 를/을 너무 좋아해요.
감사합니다.

a
❶여행 선물 お土産
❷과일 果物
❸라면 ラーメン
❹케이크

b
❶친구
❷언니 姉
❸선배 先輩
❹남친

c
❶김치 キムチ
❷사과 リンゴ
❸신라면 辛ラーメン
❹초코 케이크 チョコケーキ

연습 2

a 여행는/은 어땠어요?
※어땠어요? どうでしたか?

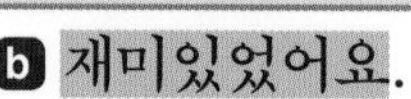

b 재미있었어요.

거기서 뭐 했어요?

c 해물탕도 먹고 사진도 찍었어요.

a
❶여행
❷동아리
❸유학생 모임 集まり
❹스터디 勉強会

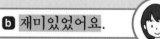

b
❶재미있다 面白い
❷긴장하다 緊張する
❸좋다 良い
❹힘들다 大変だ

c
❶해물탕 海鮮チゲ / 먹다 / 사진 写真 / 찍다 撮る
❷자기소개 自己紹介 / 하다 / 사진 / 보다
❸이야기 / 듣다 聞く / 일본 음식 / 먹다
❹책 / 읽다 / 이야기 / 하다

연습 3

여름 방학에는 어디에 가고 싶어요?

a 서울요/(이요).

a 서울요/(이요)? a 서울에서 뭐 하고 싶어요?

b 쇼핑하고 불고기(를)/을 먹고 싶어요.

a

❶서울
❷부산
❸베트남
❹하와이 ハワイ

b

❶쇼핑하다 / 불고기 ブルゴギ / 먹다
❷수영하다 / 해물탕 / 먹다
❸관광하다 観光する / 친구 / 만나다
❹사진 / 찍다 / 불꽃놀이 花火 / 보다

한 걸음 더 もう一歩

※友達に行きたいところを聞いてメモを取り、その内容を発表してみよう。

① ＿＿＿＿씨는 ＿＿＿＿에 가고 싶어해요.

＿＿＿＿에서 ＿＿＿＿하고, ＿＿＿＿를/을 ＿＿＿＿고 싶어해요.

② ＿＿＿＿씨는 ＿＿＿＿에 가고 싶어해요.

＿＿＿＿에서 ＿＿＿＿하고, ＿＿＿＿를/을 ＿＿＿＿고 싶어해요.

말해봅시다 話してみよう

活動1. 例のように適切な助詞を入れて会話を完成してみよう。

例) A: ○○ 씨, 어제 뭐 했어요?

B: 유카 씨를 만났어요.

A: 유카 씨(요)/이요?

B: 네, 이야기도 하고 영화도 봤어요.

A: 저도 유카 씨를 만나고 싶었어요.

B: 그럼 다음에 같이 만나요.

어제 昨日
유카 씨 / 만나다
이야기 / 하다 / 영화 / 보다
유카 씨 / 만나다
만나다

주말 週末
지우 씨 / 생일 파티
밥 / 먹다 / 선물 / 주다 あげる
생일 파티 誕生日パーティー / 가다
생일 파티하다

작년 겨울 방학 昨年の冬休み
한국 / 단기유학 短期留学 / 갔다 오다 行ってくる
한국어 / 배우다 習う / 여기 저기 あちこち / 구경 見物 / 하다
한국 / 유학 / 가다
유학 센터 留学センター / 가다

活動2. 友達に昨年の冬/夏休みの出来事について聞いてまとめよう。

○○ 씨는 여름/겨울 방학에 ……………………

……………에서 ……………를/을 ……………고 ……………를/을 ……………

저도 …………………………………………고 싶어요.

52

会話を聞き、正しいものに○、間違っているものに×をつけよう。

(1) 여자는 어제 서준 씨한테 전화 안 했어요.　(　　)

(2) 여자는 지금 유학생 모임에 왔어요.　(　　)

(3) 남자는 일본 음식을 먹고 싶어해요.　(　　)

指示語の縮約形

韓国語は音声的側面が強い言語であるため、縮約形が多く見られる。例えば、「무엇（何）」は「뭐」に縮約され、さらに「뭐를（何を）」が「뭘」と縮約される。また、「もの・こと」を意味する「것」は「거」に縮約される。次に指示語と助詞の縮約形を紹介する。

指示語	指示語	縮約形	助詞「が」	縮約形
이　この	이것　これ	이거	이것이	이게
그　その	그것　それ	그거	그것이	그게
저　あの	저것　あれ	저거	저것이	저게
어느　どの	어느 것　どれ	어느 거	어느 것이	어느 게

指示語	助詞「は」	縮約形	助詞「を」	縮約形
이것　これ	이것은	이건	이것을	이걸
그것　それ	그것은	그건	그것을	그걸
저것　あれ	저것은	저건	저것을	저걸
어느 것　どれ	어느 것은	어느 건	어느 것을	어느 걸

제 7 과 혹시 시간 있으세요?

目上の人と話す　ひょっとしてお時間おありでしょうか。

日本語と韓国語の敬語の違いを比べてみよう。

主な表現

- 尊敬形 ： −시/으시
- ～つもり、～だろう： −겠
- ～ましょうか： −ㄹ까요/을까요?

발음 변화 発音変化　ㄴ挿入

合成語や派生語の場合、前が子音で終わり、後ろが이、야、여、요、유で始まるとㄴが挿入され「니、냐、녀、뇨、뉴」になる。

例) 부산역　[부산녁]（ㄴ挿入）釜山駅
　　십육　[십뉵]（ㄴ挿入）　→　[심뉵]（鼻音化）十六
　　백육　[백뉵]（ㄴ挿入）　→　[뱅뉵]（鼻音化）百六
　　첫여름　[천녀름]（ㄴ挿入）　→　[천녀름]（鼻音化）初夏
　　볼일　[볼닐]（ㄴ挿入）　→　[볼릴]（流音化）用事

53

연습　次の単語を発音通り書いてみよう。

(1) 깻잎 ゴマの葉　[　　　　　]　(2) 안약 目薬　[　　　　　]

(3) 한여름 真夏　[　　　　　]　(4) 무슨 일 何の用　[　　　　　]

(5) 그럼요 もちろんです [　　　　　]　(6) 한국 요리 韓国料理 [　　　　　]

문법과 표현 文法と表現

문법 1 用言＋시/으시「尊敬形」

用言(動詞、形容詞、存在詞)の語幹に「-시/으시」をつけると、尊敬形の基本形となる。ただし、ㄹ語幹の場合、ㄹを脱落させて「-시」をつける。体言に接続する指定詞「-이다」は「-시」がつき、「-이시」という形となる。

		尊敬形	합니다体	해요体
動詞 形容詞 存在詞	**母音語幹** 하다 する	시 하시다	십니다 하십니다	세요 하세요
	ㄹ語幹 멀다 遠い	【ㄹ脱落】시 머시다	【ㄹ脱落】십니다 머십니다	【ㄹ脱落】세요 머세요
	子音語幹 읽다 読む	으시 읽으시다	으십니다 읽으십니다	으세요 읽으세요
母音終わり体言 주부 主婦		이시 주부이시다	이십니다 주부이십니다	이세요 주부이세요
子音終わり体言 회사원 会社員		이시 회사원이시다	이십니다 회사원이십니다	이세요 회사원이세요

※母音終わりの体言の場合、会話では「이시」の「이」が省略されることが多い。

日本語と同様に特殊な尊敬形がある。

	意味	尊敬形の基本形	합니다体	해요体
먹다 마시다	食べる 飲む	드시다/잡수시다	드십니다 잡수십니다	드세요 잡수세요
자다	寝る	주무시다	주무십니다	주무세요
죽다	死ぬ	돌아가시다※1	돌아가십니다	돌아가세요
있다※2	いる	계시다	계십니다	계세요
없다※2	いない	안 계시다	안 계십니다	안 계세요

※1「돌아가시다」は主に過去形で使われる。
※2 主語が人の場合、「계시다」「안 계시다」が使われ、物事の場合、「있으시다」「없으시다」が使われる。

선생님 계십니까?　　先生、いらっしゃいますか。

몇 시에 약속이 있으세요?　　何時に約束がおありでしょうか。

제7과

一部の名詞にも尊敬形がある。

아버지	父	아버님	お父様	어머니	母	어머님	お母様
부모	両親	부모님	ご両親	사장	社長	사장님	社長様
씨	さん	님	様	사람	人	분	方
집	家	댁	お宅	말	話	말씀	お話
이름	名前	성함	お名前	나이	歳	연세	お歳

一部の助詞にも尊敬形がある。

는/은「は」→께서는	가/이「が」→께서	에게「に」→께

사장님께서는 안 계십니다.　社長はいらっしゃいません。

아버님께서 회사에 가십니다.　父が会社に行かれます。

부장님께 메일을 보냈습니다.　部長にメールを送りました。

연습 1 次の単語を例のように尊敬形にしよう。

例）오다 来る　오십니다（합니다体）　오세요（해요体）

(1) 보다 ＿＿＿＿ ＿＿＿＿

(2) 앉다 座る ＿＿＿＿ ＿＿＿＿

(3) 만들다 ＿＿＿＿ ＿＿＿＿

(4) 요리하다 ＿＿＿＿ ＿＿＿＿

(5) 손님 ＿＿＿＿ ＿＿＿＿

(6) 오빠 ＿＿＿＿ ＿＿＿＿

(7) 먹다 ＿＿＿＿ ＿＿＿＿

(8) 있다 ＿＿＿＿ ＿＿＿＿

(9) 자다 寝る ＿＿＿＿ ＿＿＿＿

문법 2　名前や年齢などを丁寧に聞く表現

名前や年齢などを丁寧に聞く際に使われる定番の表現で、「-가/이 어떻게 되십니까/되세요?」がある。直訳すると「～がどのようになられますか」となる。

연습 2　次の単語を使って、丁寧な尊敬形の質問文を書いてみよう。

例） 연세 お歳　　연세(가)/이 어떻게 되십니까/되세요?

お歳がおいくつでいらっしゃいますか。

(1) 성함 お名前　＿＿＿＿＿＿＿＿

(2) 전화번호 電話番号　＿＿＿＿＿＿＿＿

(3) 고향 故郷　＿＿＿＿＿＿＿＿

제 7 과

【参考】日本語と韓国語の敬語の違い 

日本語は、話し手と聞き手そして話題の人物を総合的に考慮して敬語を使うが、韓国語は、話題の人物が話し手より社会的·年齢的地位が上位であれば、聞き手に関係なく敬語を使う特徴がある。そのため、日本語の敬語を「相対敬語」、韓国語の敬語を「絶対敬語」と言う。

문법 ❸ 用言語幹＋겠「～するつもり、～だろう」

話し手の意志（～するつもり）・推量（～だろう）・丁重さ（控えめな気持ち）を表す。尊敬（시/으시）や過去（았/었）とともに用いる場合はそれらの後ろにつく。

【意志】	제가 마시겠습니다. 언제 전화하시겠습니까?	私が飲みます。 いつ電話なさいますか。
【推量】	내일 비가 오겠어요. 재미있겠어요.	明日、雨が降るでしょう。 面白そうです。
【丁重】	알겠습니다. 잘 모르겠습니다. 길 좀 묻겠습니다.	分かりました。 よく分かりません。 ちょっと道をお尋ねします。

연습 3 例のように、適切な助詞を補い「-겠」を用いた(1)(2)は합니다体、(3)は해요体の文を作り、日本語に訳してみよう。

例） 오후 / 시작하다 → 오후에 시작하겠습니다. 訳：午後に始めます。

(1) 무엇 / 선물하시다 → ＿＿＿＿＿＿＿＿? 訳：＿＿＿＿＿＿

(2) 전화 / 부탁하다 お願いする → ＿＿＿＿＿＿＿＿. 訳：＿＿＿＿＿＿

(3) 약속 시간 約束時間 / 늦다 遅れる → ＿＿＿＿＿＿＿＿. 訳：＿＿＿＿＿＿

문법 4 用言語幹 + ㄹ까요 / 을까요?「～ましょうか」

相手の意向・意見を尋ねたり誘ったりするときに使う表現である。主語が3人称の場合は疑問や推測の意味を表す。

母音語幹	+ ㄹ까요?	보다 見る → 볼까요? 見ましょうか。会いましょうか。
ㄹ語幹【ㄹ脱落】		팔다 売る → 팔까요? 売りましょうか。
子音語幹 + 을까요?		닫다 閉める → 닫을까요? 閉めましょうか。

【意向を尋ねる】 어디서 볼까요?　どこで会いましょうか。

【相手を誘う】 이것도 같이 팔까요?　これも一緒に売りましょうか。

【疑問や推測】 언제 가게를 닫을까요?　いつ店を閉めましょうか。

연습 4 例のように、適切な助詞を補い「-ㄹ까요/을까요?」を用いた해요体の文にしよう。

例）주말/ 영화 / 보다　　주말에 영화를 볼까요?

週末映画を見ましょうか。

(1) 카페 / 커피 / 마시다　＿＿＿＿＿＿＿＿

(2) 그 사람 / 어디 / 살다 住む　＿＿＿＿＿＿＿＿

(3) 무슨 / 요리 / 시키다 注文する　＿＿＿＿＿＿＿＿

제 7 과

단어 単語

No.	韓国語	発音	意味
(1)	한국어과	[한구거꽈]	韓国語科
(2)	교수님		教授
(3)	무슨 일	[무슨닐]	何の用
(4)	상담		相談
(5)	부탁하다	[부타카다]	お願いする
(6)	연구실		研究室
(7)	알다		知る、わかる

単語の引き出し

때 時を表す表現

어제 昨日　오늘 今日　내일 明日　지난주 先週　이번 주 今週　다음 주 来週　지난달 先月
이번 달 今月　다음 달 来月　작년 昨年　올해 今年　내년 来年　봄 春　여름 夏　가을 秋　겨울 冬

본문 회화 本文会話

由香が先生に電話で相談する。

① 유카 : 여보세요. 안녕하세요? 한국어과 와다 유카입니다.

② 교수님 : 아, 유카 씨. 무슨 일이에요?

③ 유카 : 혹시 시간이 **있으세요**? 상담을 하고 싶습니다.

④ 교수님 : 아~ 그래요? 그럼, 내일 **볼까요**?

⑤ 유카 : 네, 부탁드립니다.
그런데 언제 연구실에 계세요?

⑥ 교수님 : 내일은 1시부터 있어요.

⑦ 유카 : **알겠습니다**.
내일 1시 반에 연구실에 가겠습니다.

【注意する発音変化】

① 한국어과 [한구거꽈]　유카입니다 [유카임니다]

② 무슨 일이에요 [무슨니리에요]

③ 혹시 [혹씨]　있으세요 [이쓰세요]　상담을 [상다믈]　싶습니다 [십씀니다]

⑤ 부탁드립니다 [부탁뜨림니다]　연구실에 [연구시레]

⑥ 내일은 [내이른]　있어요 [이써요]

⑦ 알겠습니다 [알겓씀니다]　반에 [바네]　가겠습니다 [가겓씀니다]

회화 연습 会話練習

연습 1 ⓐを尊敬形に変え、例のように会話してみよう。

ⓐ 학교는 어디세요?

ⓑ ○○대학교예요.

ⓐ

❶학교는 어디예요
❷어디에 살아요
❸집에서 학교까지 어떻게 가요
❹오늘 약속이 있어요
❺지금 어디에 있어요 (特殊尊敬形)

☞ 質問してみよう。　※살다 住む、약속 約束

ⓑ

❶○○대학교예요
❷○○에 살아요
❸○○로/으로 가요
❹네, 있어요 / 아뇨, 없어요
❺도서관에 있어요

☞ 質問に答えてみよう。　※대학교 大学

연습 2 適切な助詞を入れ、例のように会話してみよう。

ⓐ 이거 제가 만들었어요.

ⓑ 맛있겠어요.

ⓐ

❶이거 / 제 私 / 만들다
❷오늘 / 아침 / 안 먹다
❸지우 씨 / 미국 アメリカ / 7년 / 살다
❹유카 씨 / 8시 / 출발하다 出発する

ⓑ

❶맛있다 おいしい
❷배고프다 お腹がすく
❸그럼 / 영어 英語 / 잘하다 上手だ
❹그럼 / 곧 まもなく / 도착하다 到着する

ⓐ 내일 몇 시에 오시겠어요?

ⓑ 10시까지 가겠습니다.

ⓐ

❶내일 / 몇 시 / 오다
❷오늘 / 점심 昼 / 뭐 / 먹다 (特殊尊敬形)
❸오사카 / 어떻게 / 가다
❹이거 / 누가 誰が / 하다
❺일요일 / 어디 / 기다리다 待つ

ⓑ

❶10시 / 가다
❷카레 カレー / 먹다
❸고속버스 / 가다
❹제 / 하다
❺역 駅 / 앞 前 / 기다리다

연습 3 適切な助詞を入れ、例のように会話してみよう。

ⓐ 주말에 쇼핑을 할까요?

좋아요!
저는 ⓑ 옷하고 가방을 사고 싶어요.

a

❶주말 / 쇼핑 / 하다
❷한국 음식 / 시키다 注文する
❸금요일 / 같이 / 놀다 遊ぶ
❹내일 / 노래방 カラオケ / 가다

☞ 友達を誘ってみよう。

b

❶옷 服 / 가방 / 사다
❷라면 / 떡볶이 / 먹다
❸축구 / 수영 / 하다
❹○○ / ○○ / 부르다 歌う

☞ 誘いに応えてみよう。

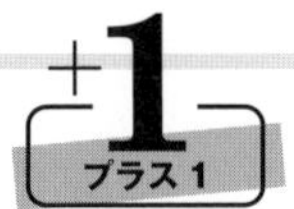

-세요 / 으세요 vs -아 / 어 주세요

尊敬の現在形「動詞語幹+세요/으세요」は、指示や案内をする場面で「~してください」という意味としても使われる。なお、改まった場面では「動詞語幹+십시오/으십시오」が使われる。

이쪽으로 앉으세요.	こちらへお掛けください。
여기에 이름을 쓰세요.	ここにお名前をお書きください。
조금만 기다려주십시오.	少しだけお待ちください。

日本語の「~してください」は、韓国語で「動詞語幹+세요/으세요」と「動詞語幹+아/어 주세요」(9課参照)の二つの表現がある。使う場面が異なるので使い方に注意しよう。

창문을 닫으세요. 窓を閉めてください。
→窓を閉めるように指示する。(相手のための指示・案内)
창문을 닫아 주세요. 窓を閉めてください。
→窓を閉めるようにお願いする。(話し手の依頼)

말해봅시다 話してみよう

活動1. 先輩の誕生日パーティーについてグループで計画を立ててみよう。

例） A ：(質問1～4) 생일 파티는 어디에서 할까요?

B1 : 학교 앞 식당는/(은) 어때요?

B2 : 식당보다 교실는/(은) 어때요?

B3 : 음… 저도 교실가/(이) 좋겠어요.

A ：그럼 교실에서 할까요?

B1,2,3 : 네~ 좋아요.

(1) 생일 파티는 어디에서 할까요?
장소 : (自由に) 학교 앞 식당, 교실, 레스토랑 レストラン… (　　　)

(2) 몇 시에 시작할까요?
시간 : (自由に) 오전 11시, 오후 5시, 저녁 8시… (　　　)

(3) 무슨 선물을 드릴까요?
선물 : (自由に) 지갑, 손수건 ハンカチ, 화장품 化粧品, 넥타이 ネクタイ… (　　　)

(4) 음식은 뭘 준비할까요?
음식: (自由に) (　　　)

※시작하다 始める、드리다 差し上げる、준비하다 準備する

活動2. 計画を立てて発表しよう。

파티는 .... 에서 .... 시에 하겠습니다.

선물은 .... 를/을 드리겠습니다.

음식은 .... 를/을 준비하겠습니다.

들어봅시다 聞いてみよう

会話を聞き、正しいものに○、間違っているものに×をつけてみよう。

(1) 여자와 남자는 수요일에 만납니다. (　　)

(2) 여자는 영화를 보고 싶어합니다. (　　)

(3) 두 사람은 시부야 역 앞에서 4시에 만납니다. ※시부야 역 渋谷駅 (　　)

覗いてみよう、韓国文化

コラム 4

ご飯食べましたか?―韓国人の挨拶―

韓国では、朝昼晩に「안녕하세요?」と挨拶をしますが、「식사하셨어요? 食事はしましたか」も挨拶のかわりによく使います。実際に韓国に行ってしばらく生活をしていた日本人の野球監督の奥さんは、韓国人の選手から「안녕하세요?」「식사하셨어요?」という挨拶をされたようです。そのとき「식사하셨어요?」の意味がよくわからず、どんな返事をすれば良いのか悩んだそうです。

これは、食べるものに困っていた時期の韓国では、親しい人が食事等に困ってはいないかという心配から、会うたびに「식사하셨어요?」という言葉を挨拶の代わりに使っていたことに由来します。その言葉が親しい人を思う気持ちを表す言葉だったので、食事に困らない現代でもその名残から親しい人によく使われていると思われます。

식사는 하셨어요?

尊敬の過去形で話す　食事はされましたか。

先生に相談してみよう。

主な表現

- 尊敬形の過去形 ： -셨/으셨
- ～しか: -밖에
- まだ～していません ： 아직 안+過去形
- ～しに ： -러/으러
- ～ます･ますよ ： -ㄹ게요/을게요

今度のスピーチ、
まだ何も決まってない！
先生に相談したいな…

발음 변화 発音変化　ㅎ音の弱音化②

① 終声「ㅎ」の後に「ㅇ」が続くと、「ㅎ」は発音されない。

ㅎ	+	ㅇ	=	なし	+	ㅇ
終声		初声		終声		初声

좋아요 [조아요] 良いです
놓아요 [노아요] 置きます

② 終声「ㄶ」「ㅀ」の後に「ㅇ」が続くと「ㅎ」音が発音されず、それぞれの終声「ㄴ」と「ㄹ」が連音化する。

ㄶ ㅀ	+	ㅇ	=	ㄴ ㄹ	+	ㅇ
終声		初声		終声		初声

괜찮아요 [괜차나요] 大丈夫です
싫어요　[시러요] 嫌いです

56

연습 次の単語を発音通り書いてみよう。

(1) 넣어요 入れます [　　　　] (2) 끓어요 沸きます [　　　　]

(3) 좋아합니다 好きです [　　　　] (4) 많아요 多いです [　　　　]

문법과 표현 文法と表現

문법 ① 用言語幹 + 셨 / 으셨「尊敬形の過去形」

用言（動詞、形容詞、存在詞）の語幹に「-셨/으셨」をつけると、過去形の基本形となる。ただし、ㄹ語幹の場合は、ㄹを脱落させて「-셨」をつける。体言に接続する指定詞「-이다」は「-셨」がつき、「-이셨」という形となる。

		尊敬形の過去形	합니다体	해요体
動詞 形容詞 存在詞	母音語幹 하다 する	셨 하셨다	셨습니다 하셨습니다	셨어요 하셨어요
	ㄹ語幹 멀다 遠い	【ㄹ脱落】셨 머셨다	【ㄹ脱落】셨습니다 머셨습니다	【ㄹ脱落】셨어요 머셨어요
	子音語幹 읽다 読む	으셨 읽으셨다	으셨습니다 읽으셨습니다	으셨어요 읽으셨어요
母音終わり体言 주부 主婦		이셨 주부이셨다	이셨습니다 주부이셨습니다	이셨어요 주부이셨어요
子音終わり体言 회사원 会社員		이셨 회사원이셨다	이셨습니다 회사원이셨습니다	이셨어요 회사원이셨어요

※母音終わりの体言の場合、会話では「이시」の「이」が省略されることが多い。

特殊な尊敬形は、語幹末の시と었が縮約され、「셨」となる。

드시다 召し上がる　드시 ＋ 었 → 드셨다 → 드셨습니다/드셨어요

계시다 いらっしゃる　계시 ＋ 었 → 계셨다 → 계셨습니다/계셨어요

연습 1 例のように、次の単語を尊敬形の過去形にしよう。

例）오다 来る　오셨습니다（합니다体）　오셨어요（해요体）

(1) 앉다 ＿＿＿＿　＿＿＿＿

(2) 읽다 ＿＿＿＿　＿＿＿＿

(3) 도착하다 ＿＿＿＿　＿＿＿＿

(4) 보내다 ＿＿＿＿　＿＿＿＿

(5) 놀다 ＿＿＿＿＿＿＿＿ ＿＿＿＿＿＿＿＿

(6) 기다리다 ＿＿＿＿＿＿＿＿ ＿＿＿＿＿＿＿＿

(7) 선생님 先生 ＿＿＿＿＿＿＿＿ ＿＿＿＿＿＿＿＿

(8) 의사 ＿＿＿＿＿＿＿＿ ＿＿＿＿＿＿＿＿

(9) 마시다 ＿＿＿＿＿＿＿＿ ＿＿＿＿＿＿＿＿

(10) 없다 ＿＿＿＿＿＿＿＿ ＿＿＿＿＿＿＿＿

문법 2 体言＋밖에「助詞：しか」

「-밖에」は日本語の「しか」にあたる助詞で、限定を表す。通常否定の表現とともに用いる。

밖에	만 원밖에 없어요. 一万ウォンしかありません。

연습 2 例のように、適切な助詞を補い「-밖에」を用いた해요体の文にしよう。

例） 오후 / 시간 / 없다　　오후밖에 시간이 없어요.
午後しか時間がありません。

(1) 모임 / 두 명 / 안 왔다 ＿＿＿＿＿＿＿＿

(2) 어제 / 커피 / 마시지 않다 ＿＿＿＿＿＿＿＿

(3) 지갑 / 천 원 / 없다 ＿＿＿＿＿＿＿＿

문법 3 아직 안＋過去形「まだ～していません」

「아직 안+過去形」は日本語の「まだ～していません」にあたる表現で、韓国語では文末を過去形にする。

아직 안 + **過去形**	아직 안 먹었어요. まだ食べていません（食べませんでした）。
아직 **語幹** + 지 않았어요	아직 먹지 않았어요. まだ食べていません。

A:수업 시작했어요? 授業始まりましたか。

B:아직 시작 안 했어요 / 시작하지 않았어요. まだ始まっていません。

A:친구를 만났어요? 友達に会いましたか。

B:아직 안 만났어요 / 만나지 않았어요. まだ会っていません。

연습 3 **例のように、適切な助詞を補い「아직 안」を用いた해요体の文にしよう。**

例) 숙제 / 끝내다

아직 숙제를 안 끝냈어요. 아직 숙제를 끝내지 않았어요.

まだ宿題を終えていません。

(1) 메일 / 보내다

＿＿＿＿＿＿＿＿ ＿＿＿＿＿＿＿＿

(2) 생일 선물 / 받다

＿＿＿＿＿＿＿＿ ＿＿＿＿＿＿＿＿

(3) 영화 / 예약하다

＿＿＿＿＿＿＿＿ ＿＿＿＿＿＿＿＿

문법 4 語幹＋러/으러「～しに（行く/来る）」

「-러/으러」は日本語の「～しに行く/来る」にあたる表現で、動詞の目的を表す。「-러/으러」の後ろは、**가다**（行く）や**오다**（来る）、**다니다**（通う）などの移動動詞がつく。

母音語幹	＋ 러	배우다 学ぶ → 배우러 가요. 学びに行きます。
ㄹ語幹【ㄹ脱落】		놀다 遊ぶ → 놀러 와요. 遊びにきます。
子音語幹 ＋ 으러		받다 受け取る → 받으러 가요. 受け取りに行きます。

요리를 배우러 명동에 가요. 料理を習いに明洞へ行きます。

한국에 놀러 오세요. 韓国に遊びに来てください。

소포를 받으러 우체국에 가요. 荷物を受け取りに郵便局へ行きます。

연습 4 例のように、適切な助詞を補い「-러/으러, 가다/오다」を用いた해요体の文にしよう。

例）라면 / 먹다 / 가다　　라면을 먹으러 가요.

ラーメンを食べに行きます。

(1) 우리집 / 놀다 / 오다 ________

(2) 편의점 / 면접 / 보다 / 가다 ________

(3) 한국 / 발표하다 / 가다 ________

문법 5　語幹 + ㄹ게요 / 을게요「～ます、～ますよ」

「-ㄹ게요/을게요」は、話し手の意志や約束を表す。

母音語幹	+ ㄹ게요	하다 する → 할게요 します
ㄹ語幹【ㄹ脱落】		살다 住む → 살게요 住みます
子音語幹 + 을게요		찍다 撮る → 찍을게요 撮ります

이번에는 제가 찍을게요.　今回は私が撮ります。

저는 비빔밥을 시킬게요.　私はビビンパを注文します。

2월까지 하숙집에서 살게요.　2月まで下宿に住みます。

연습 5 例のように、適切な助詞を補い「-ㄹ게요/을게요」を用いた해요体の文にしよう。

例）아침 / 6시 / 일어나다　　아침 6시에 일어날게요.

朝6時に起きます。

(1) 오늘 / 12시 / 자다 ________

(2) 저 / 여기 / 앉다 ________

(3) 내일 / 김밥 / 만들다 ________

表現のずれ

「아직 안 語幹+았어요/었어요」という表現は、文末が過去形になると紹介した。同様に、以下の表現も一般的に過去形が使われる。

결혼하다 結婚する	남다 残る	닮다 似る
잘생기다 格好いい	아직 멀다 まだまだだ	졸업하다 卒業する

A: 결혼했어요?
結婚していますか。

B: 네, 결혼했어요.
はい、結婚しています。

A: 요리는 남았어요?
料理は残っていますか。

B: 네, 조금 남았어요.
はい、少し残っています。

A: 누구를 닮았어요?
誰に似ていますか。

※**닮다**は、助詞が를/을となる。

B: 엄마를 닮았어요.
母に似ています。

A: 남자 친구가 잘생겼어요?
彼氏は格好いいですか。

B: 네, 정말로 잘생겼어요.
はい、本当に格好いいです。

A: 한국어 정말 잘해요.
韓国語本当に上手ですね。

B: 아니에요. 아직 멀었어요.
いいえ、まだまだです。

A: 어느 대학을 졸업했어요?
どの大学を卒業していますか。

B: 한국대학교를 졸업했어요.
韓国大学を卒業しています。

단어 単語

No.	韓国語	発音	意味
(1)	말하기 대회		スピーチ大会
(2)	테마		テーマ
(3)	정하다	[정아다]	決める
(4)	아직		まだ
(5)	어떤		どんな
(6)	음		ん…
(7)	글쎄요		さあ…、そうですね…
(8)	일본인	[일보닌]	日本人
(9)	몇 명	[면명]	何人
(10)	참가하다		参加する
(11)	문화	[무놔]	文化
(12)	어때요		どうですか
(13)	준비하다		準備する
(14)	응원하다	[응워나다]	応援する

언제 いつ　어디 どこ　누구 誰　무엇 / 뭐 何　어떻게 どうやって　왜 なぜ　몇 いくつ
얼마 いくら 어떤 どんな　무슨 何の　어느 どの　어느 쪽 どちら

본문 회화 本文会話

由香は先生の研究室で相談している。

① 유카　: 안녕하세요? 식사는 **하셨어요**?

② 교수님 : 아뇨. **아직 안 먹었어요**. 오늘 시간이 없었어요.
　　　　그런데 말하기 대회 테마는 정했어요?

③ 유카　: 아뇨. 아직이요. 어떤 테마가 좋을까요?

④ 교수님 : 음…글쎄요. 혹시 일본인 유학생은 몇 명 참가해요?

⑤ 유카　: 일본 사람은 **저밖에** 없어요.

⑥ 교수님 : 그럼, 일본 문화는 어때요?

⑦ 유카　: 아! 좋습니다.

⑧ 교수님 : 준비 잘 하세요. 응원하러 **갈게요**.

⑨ 유카　: 네, 열심히 하겠습니다.

【注意する発音変化】

① 식사는 [식싸는]　하셨어요 [하셔써요]

② 먹었어요 [먹어써요]　시간이 [시가니]　없었어요 [업써써요]
　말하기 [마라기]　정했어요 [정애써요]

③ 아직이요 [아지기요]　좋을까요？ [조을까요]

④ 혹시 [혹씨]　일본인 [일보닌]　유학생 [유학쌩]　몇 명 [면명]

⑤ 사람은 [사라믄]　저밖에 [저바께]　없어요 [업써요]

⑥ 문화는 [무놔는]

⑦좋습니다 [존씀니다]

⑧ 잘 하세요 [자라세요]　응원하러 [응워나러]　갈게요 [갈께요]

⑨ 열심히 [열씨미]　하겠습니다 [하겓씀니다]

회화 연습 会話練習

연습 1 ⓐを尊敬形に変え、例のように会話してみよう。

ⓐ 주말에 뭐 하셨어요?

ⓑ 발표 연습을 했어요.

ⓐ

❶주말에 뭐 했어요
❷점심에 뭐 먹었어요
❸아버지 생일에 뭘 만들었어요
❹오늘 수업이 있었어요
❺어제 어디에 있었어요

※어제 昨日

☞ 自由に質問してみよう。

ⓑ

❶발표 연습을 하다
❷○○를/을 먹다
❸○○를/을 만들다
❹네, 있다 / 아뇨, 없다
❺학교에 있다

※발표 연습 発表の練習

☞ 自由に答えてみよう。

연습 2 ⓑに適切な助詞を入れ、例のように会話してみよう。

ⓐ 한국어 책는/(은) 몇 권 있어요?

ⓑ 1권밖에 없어요.

ⓐ

❶한국어 / 책 / 몇 권 / 있다
❷송년회 忘年会 / 몇 명 / 가다
❸운동 / 자주 / 하다 (尊敬形)
❹잠 睡眠 / 몇 시간 / 자다 (特殊尊敬形)
❺커피 / 많이 / 마시다 (特殊尊敬形)

ⓑ

❶1권 / 없다
❷저 / 안 가다
❸1주일 1週間 / 1번 / 안 하다
❹하루 1日 / 3시간 / 안 자다
❺하루 / 1잔 / 안 마시다

연습 3 例のように会話してみよう。

ⓐ 숙제(는)/은 하셨어요?

ⓑ 아뇨, 아직 안 했어요.

a

❶숙제 宿題 / 하다
❷저녁 / 먹다 (特殊尊敬形)
❸저 책 / 읽다
❹그 옷 / 팔다 売る
❺수업 / 벌써 / 끝나다 終わる

b

❶하다
❷먹다
❸읽다
❹팔다
❺끝나다

연습 4 例のように会話してみよう。

ⓐ 같이 커피를 마시(러)/으러 갈까요?
제가 살게요.

정말요? ⓑ 그럼 제가 케이크(를)/을 살게요.

※정말 本当

a

❶커피를 마시다 / 사다
❷영화를 보다 / 예약하다 予約する
❸밥을 먹다 / 한턱내다 おごる
❹한국에 놀다 / 비행기표 飛行機のチケット / 예약하다

☞ 友達を誘ってみよう。

b

❶케이크 / 사다
❷식당 / 예약하다
❸차 お茶 / 사다
❹관광지 観光地 / 알아보다 調べる

☞ 誘いに答えてみよう。

말해봅시다 話してみよう

カード取りゲーム

ゲームのルール

グループ（3-4 人）ごとに、それぞれ 10 枚の質問者カードと回答者カードを用意する。回答者カードは全員が見えるように広げておく。質問者が 10 枚の質問者カードを読み上げ、残りのメンバーが質問に適切な回答者カードを取り、「- ㄹ게요 / 을게요」の文で答える。カードをたくさん集めた人の勝利！

例）質問者カード　**시간 있어요? 커피 한잔할까요?**

質問：시간 있어요? 커피 한잔할까요?

例）回答者カード　**네, 시간 괜찮아요. 오늘은 제가 사다.**

回答：네, 시간 괜찮아요. 오늘은 제가 살게요.

58 

들어봅시다 聞いてみよう

会話を聞いて質問に答えてみよう。

(1) 여자는 누구를 만나러 왔어요?

____

(2) 교수님은 왜 안 계세요?

____

(3) 여자는 언제 와요?

____

ソウル地下鉄路線図

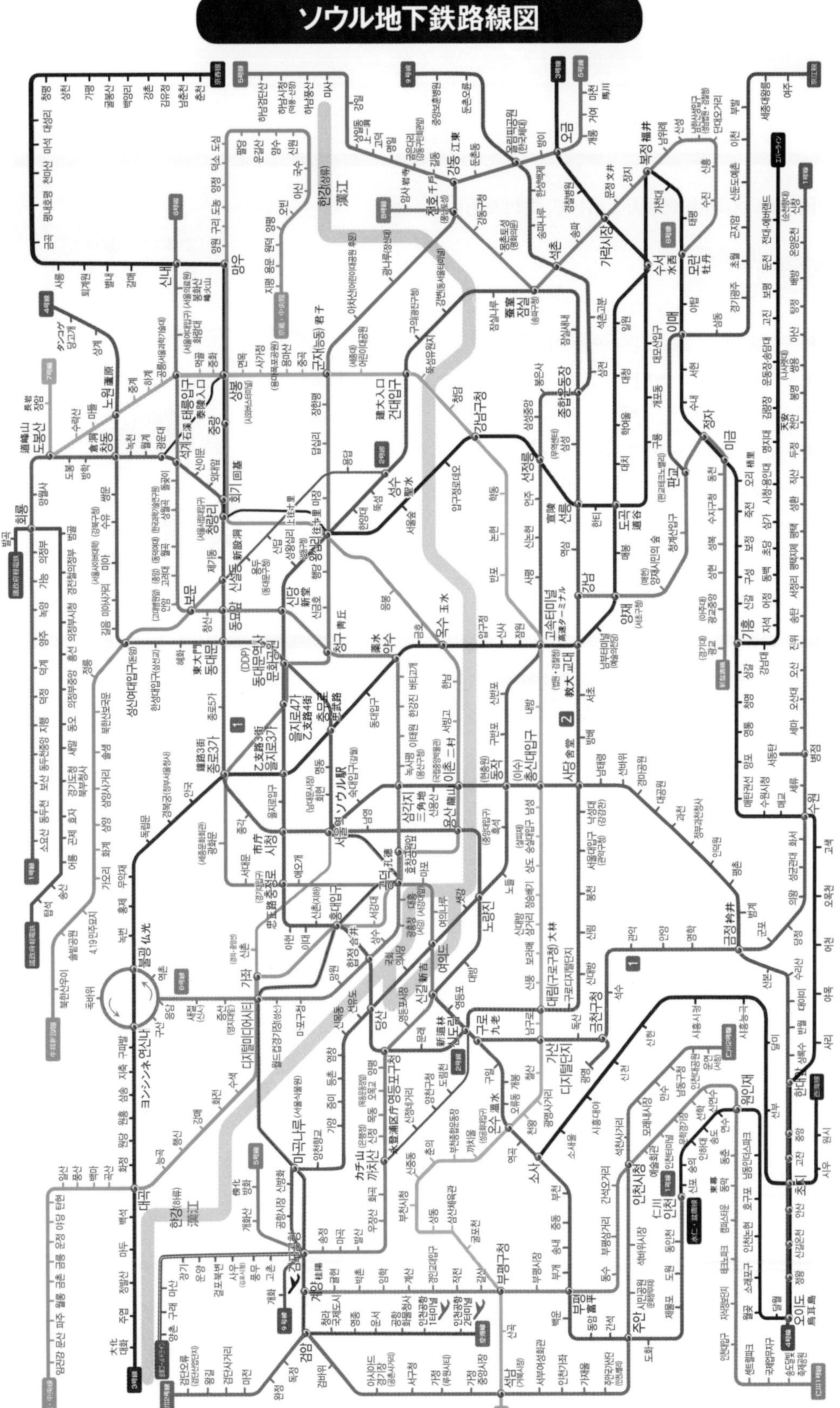

第8課

늦어서 미안해요.

理由を話す　遅れてごめんなさい。

困っている理由や原因を話して、助けてもらうには?

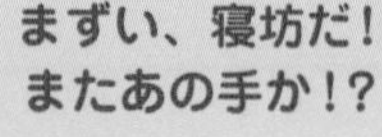

主な表現

- ～てあげる/くれる：－아/어 주다
- ～だけ、のみ：－만
- ～で（単位）　：－에
- ～て、～から、～ので　：－아서/어서
- ～けれども、～が　：－지만
- ～か、～でしょう　：－지요

발음 변화 発音変化　流音化

終声「ㄴ」の後に「ㄹ」の子音が続く場合、また終声「ㄹ」の後に「ㄴ」の子音が続く場合は、どちらも「ㄹ」で発音される。ただし、漢字語の合成語の場合は、「ㄴ」＋「ㄴ」となる。

ㄴ ㄹ	+	ㄹ ㄴ	=	ㄹ	+	ㄹ	연락［열락］連絡 실내［실래］室内
終声		初声		終声		初声	変化

※漢字語の合成語の場合 例）의견란［의견난］意見欄

59

연습 次の単語を発音通り書いてみよう。

(1) 한류 韓流　[　　　　　　]　(2) 난로 ストーブ　[　　　　　　]

(3) 줄넘기 縄跳び　[　　　　　　]　(4) 칼날 刃　[　　　　　　]

(5) 통신란 通信欄　[　　　　　　]　(6) 결단력 決断力　[　　　　　　]

문법과 표현 文法と表現

문법 ❶ 動詞語幹＋아/어 주다「～てあげる/くれる」

「動詞語幹+아/어 주다」は、「～てあげる/くれる」という意味となる。

陽母音 + 아 주다	받다 受け取る → 받아 주다 受け取ってあげる/くれる
陰母音 + 어 주다	믿다 信じる → 믿어 주다 信じてあげる/くれる
하다 → 해 주다	전화하다 電話する → 전화해 주다 電話してあげる/くれる

尊敬の「～てくださる」は「動詞語幹+아/어 주시다」となり、相手に丁寧に依頼するときには「動詞語幹+아/어 주세요」、または「動詞語幹+아/어 주시겠어요 (より丁寧な表現)」を使う。

선생님께서 영어를 가르쳐 주셨어요. 先生が英語を教えてくださいました。

저를 믿어 주세요. 私を信じてください。

내일 전화해 주시겠어요? 明日電話してくださいますでしょうか。

そして、相手のために何かの行動を行うときには、「動詞語幹+아/어 드리다 (～て差し上げる)」という謙譲語を使う。

제가 알려 드렸어요. 私が教えて差し上げました。

제가 보내 드리겠습니다. 私が送って差し上げます。

연습 1 例のように、適切な助詞を補い「-아/어 주세요」を用いた해요体の文にしよう。

例) 주소 / 메일 / 보내다　주소를 메일로 보내 주세요.

住所をメールで送ってください。

(1) 집 / 연락 / 기다리다 ＿＿＿＿＿＿＿＿

(2) 역 / 앞 / 세우다 止める ＿＿＿＿＿＿＿＿

(3) 이 책 / 좀 ちょっと / 빌리다 借りる ＿＿＿＿＿＿＿＿

제 9 과

문법 ❷ 体言＋만「助詞：～だけ、～のみ」

만	성함만 알려 주시겠어요? お名前だけ教えてくださいますか。

연습 2 例のように、適切な助詞を補い「-만」を用いた해요体の文にしよう。

例）알바 / 하나 / 하다　　알바는 하나만 해요.
アルバイトはひとつだけしています。

(1) 어머니 母 / 한국 드라마 / 보다　　＿＿＿＿＿＿

(2) 교실 教室 / 유카 씨 / 없다　　＿＿＿＿＿＿

(3) 수업 授業 / 1 교시 / 있다　　＿＿＿＿＿＿

문법 ❸ 体言＋에「助詞（単位）：で」

에	한 개에 얼마예요? ひとつでいくらですか。

연습 3 例のように、適切な助詞を補い「-에」を用いた해요体の文にしよう。

例）오늘 / 2개 / 3,000원　　오늘은 2개에 3,000원이에요.
今日は2個で3千ウォンです。

(1) 편의점 / 2,000원 / 팔다　　＿＿＿＿＿＿

(2) 책 / 1권 / 12,000원　　＿＿＿＿＿＿

(3) 가방 / 200,000원 / 샀다　　＿＿＿＿＿＿

문법 4 用言語幹 + 아서 / 어서「〜て、〜から、〜ので」

日本語の「〜から、〜ので」に当たる表現で、動作の先行や理由・原因を表す。文末表現として「-아서요/어서요」は「〜からです」という意味となる。過去のことを述べる場合であっても、「-아서/어서」は過去形にならない。

動　詞	陽母音 ＋ 아서	사다 買う → 사서 買って
形容詞	陰母音 ＋ 어서	맛있다 美味しい → 맛있어서 美味しくて
存在詞	하다 → 해서	좋아하다 好きだ → 좋아해서 好きだから
母音終わりの体言 ＋ 여서/라서		아이 子ども → 아이여서 子どもだから
子音終わりの体言 ＋ 이어서/이라서		학생 学生 → 학생이어서 学生だから

【動作の先行】 책을 사서 읽어요.　本を買って読みます。

【動作の先行】 도서관에 가서 공부해요.　図書館に行って勉強します。

【理由・原因】 아이여서 괜찮아요.　子どもなので大丈夫です。

【理由・原因】 학생이라서요.　学生だからです。

※注意：어제 가서 (○) /갔어서 (×)　오늘은 안 가요. 昨日行ったから、今日は行きません。

연습 4 例のように、適切な助詞を補い「-아서/어서」を用いた해요体の文にしよう。

例） 친구 / 만나다 / 밥 / 먹다　　친구를 만나서 밥을 먹어요.

友達に会ってご飯を食べます。

(1) 백화점 / 가다 / 쇼핑 / 하다　＿＿＿＿＿＿＿＿

(2) 일요일 日曜日 / 집 / 쉬다　＿＿＿＿＿＿＿＿

(3) 피곤하다 疲れている / 잠 / 자다　＿＿＿＿＿＿＿＿

문법 ⑤ 用言語幹 + 지만「〜けれども、〜が」

日本語の「〜けれども、〜が」に当たる表現で、対比や逆接の意味を表す。過去形（았/었）や未来意志形（겠）にもつく。丁寧体は「합니다体+만（〜ですけれども、〜ですが）」のみが使われる。

動詞/存在詞/形容詞語幹 + 지만	좋다 良い → 좋지만 良いけれども
体言 + 이지만	선생님 先生 → 선생님이지만 先生だけど

※母音終わりの体言では、이が省略される場合が多い。

가격이 싸지만 맛있어요. 値段が高いけど美味しいです。

가격이 비쌉니다만（○）/비싸요만（×） 맛있어요.

연습 5 例のように、適切な助詞を補い「-지만」を用いた해요体の文にしよう。

例） 집 / 가깝다 / 회사 / 멀다　　집은 가깝지만 회사는 멀어요.

家は近いけれども会社は遠いです。

(1) 한국 음식 / 좋아하다 好きだ / 김치 / 싫어하다 嫌いだ

____

(2) 서울 / 춥다 寒い / 부산 / 따뜻하다 暖かい

____

(3) 일본 사람 / 한국어 / 잘하다

____

문법 6 用言語幹 + 지요(죠)「〜か、〜でしょう」

すでに知っている事実に対する確認・質問・婉曲的な指示などを行うときに使う。尊敬形(-시/으시)や過去形(-았/었)の後ろにもつく。会話では、縮約形の「-죠」がよく用いられる。

動詞/存在詞/形容詞語幹 + 지요(죠)	그렇다 → 그렇지요. そうですね。 맛있다 → 맛있지요. 美味しいでしょう。
体言 + 지요/이지요(죠)	어디 → 어디죠? どこでしょうか。 중학생 → 중학생이죠? 中学生でしょう。

【確認】 비싸지요? 高いでしょう。

【質問】 언제 가시죠? いつ行かれますか。

【婉曲な指示】 빨리 출발하죠. 早く出発しましょう。

연습 6 例のように、適切な助詞を補い「-지요(죠)」を用いた해요体の文にしよう。

例) 유리 씨 / 한국 사람이다　유리 씨는 한국 사람이죠?
ユリさんは韓国人でしょう。

(1) 오늘 / 많이 / 바쁘다　＿＿＿＿＿＿＿＿？

(2) 내일 / 회사 / 오다　＿＿＿＿＿＿＿＿？

(3) 저 / 같이 / 드시다　＿＿＿＿＿＿＿＿.

단어 単語

No.	韓国語	発音	意味
(1)	늦다	[늗따]	遅い、遅れる
(2)	미안하다	[미아나다]	すまない
(3)	많이	[마니]	たくさん
(4)	기다리다		待つ
(5)	걱정하다	[걱쩡아다]	心配する
(6)	차가 막히다	[차가 마키다]	車(道)が混む
(7)	다음		次
(8)	연락하다	[열라카다]	連絡する
(9)	참		そうだ!
(10)	노트		ノート
(11)	좀		ちょっと
(12)	빌리다		借りる
(13)	자판기		自動販売機
(14)	싫다	[실타]	嫌だ

본문 회화 本文会話

約束に遅れてきたソジュンに由香が理由を尋ねる。 60

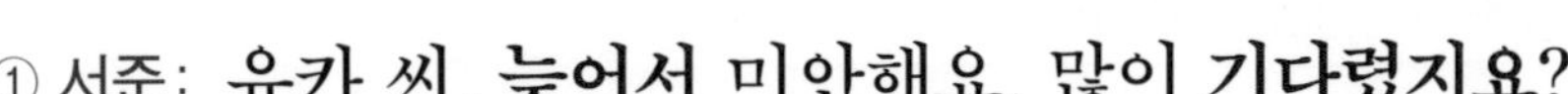

① 서준: 유카 씨, 늦어서 미안해요. 많이 **기다렸지요?**

② 유카: 아뇨, 무슨 일 있었어요?

수업에도 안 와서 걱정했어요.

③ 서준: 차가 많이 막혀서 늦었어요.

④ 유카: 그럼 다음부터는 연락 좀 **해 주세요.**

⑤ 서준: 알았어요.

참! 유카 씨 **미안하지만** 노트 좀 빌려주세요.

⑥ 유카: 그래요. 그럼 커피 한 잔만 사 주세요.

⑦ 서준: 한 **잔에** 오백 원, 자판기 커피도 괜찮지요?

⑧ 유카: 싫어요!

【注意する発音変化】

① 늦어서 [느저서]　많이 [마니]　기다렸죠 ?[기다렫쬬]

② 무슨 일 [무슨닐]　있었어요 ?[이써써요]　수업에도 [수어베도]

안 와서 [아놔서]　걱정했어요 [걱쩡애써요]

③ 막혀서 [마켜서]　늦었어요 [느저써요]

④ 연락 좀 [열락쫌]

⑤ 미안하지만 [미아나지만]

⑦ 잔에 [자네]　오백 원 [오배권]　괜찮지요 [괜찬치요]

⑧ 싫어요 [시러요]

회화 연습 会話練習

例のように会話してみよう。

연습 1

a 김밥은 몇 줄 포장해 드릴까요? 1줄에 1,000원입니다.

b 1줄만 포장해 주시겠어요?

a

❶김밥은 몇 줄 포장하다 / 1줄 / 1,000원
❷도시락 몇 개 만들다 / 하나 / 7,000원
❸책은 몇 권 빌리다 / 일주일 / 3권까지
❹꽃을 몇 송이 보내다 / 1송이 / 1,700원
❺고기를 몇 인분 준비하다 / 1인분 / 18,000원

※김밥 のり巻き、줄 本、포장하다 包装する、도시락 弁当、 꽃 花、송이 輪、인분 人前

b

❶1줄 / 포장하다
❷4개 / 만들다
❸2권 / 빌리다
❹20송이 / 보내다
❺5인분 / 준비하다

연습 2

a 왜 늦었어요?

b 차가 막혀서 늦었어요.

a

❶왜 늦다
❷왜 전화 안 받다
❸왜 집에 있다
❹토요일에 뭐 하다
❺어제 뭐 하시다

b

❶차가 막히다 / 늦다 (理由)
❷피곤하다 疲れている / 자다 (理由)
❸주말 / 쉬다 (理由)
❹선배를 만나다 / 영화를 보다 (先行)
❺음식을 만들다 / 파티하다 (先行)

연습 3

ⓐ 서울은 춥지요/죠?

ⓑ 서울은 춥지만 부산보다 따뜻해요.

ⓐ

❶서울 / 춥다
❷요즘 最近 / 바쁘다 忙しい
❸오늘 / 시험
❹사장님 社長 / 멋있다 素敵だ
❺고기 / 좋아하다

ⓑ

❶서울 / 춥다 / 부산 / 따뜻하다 暖かい
❷바쁘다 / 재미있다
❸오늘 / 시험 / 내일 / 쉬다
❹멋있다 / 성격 性格 / 안 좋다
❺고기 / 좋아하다 / 야채 / 싫어하다

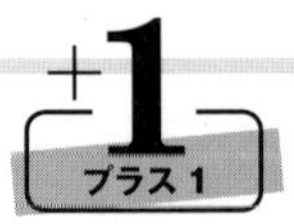

話し言葉の縮約形

6課で、話し言葉における指示語と助詞の縮約形を紹介したが、この課ではさらに、それ以外のいくつかの縮約形を紹介する。

助詞「は」	는 → ㄴ	저는 私は → 전
助詞「には」	에는 → 엔	주말에는 週末には → 주말엔
助詞「を」	를 → ㄹ	저를 私を → 절
助詞「で/から」	에서 → 서	여기에서 ここで/から → 여기서 主に場所名詞 (여기,저기,거기,어디) で縮約される。
指定詞語幹「이」	이 → **省略**	제 거(것) 입니다 私の物です → 제 겁니다

제 9 과

말해봅시다 話してみよう

メニュー（메뉴）を見て例のように注文してみよう。

例） A: 한국 요리는 뭐가 맛있어요? 추천해 주세요.

B: 양념치킨는/은 어때요?
조금 맵지만 달고 맛있어서 인기가 있어요.

A: 그럼 양념치킨를/을 먹을까요?
음료수도 시키죠. 전 콜라요/이요.

B: 좋아요.
여기요~ 양념치킨 1마리하고 콜라 2잔 주세요.

※추천해 주세요 推薦（おすすめ）してください

양념치킨-1마리 匹

맵다 辛い /
달고 맛있다 甘くておいしい

간장게장-1인분 人前

비싸다 / 정말 맛있다

설렁탕-1인분

싱겁다 味が薄い /
맵지 않고 국물이 시원하다
辛くなくてスープがしみる

삼계탕-1인분

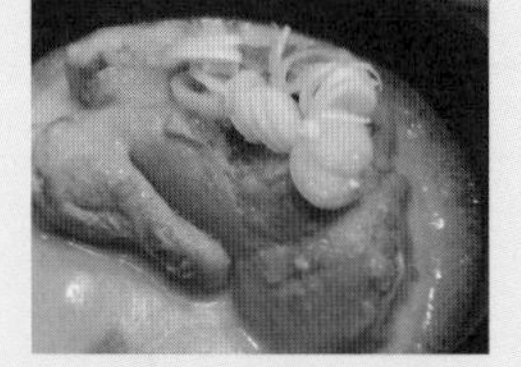

비싸다 /
몸에 좋고 양이 많다
体によくて量が多い

치즈닭갈비-1인분

맵다 /
치즈에 찍어 먹다
チーズにつけて食べる

음료수

콜라
홍차
사이다
주스 ジュース
옥수수차 トウモロコシ茶
물 水

들어봅시다 聞いてみよう

61

試食コーナーでの会話を聞き、答えてみよう。

(1) 김치 김밥은 맛이 어때요?

______

(2) 김치 김밥은 왜 인기가 있어요? ※인기 人気

______

(3) 김치 김밥은 하나에 얼마예요?

______

覗いてみよう、韓国文化

コラム 5

熱いもの食べて涼しい?

皆さんは「시원하다」という単語を聞いたことがありますか?辞書を調べると「涼しい」という意味が出てくると思います。でも実際には、いろんな場面でこの言葉を使います。例えば、外からエアコンの効いた涼しい部屋に入って気持ち良いときの一言「시원하다」。そして、暑い日に冷たいジュースを飲んですっきりとした時の「시원하다」。食堂で辛いスープを飲んで喉がさっぱりとした時の一言「시원하다」。お風呂にのんびり浸かってすがすがしい気分の「시원하다」。凝り固まった体をマッサージしてもらっているときの気持ち良さ「시원하다」などなど。「気分がさっぱりすっきり」した時に、皆さんもぜひ使ってみましょう。

제
9
과

제10과 저는 지금 한국에 와 있어요.

状況を伝える　私は今韓国に来ています。

目の前の状況を伝えるにはどんな表現がある?

テレビを見ています。
窓が開いています。

主な表現

- 現在連体形
- ～よう、～みたい ： -처럼
- ～ている ： -고 있다
- ～ている ： -아/어 있다

日本語に2種類の「～ている」があるけど…

발음 변화 発音変化　鼻音化②

終声「ㅁ」「ㅇ」の後に「ㄹ」が来ると、「ㄹ」は鼻音「ㄴ」で発音される。

ㅁ ㅇ	+	ㄹ	=	そのまま	+	ㄴ
終声		初声		終声		初声

심리 [심니] 心理
종류 [종뉴] 種類

62 **연습** 次の単語を発音通り書いてみよう。

(1) 정리 整理 [　　　　　　]　(2) 음료수 飲料水 [　　　　　　]

(3) 종로 鐘路 [　　　　　　]　(4) 삼림 森林 [　　　　　　]

문법과 표현 文法と表現

문법 ❶ 動詞・存在詞語幹 + 는「動詞・存在詞の現在連体形」

用言が体言を修飾する形を連体形と言う。「動詞·存在詞の現在連体形」は現在の存在(있다、없다、계시다)や事柄、習慣、一般的な事実を表す。

動　詞	母音語幹	+ 는	전화하다 電話する → 전화하는 사람 電話している人
	ㄹ語幹【ㄹ脱落】		놀다 遊ぶ → 노는 사람 遊んでいる人
	子音語幹		읽다 読む → 읽는 사람 読んでいる人
存在詞	語幹		있다 いる → 여기 있는 사람 ここにいる人 재미없다 面白くない → 재미없는 사람 面白くない人

※存在詞「있다、없다」で表現される形容詞「재미있다 面白い/ 재미없다 面白くない」「맛있다 美味しい/ 맛없다 まずい」などを連体形にする場合、存在詞として扱う。

회의 중에 전화하는 사람이 있어요. 会議中に電話している人がいます。

소설을 읽는 시간이 제일 행복해요. 小説を読む時間が一番幸せです。

지금 아들하고 노는 사람이 제 동생이에요. 今息子と遊んでいる人が私の弟です。

재미없는 영화를 봤어요. 面白くない映画を見ました。

연습 1 例のように、適切な助詞を補い連体形の文にしよう。

例) 선생님 / 이야기하다 / 사람 / 친구　선생님하고 이야기하는 사람이 친구예요.
先生と話している人が友達です。

(1) 한국어 시험 / 보다 / 학생 / 많다 多い ____________

(2) 같이 / 살다 / 가족 家族 / 세 명 ____________

(3) 집 / 있다 / 시간 / 좋아하다 ____________

제 10 과

문법 2 形容詞・指定詞語幹＋ㄴ/은「形容詞・指定詞の現在連体形」

「形容詞・指定詞の現在連体形」は事柄の状態や性質を表す。

形容詞	母音語幹	＋ㄴ	비싸다 高い → 비싼 선물 高いプレゼント
	ㄹ語幹【ㄹ脱落】		달다 甘い → 단 음식 甘い食べ物
	子音語幹 ＋ 은		좁다 狭い → 좁은 집 狭い家
指定詞	語幹 ＋ ㄴ		교사이다 教師だ → 교사인 형 教師である兄 교사가 아니다 教師ではない → 교사가 아닌 형 教師ではない兄

좁은 집보다 넓은 집이 좋아요. 狭い家より広い家が良いです。

어머니한테서 비싼 선물을 받았어요. 母から高いプレゼントをもらいました。

단 음식은 살이 쪄요. 甘い食べ物は太ります。

교사인 형은 토요일에도 출근해요. 教師である兄は土曜日にも出勤します。

연습 2 例のように、適切な助詞を補い連体形を用いた해요体の文にしよう。

例) 이태원 / 많다 / 외국인 / 모이다　　이태원에는 많은 외국인이 모여요.

梨泰院にはたくさんの外国人が集まります。

(1) 어제 / 슬프다 / 영화 / 봤다　　＿＿＿＿＿＿＿＿

(2) 힘들다 / 일 / 안 하고 싶다　　＿＿＿＿＿＿＿＿

(3) 유학생 / 유카 씨 / 한국어 / 잘하다　　＿＿＿＿＿＿＿＿

문법 ❸ 体言 + 처럼「助詞：～よう、～みたい」

様子や動作が似ていることを表す助詞である。「体言+같이」に置き換えることができる。

처럼	천사처럼 마음이 넓어요. 天使のように心が広いです。

연습 3 例のように、適切な助詞を補い「-처럼」を用いた해요体の文にしよう。

例） 아이 / 손 / 작다　　아이처럼 손이 작아요.
子どものように手が小さいです。

(1) 한국 사람 / 한국어 / 말하다 ＿＿＿＿＿＿＿＿

(2) 가수 / 노래 / 잘하다 ＿＿＿＿＿＿＿＿

(3) 형 兄(男性から見た) / 배우 / 멋있다 ＿＿＿＿＿＿＿＿

문법 ❹ 動詞語幹 + 고 있다「～ている」

現在の状況や進行を表す。尊敬形は「動詞語幹+고 계시다 (～ていらっしゃる)」となる。

動詞語幹 + 고 있다	피아노를 치고 있어요. ピアノを弾いています。
動詞語幹 + 고 계시다	지금 요리하고 계세요. 今料理をなさっていらっしゃいます。

※現在進行中の動作は「動詞語幹+고 있다/계시다」で表すが、「지금 뭐 해요?/하세요? 今何をしていますか/なさっていますか」のように現在形でも表す。

연습 4 例のように、適切な助詞を補い「-고 있다」を用いた해요体の文にしよう。

例） 여동생 / 드라마 / 보다　　여동생은 드라마를 보고 있어요.
妹はドラマを見ています。

(1) 저 / 학생 식당 / 카레 / 먹다 ＿＿＿＿＿＿＿＿

(2) 친구 / 노래방 / 노래 / 부르다 ＿＿＿＿＿＿＿＿

(3) 어머니 / 그 약속 / 기억하다 覚える、記憶する ＿＿＿＿＿＿＿＿

문법 5 動詞語幹 + 아 / 어 있다「〜ている」

動作が完了した状態が持続していることを表す（主に自動詞に用いる）。尊敬形は「動詞語幹+아/어 계시다（〜ていらっしゃる）」となる。

動詞語幹 + 아/어 있다	문이 열려 있어요. ドアが開いています。
動詞語幹 + 아/어 계시다	외국에 가 계세요. 外国に行っていらっしゃいます。

연습 5 例のように、適切な助詞を補い「-아/어 있다」を用いた해요体の文にしよう。

例）벽 / 그림 / 걸리다　　벽에 그림이 걸려 있어요.
壁に絵が掛かっています。

(1) 할머니 / 우리집 / 오다 ＿＿＿＿＿＿＿＿

(2) 책상 / 밑 下 / 지갑 / 떨어지다 落ちる ＿＿＿＿＿＿＿＿

(3) 테이블 / 위 / 선물 / 놓이다 置かれる ＿＿＿＿＿＿＿＿

- 고 있다 VS - 아 / 어 있다

「살다 住む」「지내다 過ごす」「보내다 過ごす/送る」「다니다 通う」などの状態を表す動詞や、「最近韓国語を勉強している」のような習慣、繰り返される動作を表す場合も「語幹+고 있다」の形で表す。

【習慣】 저는 매일 아침에 우유를 마시고 있어요.　私は毎朝牛乳を飲んでいます。

【状態】 아버지는 시골에서 지내고 계세요.　お父さんは田舎で暮らしていらっしゃいます。

一方、「입다 着る」「쓰다 かぶる」「신다 履く」「들다 手に持つ」「가지다 持つ/所有する」などの着用動詞と「타다 乗る」は、「-아/어 있다」を使わず、「語幹+고 있다」の形で完了した状態の継続を表す。

구두를 신고 있어요.（◯）／ 신어 있어요.(×)　靴を履いています。

지금 버스를 타고 있어요.（◯）／ 타 있어요.(×)　今バスに乗っています。

note

단어 単語

No.	韓国語	発音	意味
(1)	지내다		過ごす
(2)	저		私
(3)	가족		家族
(4)	사귀다		付き合う
(5)	생활	[생왈]	生活
(6)	너무너무		あまりにも（「너무：とても」の強調語）
(7)	가르치다		教える
(8)	불편하다	[불펴나다]	不便だ
(9)	점		点、ところ
(10)	또		また
(11)	드림		拝

単語の引き出し

자동사 主な自動詞

열리다 開く　닫히다 閉まる　놓이다 置かれる　걸리다 掛かる　떨어지다 落ちる
서다 立つ　붙다 くっつく　켜지다 点く　꺼지다 消える
남다 残る　모이다 集まる　들다 持つ、入る　피다 咲く

본문 회화 本文会話

由香が韓国生活についてメールを送る。

63 

① 하정우 선생님께

② 안녕하세요? 잘 지내시죠?
저는 지금 한국에 **와 있어요**.
③ 월요일부터 금요일까지는 대학교에 다니고,
주말에는 알바를 해요.
④ 같이 **사는 지우**와는 가족**처럼** 지내요.
⑤ 참! 저 대학 동아리 선배와 사귀고 **있어요**.
⑥ 그래서 한국 생활이 너무너무 재미있어요.
⑦ 선생님께서 한국어와 한국 문화를 많이 가르쳐 주셔서
생활에 **불편한** 점은 없어요. 감사합니다.
⑧ 선생님은 어떻게 지내세요? 그럼 또 연락 드릴게요.

⑨ 와다 유카 드림

【注意する発音変化】

② 안녕하세요 ?[안녕아세요]　한국에 [한구게]　있어요 [이써요]
③ 월요일 [워료일]　금요일 [그묘일]　대학교에 [대학꾜에]　주말에는 [주마레는]
④ 같이 [가치]
⑥ 한국 생활이 [한국쌩와리]　재미있어요 [재미이써요]
⑦ 한국어와 [한구거와]　한국 문화를 [한궁무놔를]　많이 [마니]
불편한 [불펴난]　점은 [저믄]　없어요 [업써요]
⑧ 선생님은 [선생니믄]　어떻게 [어떠케]　연락 [열락]　드릴게요 [드릴께요]

회화 연습 会話練習

연습 1 例のように会話してみよう。

ⓐ 지금 같이 영화를 보는 사람이 누구예요?

ⓑ 선배예요.

ⓑ 선배는 어떤 사람이에요?

ⓒ 친절한 사람이에요.

ⓐ
❶영화를 보다
❷산책하다 散歩する
❸밥을 먹다
❹살다
❺있다

ⓑ
❶선배
❷동생
❸동아리 친구
❹지우 씨
❺남자 친구

ⓒ
❶친절하다 親切だ
❷성격이 좋다
❸멋있다
❹마음이 예쁘다 心がきれいだ
❺마음이 넓다 心が広い

연습 2 例のように会話してみよう。

ⓐ 유카 씨는 한국어를 잘해요?

ⓑ 네, 한국 사람처럼 잘해요.

ⓐ
❶유카 씨는 한국어를 잘하다
❷남친은 잘생겼다 格好いい
❸지우씨하고 잘 지내다 過ごす
❹기숙사는 편하다 寮は楽だ
❺오늘 날씨가 좋다

ⓑ
❶한국 사람 / 잘하다
❷배우 俳優 / 잘생겼다
❸가족 / 잘 지내다
❹집 / 편하다
❺봄 春 / 따뜻하다

연습 3 会う約束をしていた友達に、電話で例のように会話してみよう。

○○ 씨 지금 어디예요?

a 공항에서 짐을 찾고 있어요. ○○ 씨는요?

b 공항에 와 있어요.

a

❶공항에서 짐을 찾다 ❷버스에서 내리다 降りる
❸커피숍에 들어가다
❹영화관에 가다
❺지하철을 갈아타다

※공항 空港、짐 荷物、영화관 映画館、갈아타다 乗り換える

b

❶공항에 오다
❷식당 앞에서 줄 서다 並ぶ
❸커피숍에 앉다
❹영화관에 도착하다
❺약속 장소에 모이다 約束の場所に集まる

 말해봅시다 話してみよう

連体形、「아/어 있다」、「고 있다」を適切に使い、パーティー会場の様子をペアで話してみよう。

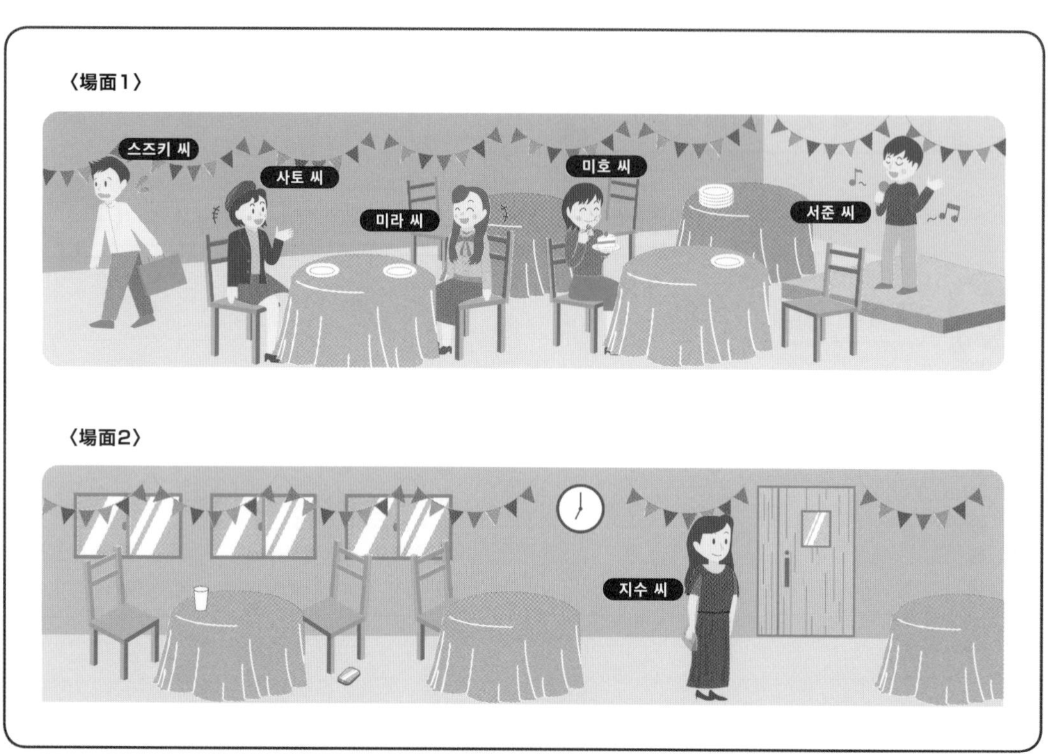

例） < 場面1> A：제일 예쁜 사람이 누구예요?

B：모자를 쓰고 있는 사토 씨예요.

< 場面2> B：테이블에 뭐가 놓여 있어요?

A：컵이 놓여 있어요.

場面 1

A： 質問	B： 返事
① 예쁘다	모자를 쓰다 帽子を被る
② 머리가 길다 髪が長い	사토 씨하고 이야기하다
③ 성격이 급하다 せっかちだ	가방을 들다 持つ
④ 재미있다	케이크를 먹다
⑤ 잘생기다	노래를 부르다

場面 2

B： 質問	A： 返事
① 테이블에 뭐가 놓이다	컵이 놓이다 カップが置かれる
② 창문이 열리다 窓が開く	아뇨. 창문이 닫히다 窓が閉まる
③ 지수 씨는 어디에 서다	문 앞에 서다 ドアの前に立つ
④ 벽에 뭐가 걸리다	벽에 시계가 걸리다
⑤ 의자 아래에 뭐가 떨어지다	핸드폰이 떨어지다 落ちる

※벽 壁、걸리다 掛かる

들어봅시다 聞いてみよう

64

会話を聞いて質問に答えてみよう。

(1) 유카 씨는 지금 무엇을 하고 있어요?

____

(2) 지우 씨는 지금 무엇을 하고 있어요?

____

(3) 서준 씨는 어떤 사람이에요?

____

일본에 간 적이 있어요?

過去の経験を話す　日本に行ったことがありますか？

経験について話をするにはどんな表現があるんだろう？

主な表現

- 動詞の過去連体形
- 回想連体形
- ～でも ： -라도/이라도
- 形容詞・指定詞の過去連体形
- ～したことがある/ない ：
  -ㄴ/은 적이 있다/없다
- ～てみる ： -아/어 보다

～やったこと～
・韓服を着たことがある！
・景福宮に行ったことがある！
・ビビンパを食べたことがある！

～まだやってないこと～
・韓国映画を見たことがない…
・キムチ作りを体験したことがない…
・済州島に行ったことがない…

발음 변화 発音変化　鼻音化③

終声「ㄱ(k型)」「ㅂ(p型)」の後に「ㄹ」が続くと、「ㄹ」が「ㄴ」に変わり、終声「ㄱ」「ㅂ」はそれぞれの鼻音「ㅇ」「ㅁ」に変わって発音される。

k 型 p 型	+	ㄹ	=	ㅇ ㅁ	+	ㄴ
終声		初声		終声		初声

독립 ［동닙］独立
급료 ［금뇨］給料

65

연습　次の単語を発音通り書いてみよう。

(1) 국립 国立　［　　　　　　　］　(2) 법률 法律　［　　　　　　　］

(3) 석류 ざくろ　［　　　　　　　］　(4) 합리적 合理的　［　　　　　　　］

문법과 표현 文法と表現

문법 ① 動詞語幹 + ㄴ / 은「動詞の過去連体形」

すでに行われた事柄を表すときに使う。存在詞の過去連体形は、通常この形を使わないので注意する（문법2参照）。

動　詞	母音語幹	＋ㄴ	쓰다 書く → 어제 쓴 편지 昨日書いた手紙
	ㄹ語幹【ㄹ脱落】		놀다 遊ぶ → 같이 논 사람 一緒に遊んだ人
	子音語幹 ＋ 은		받다 もらう → 어제 받은 과자 昨日もらったお菓子

어제 쓴 편지는 마음에 안 들었어요. 昨日書いた手紙は気に入りませんでした。

지난번에 받은 과자는 너무 맛있었어요. この間もらったお菓子はとても美味しかったです。

주말에 같이 논 사람은 학교 친구예요. 週末に一緒に遊んだ人は学校の友達です。

연습 1 例のように、過去連体形にしよう。

例） 어제 옷을 샀어요. 어제 산 옷
昨日服を買いました。 昨日買った服

(1) 아침에 메일을 보냈어요. ________

(2) 인터넷으로 레시피 レシピ를 찾았어요. ________

(3) 2년 동안 間 서울에서 살았어요. ________

문법 ❷ 動詞語幹＋던「回想連体形」、存在詞語幹＋던「過去連体形」

過去に行った経験を回想して述べるときに使う。ただし、存在詞「**있다、없다、계시다**」の場合、「**있던、없던、계시던**」という形で単なる過去を表す。

動　詞	語幹 ＋ 던	읽다 読む → 자주 읽던 책 よく読んでいた本
存在詞	語幹 ＋ 던	없다 ない → 예전에 없던 건물 以前なかった建物

※話し言葉では、「았던/었던」のほうがよく使われる。

대학교 때 자주 읽던 책이에요. 大学生の時、よく読んでいた本です。

친구하고 놀던 그 공원에 다시 가고 싶어요. 友達と遊んでいたあの公園にまた行きたいです。

예전에 없던 건물이 많이 생겼어요. 以前なかった建物がたくさんできました。

연습 2 例のように、適切な助詞を補い回想連体形の文にしよう。

例） 매일 / 먹다 / 김치 / 지금 / 안 먹다　매일 먹던 김치를 지금은 안 먹어요.
毎日食べていたキムチを今は食べません。

(1) 예전 以前 / 자주 / 받다 / 선물 / 꽃 ＿＿＿＿＿＿＿＿

(2) 친구 / 자주 / 듣다 / 노래 / 듣고 싶다 ＿＿＿＿＿＿＿＿

(3) 책상 / 위 / 있다 / 펜 / 떨어져 있다 ＿＿＿＿＿＿＿＿

문법 ③ 体言 + 라도 / 이라도「助詞：でも」

母音終わりの体言 + 라도	영화라도 볼까요? 映画でも見ましょうか。
子音終わりの体言 + 이라도	김밥이라도 먹어요. のり巻きでも食べましょう。

연습 3 例のように、「-라도/이라도」を用いて、さらに適切な助詞を補い해요体の文にしよう。

例）일요일 / 같이 / 영화 / 보다　　일요일에 같이 영화라도 볼까요?
日曜日に一緒に映画でも見ましょうか。

(1) 이번 주말 / 여행 / 가다　＿＿＿＿＿＿＿＿

(2) 저기 / 커피 / 마시다　＿＿＿＿＿＿＿＿

(3) 편의점 / 라면 / 먹다　＿＿＿＿＿＿＿＿

문법 ④ 形容詞・指定詞語幹 + 던「形容詞・指定詞の過去連体形」

過去の状態を表す。話し言葉では、「았던/었던」のほうがよく使われる。

形容詞	語幹 + 던	시끄럽다 うるさい → 시끄럽던 교실 うるさかった教室
指定詞	語幹 + 던	초등학생이다 小学生だ → 초등학생이던 여동생 小学生だった妹

시끄럽던 교실이 지금은 조용해요.　うるさかった教室が今は静かです。

초등학생이던 여동생이 벌써 중학생이에요.　小学生だった妹がもう中学生です。

연습 4 例のように、適切な助詞を補い過去連体形の文にしよう。

例）급하다 / 성격/ 많이/ 변하다　　급하던 성격이 많이 변했어요.
せっかちだった性格がずいぶん変わりました。

(1) 불편하다 / 생활 / 너무 / 싫다　＿＿＿＿＿＿＿＿

(2) 선배 / 사람 / 결혼하다　＿＿＿＿＿＿＿＿

(3) 춥다 / 겨울 / 끝나다　＿＿＿＿＿＿＿＿

문법 ❺ 動詞語幹＋ㄴ/은 적이 있다/없다「～したことがある/ない」

「動詞の過去連体形+적이 있다/없다」という形で、過去の経験の有無を表す。

動　詞	母音語幹	＋ㄴ 적이 있다	가다 行く → 간 적이 있다 行ったことがある
	ㄹ語幹【ㄹ脱落】		살다 住む → 산 적이 있다 住んだことがある
	子音語幹 ＋ 은 적이 있다		읽다 読む → 읽은 적이 있다 読んだことがある

저는 한국에 유학을 간 적이 있어요.　私は韓国に留学に行ったことがあります。

그 책은 저도 읽은 적이 있어요.　その本は私も読んだことがあります。

저도 한국에서는 산 적이 없어요.　私も韓国では暮らしたことがありません。

연습 5 例のように、適切な助詞を補い「-적이 있다/없다」を用いた해요体の文にしよう。

例） 스위스 / 한번 / 가다 (있다)　스위스에 한번 간 적이 있어요.
スイスに一度行ったことがあります。

(1) 케이크 / 만들다 (없다)　＿＿＿＿＿＿

(2) 예쁘다 / 한복 / 입다 着る (있다)　＿＿＿＿＿＿

(3) 유명하다 / 배우 / 만나다 (없다)　＿＿＿＿＿＿

문법 6 動詞語幹 + 아 / 어 보다「～てみる」

何かを試したり、経験したことを表す。보다を尊敬形にした「動詞語幹+-아/어 보세요」は、「～てみてください」という意味となる。

陽母音 + 아 보다	찾다 探す → 찾아 보다 探してみる
陰母音 + 어 보다	먹다 食べる → 먹어 보다 食べてみる
하다→해 보다	운전하다 運転する → 운전해 보다 運転してみる

잘 찾아 봤어요? よく探してみましたか。

삼계탕을 먹어 봤어요. サムゲタンを食べてみました。

이 차를 한번 운전해 보세요. この車を一度運転してみてください。

연습 6 例のように、適切な助詞を補い「-아/어 보세요」を用いた해요体の文にしよう。

例) 한국 유학생 / 일본어 / 가르치다　한국 유학생에게 일본어를 가르쳐 보세요.
韓国の留学生に日本語を教えてみてください。

(1) 그 선배 / 한번 만나다 ______________

(2) 여기 / 사진 / 찍다 ______________

(3) 1주일 / 2번 / 운동하다 ______________

단어 単語

No.	韓国語	発音	意味
(1)	온천		温泉
(2)	근처		近所、近く
(3)	하코네		箱根
(4)	아시노코 호수		芦ノ湖
(5)	유람선		遊覧船
(6)	전		前（時間）
(7)	경치		景色
(8)	날씨		天気
(9)	혼자		ひとりで
(10)	한강		漢江（ソウル市内を流れる川）

単語の引き出し

가족 家族

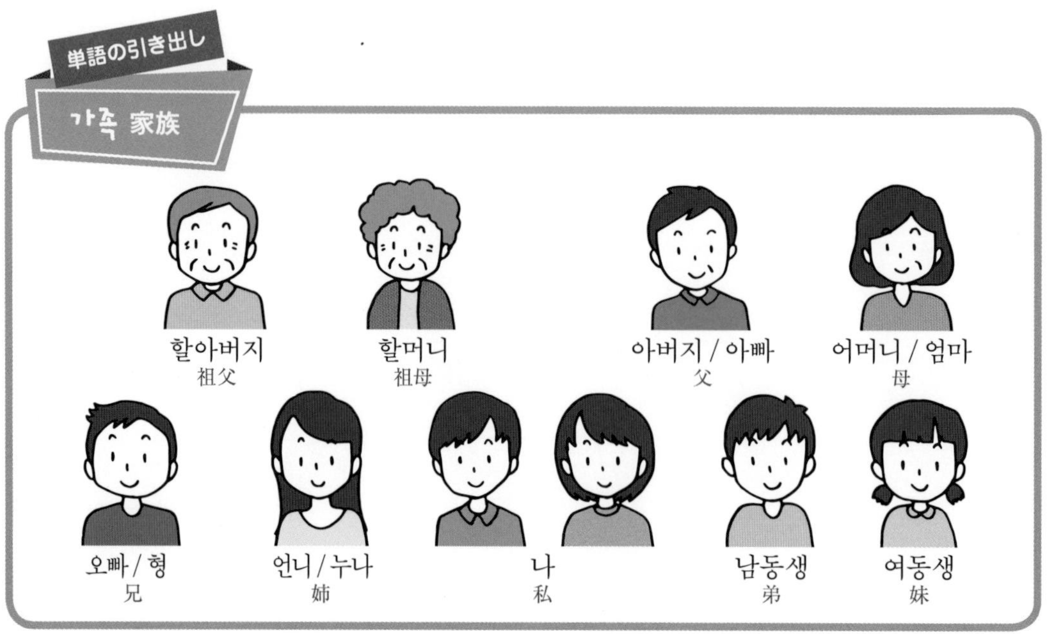

본문 회화 本文会話

由香とソジュンが日本旅行について話している。

① 유카: 일본에 **간 적이 있어요**?

② 서준: 아뇨, 간 적이 없어요. 일본 온천에 **가 보고 싶어요**.

③ 유카: 그럼 도쿄 근처에 있는 하코네에 가 보세요.
온천에도 가고 아시노코 호수에서 유람선도 타 보세요.

④ 서준: 유카 씨는 유람선을 타 본 적이 있어요?

⑤ 유카: 네! 전에 **만나던** 사람이랑 같이 타 본 적이 있어요.

⑥ 서준: 네!?

⑦ 유카: 경치도 좋고 날씨도 좋아서 정말 좋았어요.

⑧ 서준: …. 그럼 저는 혼자 한강 유람선**이라도** 탈게요!!

【注意する発音変化】

② 없어요 [업써요]

⑤ 같이 [가치]

⑦ 좋고 [조코]　좋았어요 [조아써요]

⑧ 탈게요 [탈께요]

회화 연습 会話練習

연습 1 例のように適切な助詞を入れて過去連体形を用いて会話してみよう。

ⓐ 어디에서 데이트했어요?

ⓑ 데이트를 한 곳은 명동이에요.

ⓐ
❶어디 / 데이트했어요
❷어제 / 뭐 / 먹었어요
❸주말 / 뭐 / 만들었어요
❹이 한복 / 어디 / 샀어요
❺그 사람 / 누구예요

※데이트하다 デートする

ⓑ
❶데이트 / 하다 / 곳 場所 / 명동
❷어제 / 먹다 / 것 / 카레
❸주말 / 만들다 / 요리 / 비빔밥
❹그 한복 / 사다 / 곳 / 인사동 仁寺洞
❺지난번 この間 / 소개 받다 紹介してもらう / 사람

연습 2 例のように適切な助詞を入れて会話してみよう。

ⓐ 커피라도 마실까요?

ⓑ 네 좋아요.
근처에 자주 가던 카페가 있어요.

ⓐ
❶커피 / 마시다
❷운동 / 하다
❸집 / 영화 / 보다
❹어디 / 여행 / 가다
❺할머니 / 선물 / 보내다

ⓑ
❶근처에 자주 가다 / 카페가 있다
❷제가 자주 다니다 / 헬스장이 있다
❸제가 며칠 전에 보다 / 영화를 같이 보다
❹예전에 자주 놀다 / 캠핑장에 가다
❺할머니가 좋아하시다 / 과자가 있다

※헬스장 スポーツジム、캠핑장 キャンプ場、과자 お菓子

연습 3 例のように適切な助詞を入れて会話してみよう。

a 스즈키 씨는 왔어요?

b 네, 매일 늦던 스즈키 씨가 오늘은 일찍 왔어요.

a

❶스즈키 씨 / 왔다
❷방 / 청소 / 했다
❸숙제 / 다 全部 / 끝났다
❹무슨 / 좋은 일 / 있다
❺동생 / 잘 / 지내다

b

❶매일 / 늦다 / 스즈키 씨 / 오늘 / 일찍 / 왔다
❷지저분하다 散らかっている / 방 / 지금 / 깨끗하다 綺麗だ
❸많다 / 숙제 / 드디어 いよいよ / 끝났다
❹솔로 ソロ / 저 / 여친 / 생겼다 出来る
❺초등학생 小学生 / 동생 / 대학생 / 됐다

연습 4 例のように適切な助詞を入れて会話してみよう。

a 해외 여행을 간 적이 있어요?

b 아뇨, 간 적이 없어요.

c 그럼 미국에 한번 가 보세요.

a

❶해외 여행 海外旅行 / 가다
❷한복 韓服 / 입다 着る
❸외국 사람 / 사귀다
❹일본 요리 / 만들다
❺한국 / 쇼핑하다

b

❶가다
❷입다
❸사귀다
❹만들다
❺하다

c

❶미국 / 가다
❷한옥 마을 韓屋村 / 입다
❸한국 사람 / 사귀다
❹스키야키 すき焼き / 만들다
❺명동 / 쇼핑하다

말해봅시다 話してみよう

与えられたテーマで自由に聞いて答えてみよう。

〈活動1 경험 말하기〉

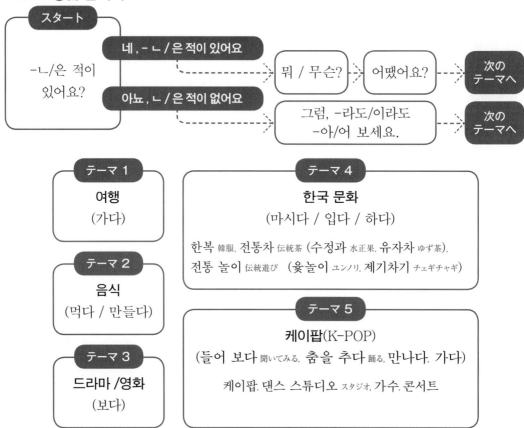

スタート

-ㄴ/은 적이 있어요?

- 네, -ㄴ/은 적이 있어요 → 뭐 / 무슨? → 어땠어요? → 次のテーマへ
- 아뇨, ㄴ/은 적이 없어요 → 그럼, -라도/이라도 -아/어 보세요. → 次のテーマへ

テーマ 1

여행
(가다)

テーマ 2

음식
(먹다 / 만들다)

テーマ 3

드라마 /영화
(보다)

テーマ 4

한국 문화
(마시다 / 입다 / 하다)

한복 韓服, 전통차 伝統茶 (수정과 水正果, 유자차 ゆず茶),
전통 놀이 伝統遊び (윷놀이 ユンノリ, 제기차기 チェギチャギ)

テーマ 5

케이팝(K-POP)
(들어 보다 聞いてみる, 춤을 추다 踊る, 만나다, 가다)

케이팝, 댄스 스튜디오 スタジオ, 가수, 콘서트

〈活動2 추억 말하기〉

スタート

옛날에 자주 -던 ○○ 있어요?

- 네 → 무슨 ○○? / 어디 → 왜 자주?
- 아뇨 → 次の質問へ

보다 / 애니메이션(드라마…) → 보던 애니메이션
가다 / 카페(공원…)
놀다 / 곳(게임…)
먹다 / 과자(빵…) 等々

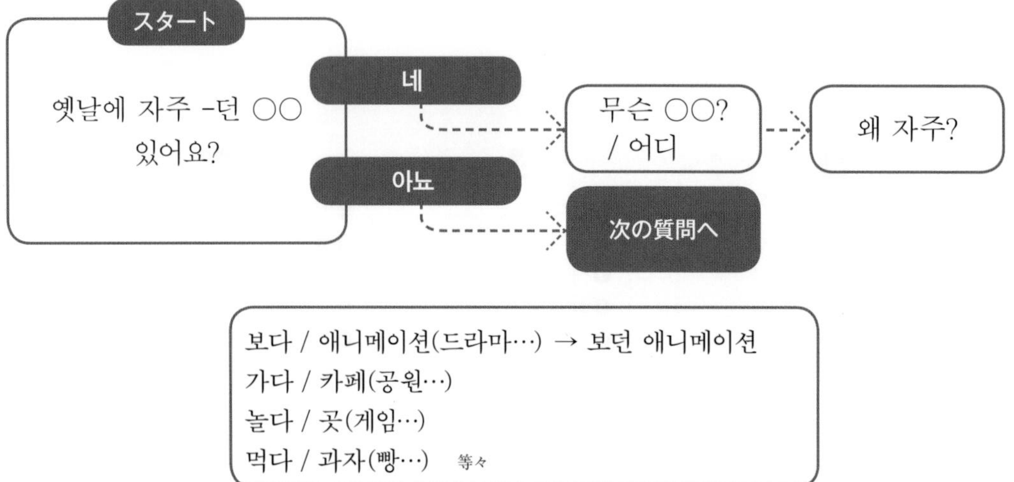

들어봅시다 聞いてみよう

会話を聞いて質問に答えてみよう。

(1) 여자는 어디에 유학을 갔어요?

____

(2) 유학 생활은 어땠어요?

____

(3) 여자가 만난 친구는 어땠어요?

____

覗いてみよう、韓国文化

コラム 6

え?図書館に住んでる?-韓国の大学生-

みなさんはどんな時に大学の図書館を利用しますか?試験前やレポート提出のために資料を探すといったところでしょうか。韓国も同様に試験前やレポート提出前に図書館を利用する学生が多くなり、混雑するのは日本と同じです。しかし、韓国の大学生は普段から非常によく図書館を利用します。それは、韓国が日本以上に学歴社会であることが背景にあります。学生たちは皆、受講中の授業でひとつでも多くA+(秀)をもらおうと必死に勉強し、発表の機会があれば我先にと手を上げます。外国語と言えば、英語は基本でもうひとつ他の外国語を習得しようと努力します。また、2つの専攻を同時進行し、卒業時には2つの学位をとる学生もいます。このように、自分のスペックを高めていくために大学生活の多くを勉強に費やしているのです。

学生が利用する韓国の大学図書館は、24時間利用可能なところが大半です。IT技術が発達した現在、タッチパネルで空いている席を確保し、利用時間の設定などを行います。お腹が空けば大学や近くの食堂で食事をし、体を動かしたくなったら大学内の施設で運動してまた戻ってきます。大学内で遅くまで営業しているカフェでコーヒーを買って休憩することもできます。このように、たくさんの時間を大学で過ごしているのです。韓国に留学したら、図書館の席に歯ブラシや枕があり、椅子にタオルが干されているのをぜひ観察してみてください。

제
12
과

저랑 같이 가 볼래요?

相手を誘う　私と一緒に行ってみますか。

相手を誘うときの表現を学びましょう。

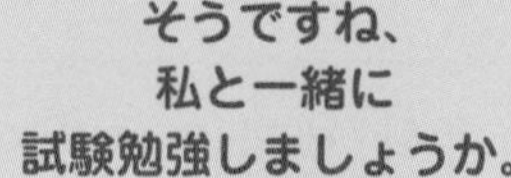
そうですね、
私と一緒に
試験勉強しましょうか。

主な表現

- 用言の未来連体形
- ～する時 ： −ㄹ/을 때
- ～した時 ： −았/었을 때
- ～と ： −랑/이랑
- ～つもり、～でしょう ： −ㄹ/을 것이다
- ～ます、～ますか ： −ㄹ래요/을래요

来週から
期末試験ですね！

문법과 표현 文法と表現

문법 1 用言語幹＋ㄹ/을「用言の未来連体形」

まだ実現していない未来の事柄を表す。存在詞の場合は「있을、없을、계실」となる。

用　言			
用　言	母音語幹	＋ㄹ	가다 行く → 내일 갈 장소 明日行く場所
	ㄹ語幹【ㄹ脱落】		놀다 遊ぶ → 내일 놀 시간 明日遊ぶ時間
	子音語幹＋을		입다 着る → 내일 입을 옷 明日着る服

내일 갈 장소를 정했습니다.　明日行く場所を決めました。

내일은 놀 시간도 없어요.　明日は遊ぶ時間もありません。

손님이 많을 경우에는 전화 주세요.　お客さんが多い場合にはお電話ください。

주말에는 집에 있을 예정이에요.　週末は家にいる予定です。

연습 1 例のように、適切な助詞を補い未来連体形を用いた해요体の文にしよう。

例） 같이 / 읽다 / 만화책 / 샀다　　　같이 읽을 만화책을 샀어요.
一緒に読む漫画の本を買いました。

(1) 앉다 / 의자 / 준비했다　＿＿＿＿＿＿＿＿

(2) 생일 / 파티하다 / 장소 / 예약했다　＿＿＿＿＿＿＿＿

(3) 할아버지 / 계시다 / 호텔 ホテル / 알아봤다　＿＿＿＿＿＿＿＿

제 12 과

문법 2　用言語幹 + ㄹ/을 때「～する時」、았을/었을 때「～した時」

用言と時「**때**」が結合する場合、時制に関係なく慣用的に「**-ㄹ/을 때**」または「**-았을/었을 때**」を使う。体言の場合、例えば「**학생일 때/학생이었을 때**」はそれぞれ「**학생 때**」に置き換えることもできる。

用　言	母音語幹	+ ㄹ 때	가다 行く → 갈 때 行く時
	ㄹ語幹【ㄹ脱落】		살다 住む → 살 때 住む時
	子音語幹 + 을 때		읽다 読む → 읽을 때 読む時
過　去	語幹 + 았을/었을 때		어리다 幼い → 어렸을 때 幼かった時

공항에 갈 때는 길이 많이 막혀요.　　空港に行く時は、道がとても混みます。

도쿄에 살 때는 자주 갔어요.　　東京に住んでいる時は、よく行きました。

어렸을 때는 키가 작았어요.　　幼かった時は、背が低かったです。

연습 2 例のように、適切な助詞を補い「-ㄹ/을 때」を用いた해요体の文にしよう。

例） 친구 / 이야기하다 / 때 / 늘 재미있다　　친구하고 이야기할 때는 늘 재미있어요.
友達と話をする時はいつも面白いです。

(1) 한국 / 갔다 / 때 / 친구 / 만났다　＿＿＿＿＿＿＿＿

(2) 김밥 / 만들다 / 때 / 야채 野菜 / 많이 / 넣다 入れる　＿＿＿＿＿＿＿＿

(3) 운동하다 / 때 / 물 / 많이 /마시다　＿＿＿＿＿＿＿＿

문법 ③ 体言 + 랑 / 이랑「助詞：と」

「-와/과(하고)」の話し言葉であり、하고よりやや砕けた表現である。

母音終わりの体言 + 랑	오빠랑 언니 お兄さんとお姉さん（女性から見た）
子音終わりの体言 + 이랑	형이랑 누나 お兄さんとお姉さん（男性から見た）

연습 3 例のように、適切な助詞を補い「-랑/이랑」を用いた해요体の文にしよう。

例）언니 / 한국 / 여행 / 가다　　언니랑 한국에 여행을 가요.
姉と韓国へ旅行に行きます。

(1) 친구 / 편의점 / 아르바이트 / 하다 ＿＿＿＿＿＿＿＿

(2) 아침 / 과일 / 빵 パン / 먹다 ＿＿＿＿＿＿＿＿

(3) 주말 / 빨래 / 청소 / 하다 ＿＿＿＿＿＿＿＿

문법 ④ 用言語幹 + ㄹ / 을 것이다「～つもり、～でしょう」

未来連体形+「-것이다」という形で、意思・予定・推量を表す。会話では「-ㄹ/을 것입니다」が「-ㄹ/을 겁니다」に、「-ㄹ/을 것이에요」が「-ㄹ/을 거예요」に縮約される。

母音語幹	+ ㄹ 것이다	가다 行く → 갈 것이다 行くつもりだ
ㄹ語幹【ㄹ脱落】		살다 住む → 살 것이다 住むつもりだ
子音語幹 + 을 것이다		읽다 読む → 읽을 것이다 読むつもりだ

【意思】 내일은 학교에 일찍 갈 거예요.　明日は学校に早く行くつもりです。

【予定】 다음 주에 회의가 있을 거예요.　来週に、会議があります。

【推量】 아마 합격했을 거예요.　多分、合格したでしょう。

연습 4 例のように、適切な助詞を補い「-ㄹ/을 거예요」を用いた해요体の文にしよう。

例) 주말 / 한국어 시험 / 보다　　주말에 한국어 시험을 볼 거예요.
週末に韓国語の試験を受けるつもりです。

(1) 여름 방학 / 자동차 학원 自動車学校 / 다니다 ＿＿＿＿＿＿＿＿

(2) 오후 / 은행 / 돈 / 찾다 ＿＿＿＿＿＿＿＿

(3) 어머니 / 저녁 / 만들다 ＿＿＿＿＿＿＿＿

문법 5 動詞語幹 + ㄹ래요 / 을래요「～ます、～ますか」

叙述形では話し手の意思を表すが、疑問形では相手の意向を問う表現として使われる。相手の意向を尋ねる「-ㄹ까요?/을까요?」(7課) が、話し手の働きかけに焦点が置かれる一方、「-ㄹ래요/을래요」は、単に相手の意向に焦点が置かれる。

母音語幹	+ ㄹ래요	타다 乗る → 탈래요 乗ります
ㄹ語幹【ㄹ脱落】		만들다 作る → 만들래요 作ります
子音語幹 + 을래요		읽다 読む → 읽을래요 読みます

※話し言葉として親しい間柄で使われるが、目上の人には失礼を与えかねないため、注意が必要である。

【話し手：意思】 오늘은 택시를 탈래요.　　今日はタクシーに乗ります。

【相　手：意向】 뭘 만들래요?　　何を作りますか。

연습 5 例のように、適切な助詞を補い「-ㄹ래요/을래요」を用いた해요体の文にしよう。

例) 야마다 씨 / 뭐 / 마시다　　야마다 씨는 뭘 마실래요?
山田さんは何を飲みますか。

(1) 벼룩시장 フリーマーケット / 가방 / 팔다 ＿＿＿＿＿＿＿＿.

(2) 생일 / 선물 / 뭐 / 사다 ＿＿＿＿＿＿＿＿?

(3) 오늘 / 8시 / 문 / 닫다 ＿＿＿＿＿＿＿＿.

단어 単語

No.	韓国語	発音	意味
(1)	생각		考え、つもり
(2)	남이섬	[나미섬]	南怡島（地名）
(3)	드라마		ドラマ
(4)	꼭		必ず
(5)	고마워요		ありがとうございます（基本形は고맙다）

特集　動詞②

쓰다【으変則】	열다	닫다	웃다	울다
書く、使う	開ける	閉める	笑う	泣く
벗다	팔다	놀다	끝나다	다니다
脱ぐ	売る	遊ぶ	終わる	通う
주다	잊다	내리다	세우다	모르다【르変則】
あげる、くれる	忘れる	降りる	止める	知らない
보내다	시키다	지나다	들다	잘하다
送る	させる、注文する	過ぎる、経つ	（手に）持つ	上手だ
걸리다	일어나다	전화하다	부탁하다	이야기하다
掛かる	起きる	電話する	お願いする	話す

본문 회화 本文会話

由香がソジュンをデートに誘う。

68 제12과

① 유카: 서준 오빠, 이번 방학 때 뭐 할 거예요?

② 서준: 시험 공부하고 아르바이트할 생각이에요. 왜요?

③ 유카: 혹시 남이섬에 가 봤어요? 저는 가 본 적이 없어요.

④ 서준: 남이섬이요? 거긴 드라마에 나와서 놀러 가는 사람이 많아요.

⑤ 유카: 저랑 같이 가 볼래요? 꼭 한번 가 보고 싶어요.

⑥ 서준: 알겠어요. 시간 날 때 같이 가죠.

⑦ 유카: 정말 같이 갈 거죠? 고마워요. 오빠!

【注意する発音変化】

① 할 거예요 ?[할꺼예요]
③ 혹시 [혹씨]　없어요 [업써요]
④ 많아요 [마나요]
⑤ 같이 [가치]
⑥ 알겠어요 [알게써요]
⑦ 갈 거죠 ?[갈꺼죠]

회화 연습 会話練習

例のように適切な助詞を入れて会話してみよう。

연습 1

ⓐ 내일 만날 장소가 어디예요?

ⓑ 내일 만날 장소는 학교 앞이에요.

a

❶내일 / 만나다 / 장소 / 어디
❷우리 / 앉다 / 자리 席 / 여기
❸청소하다 / 사람 / 누구
❹앞으로 / 살다 / 집 / 어디
❺다음 주 / 있다 / 약속 / 몇 시

b

❶내일 / 만나다 / 장소 / 학교 앞
❷우리 / 앉다 / 자리 / 저기
❸청소하다 / 사람 / 언니
❹앞으로 / 살다 / 집 / 신촌 新村
❺오후 2시 / 있다 / 예정

연습 2

ⓐ 여행을 갈 때는 뭘 준비해요?

ⓑ 여행을 갈 때는 여권이랑 티켓이 필요해요.

a

❶여행 / 가다 / 뭘 / 준비하다
❷아르바이트 / 없다 / 뭘 / 하다
❸집 / 있다 / 뭘 / 하다
❹유학 생활 / 힘들다 / 어떻게 / 하다
❺어렸다 幼かった / 뭐 / 되고 싶었다

b

❶여행 / 가다 / 여권 / 티켓 / 필요하다
❷아르바이트 / 없다 / 친구 / 운동하다
❸집 / 있다 / 빨래 洗濯 / 청소하다 掃除する
❹유학 생활 / 힘들다 / 부모님 両親 / 남자 친구 / 전화하다
❺어렸다 / 은행원 銀行員 / 의사 / 되고 싶었다

※여권 パスポート、티켓 チケット、필요하다 必要だ

연습 3

ⓐ 내일 뭐 할 거예요?

ⓑ 선배랑 도서관에서 리포트를 쓸 거예요. 같이 쓸래요?

ⓐ 네, 저도 같이 쓸래요!

ⓐ

❶내일 / 쓰다 書く
❷오후 / 먹다
❸주말 / 만들다
❹연휴 때 / 하다
❺겨울 방학 때 / 배우다

※연휴 連休

ⓑ

❶선배 / 도서관 / 리포트 / 쓰다
❷선생님 / 학생 식당 / 밥 / 먹다
❸유카 씨 / 집 / 케이크 / 만들다
❹동아리 친구들 / 캠핑장 / 불꽃놀이하다
❺지우 씨 / 자동차 학원 自動車学校 / 운전 運転 / 배우다

말해봅시다 話してみよう

自分の夏休みの計画を立ててみよう。＿＿の部分を自由に替え、お互いの夏休みの計画を聞き、まとめてみよう。

例）
A：①방학 때 어디 갈 거예요?
B：저는 한국에 갈 거예요. ○○ 씨는요?
A：아직 잘 모르겠어요.
B：그럼 같이 갈래요?
A：글쎄요. ②한국에서 뭐 할 거예요?
B：명동이랑 홍대에서 쇼핑할 거예요.
A：③식사는 어떻게 할 거예요?
B：양념치킨을 먹을 거예요.
A：그런데 ④언제 갈 거예요?
B：8월 1일부터 2박 3일로 갈 예정이에요.
정말 좋은 추억이 될 거예요. 어때요? 같이 갈래요?
A：조금 생각해 볼게요.

※홍대 弘益大学校の周辺、2박 3일 2泊3日、추억 思い出、생각해 볼게요 考えてみます

<夏休みの旅行計画>

例）①방학 때 어디 가요?
한국

②거기서 뭐 해요?
명동이랑 홍대에서 쇼핑

③뭐 먹어요?
양념치킨

④언제 가요?
8월 1일부터 2박 3일

自分の計画

①방학 때 어디 가요?
＿＿＿＿＿＿

②거기서 뭐 해요?
＿＿＿＿＿＿

③뭐 먹어요?
＿＿＿＿＿＿

④언제 가요?
＿＿＿＿＿＿

<まとめ> ○○ 씨는 방학 때 ＿＿ 월 ＿＿ 일부터 ＿＿ 박 ＿＿ 일로 ＿＿＿＿ 에 갈 거예요.

거기서 （どこで何をするかなど）＿＿＿＿＿＿ 고,

（何を食べるかなど）＿＿＿＿＿＿ ㄹ/을 거예요.

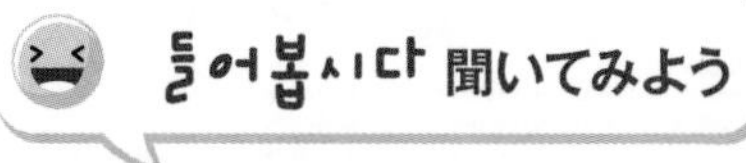

69 

会話を聞き、答えてみよう。

(1) 두 사람은 이번 주말에 같이 뭐 할 거예요?

____

(2) 두 사람은 어디에서 만나요?

____

(3) 남자는 언제 여자에게 연락해요?

____

자전거를 타면 재미있을 것 같아요.

状況を推測する　自転車に乗ったら楽しそうです。

いつの時点の状況を推測するかによって、形を変える必要がある。

主な表現

- ～ようだ、～そうだ ： -것 같다
- ～ば、～たら、～と、～なら ： -면/으면
- ～ようと思う ： -려고/으려고 하다
- 前置き ： -는데/ㄴ데/은데
- ～へ、～に ： -로/으로（方向）

雨が降ったようだ。

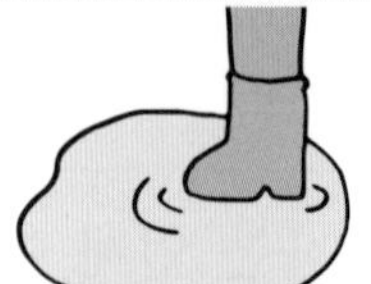

雨が降っているようだ。

雨が降りそうだ。

문법과 표현 文法と表現

문법 ❶ 連体形＋것 같다「～ようだ、～そうだ」

ある状況に対する話し手の判断や推測、「～ようだ」「～そうだ」「～と思う」という意味を表す。「現在連体形+것 같다」がより確かな判断や推測を表すのに対し、「未来連体形+것 같다」は漠然とした判断や推測を表す。なお、一般的に動詞以外の過去連体形の場合は「-았던/었던」が用いられる。

	過去	現在	未来	
動　詞	ㄴ/은（았던/었던）	는	ㄹ/을	＋것 같다
存在詞	았던/었던	는	ㄹ/을	
形容詞	았던/었던	ㄴ/은	ㄹ/을	
指定詞（体言）	였던/이었던	ㄴ	ㄹ	

어제 비가 온 것 같아요. 昨日、雨が降ったようです。

지금 비가 오는 것 같아요. 今、雨が降っているようです。

내일 비가 올 것 같아요. 明日、雨が降りそうです。

어제 집에 있었던 것 같아요. 昨日、家にいたようです。

공사중이었던 것 같아요. 工事中だったようです。

연습 1 例のように、適切な助詞を補い「-것 같다」を用いた해요体の文にしよう。

例) 어제 / 지갑 / 잃어버리다 　 어제 지갑을 잃어버린 것 같아요.
昨日財布をなくしたようです。

(1) 내일 / 날씨 天気 / 좋다 ＿＿＿＿＿＿＿＿

(2) 아까 さっき / 여기 / 있다 ＿＿＿＿＿＿＿＿

(3) 지금 / 지하철 / 타다 ＿＿＿＿＿＿＿＿

(4) 선생님 / 아들 息子 / 초등학생 ＿＿＿＿＿＿＿＿

문법 2 用言語幹 + 면 / 으면「～ば、～たら、～と、～なら」

仮定や条件、「～ば」「～たら」「～と」「～なら」の意味を表す。

動　詞 形容詞 存在詞	母音語幹	+ 면	보다 見る → 보면 見れば
	ㄹ語幹		힘들다 大変だ → 힘들면 大変なら
	子音語幹 + 으면		없다 ない → 없으면 なければ
指定詞（体言）	母音終わりの体言 + 면		가수 歌手 → 가수면 歌手なら
	子音終わりの体言 + 이면		학생 学生 → 학생이면 学生なら

일이 없으면 영화라도 보러 가요. 用事がなければ映画でも見に行きましょう。

힘들면 쉬세요. 大変なら休んでください。

연습 2 例のように、適切な助詞を補い「-면/으면, -아/어 주세요」を用いた해요体の文にしよう。

例） 답장/ 받다 / 저 / 연락하다　　답장을 받으면 저에게 연락해 주세요.

返事を受け取ったら私に連絡してください。

(1) 근처 / 오다 / 꼭 / 전화하다　＿＿＿＿＿＿＿＿

(2) 시간 / 괜찮다 大丈夫だ / 한번 / 보다　＿＿＿＿＿＿＿＿

(3) 숙제 / 알다 / 가르치다　＿＿＿＿＿＿＿＿

문법 3 動詞語幹 + 려고 / 으려고 하다「～ようと思う」

話し手の意図を表す。会話では、해요体「動詞語幹+려고/으려고 해요」が「動詞語幹+려고/으려고요」と縮約される。

母音	+ 려고 하다	쓰다 書く → 쓰려고 해요 書こうと思います
ㄹ語幹		만들다 作る → 만들려고 해요 作ろうと思います
子音語幹 + 으려고 하다		입다 着る → 입으려고 해요 着ようと思います

일이 끝나서 옷을 갈아입으려고 해요.　仕事が終わって服を着替えようと思います。

저녁은 카레를 만들려고요.　夕飯はカレーを作ろうと思いましてね。

집에 도착하면 신청서를 쓰려고 해요.　家に着いたら申請書を書こうと思います。

연습 3 例のように、適切な助詞を補い「-면/으면, -려고/으려고 해요」を用いた해요体の文にしよう。

例） 방학 / 되다 / 자동차 학원 / 다니다　방학이 되면 자동차 학원에 다니려고 해요.

休みになったら自動車学校に通おうと思います。

(1) 수업 / 끝나다 / 시험 공부 / 하다　＿＿＿＿＿＿＿＿

(2) 더 / 회복되다 回復する / 밥 / 먹다　＿＿＿＿＿＿＿＿

(3) 시간 / 있다 / 친구 / 놀다　＿＿＿＿＿＿＿＿

문법 ④ 動詞・存在詞＋는데、形容詞・指定詞＋ㄴ데／은데「前置き」

状況説明や理由、対照などに用いられる前置き表現である。文脈により「～が/けれど」「～から」「～のに」などに訳される。「-는데요、-(으)ㄴ데요」のように、文末表現「-요」と結合すると「～ですが…」という婉曲表現になる。

	過去		現在	
動　詞	았는데/었는데	탔는데	는	타는데
存在詞	았는데/었는데	있었는데	는	있는데
形容詞	았는데/었는데	적었는데	ㄴ/은	적은데
指定詞（体言）	였는데/이었는데	가수였는데	ㄴ	가수인데

【説明】 식사하러 가는데 같이 갈래요?　食事しに行くけど、一緒に行きますか。

【理由】 좀 피곤한데 다음에 이야기해요.　少し疲れているから今度話しましょう。

【対照】 언니는 키가 큰데 저는 작아요.　姉は背が高いけど、私は低いです。

연습 4 例のように、必要な助詞を補い「-는데/ㄴ데/은데」を用いた해요体の文にしよう。

例） 홋카이도 / 갔다 / 지진 / 났다　홋카이도에 갔는데 지진이 났어요.
北海道に行ったのですが、地震が起きました。

(1) 좀 / 멀다 / 택시 タクシー / 타다（意向）　＿＿＿＿＿＿＿＿？

(2) 오늘 / 약속 / 있다 / 내일 / 없다　＿＿＿＿＿＿＿＿.

(3) 한복 / 입었다 / 너무 / 잘 / 어울렸다　＿＿＿＿＿＿＿＿.

(4) 유카 씨 / 일본 사람 / 한국어 / 잘하다　＿＿＿＿＿＿＿＿.

문법 5 体言＋로/으로「助詞：～へ、～に」

ある場所への方向を表す助詞である。「학교에 가요」の「-에」が「학교」という目標地を表すのに対し、「학교로 가요」の「-로/으로」は単に方向だけを表す。

母音終わりの体言	＋로	시내로 가요 市内へ行きます
ㄹ終わりの体言		서울로 오세요 ソウルに来てください
子音終わりの体言＋으로		안쪽으로 와 주세요 中側へ来てください

연습 5 例のように、必要な助詞を補い「-로/으로」を用いた해요体の過去形の文にしよう。

例) 체육관 / 모이다　　체육관으로 모였어요.
体育館に集まりました。

(1) 작년 去年 / 도쿄 / 여행 / 가다　　＿＿＿＿＿＿＿＿.

(2) 그 케이티엑스 / 부산 / 출발하다　　＿＿＿＿＿＿＿＿?

(3) 그 학생 / 교실 / 안내하다 案内する　　＿＿＿＿＿＿＿＿.

特集　形容詞②

늦다	괜찮다	아프다【으変則】	고프다【으変則】
遅い	大丈夫だ	痛い	(お腹が)すく
같다	차다	고맙다【ㅂ変則】	나쁘다【으変則】
同じだ	冷たい	有難い	悪い
넓다	맵다【ㅂ変則】	바쁘다【으変則】	슬프다【으変則】
広い	辛い	忙しい	悲しい
예쁘다【으変則】	기쁘다【으変則】	편하다	힘들다
きれい	嬉しい	楽だ	大変だ
재미있다	미안하다	시원하다	따뜻하다
面白い	すまない	涼しい	暖かい

note

단어 単語

No.	韓国語	発音	意味
(1)	그렇다	[그러타]	そうだ
(2)	유명하다		有名だ
(3)	자전거		自転車
(4)	닭갈비	[닥깔비]	タッカルビ
(5)	기대되다		期待する、楽しみだ
(6)	저쪽		あちら側
(7)	야경		夜景

単語の引き出し

길 안내 道案内

사거리 交差点　신호등 信号　육교 歩道橋　쭉 가다 真っ直ぐ行く　횡단보도를 건너다 横断歩道を渡る
돌다 曲がる　바로 すぐ

본문 회화 本文会話

由香とソジュンは南怡島にやって来た。

70

① 유카: 경치가 너무 예쁘고 멋있어요.

② 서준: 그렇죠? 그래서 인기가 **많은 것 같아요**.

③ 유카: 남이섬은 뭐가 유명해요?

④ 서준: 여기는 자전거와 닭갈비가 유명해요.

⑤ 유카: 자전거를 **타면 재미있을 것 같아요**.
닭갈비도 너무 좋아해요.

⑥ 서준: 그래서 유카 씨랑 같이 자전거를 **타려고 해요**.

⑦ 유카: 와! 기대돼요.

⑧ 서준: 그리고 저쪽으로 가면 유명한 호수가 **있는데**,
야경이 정말 멋있어요.

【注意する発音変化】

② 인기 [인끼]　많은 [마는]

④ 닭갈비 [닥깔비]

⑤ 재미있을 것 [재미이쓸 껃]　좋아해요 [조아애요]

⑥ 같이 [가치]

⑧ 있는데 [인는데]

회화 연습 会話練習

연습 1 例のように適切な助詞を入れて会話してみよう。

ⓐ 이 구두 디자인은 어때요?

ⓑ 너무 예쁜 것 같아요.

ⓐ

❶이 구두 / 디자인 / 어때요
❷내일 / 날씨 / 어때요
❸지금 / 남동생 / 집 / 있다
❹몸 / 좀 / 괜찮다 大丈夫だ
❺혹시 / 저 사람 / 알다

ⓑ

❶너무 / 예쁘다
❷아주 非常に / 따뜻하다
❸아뇨, 집 / 없다
❹이미 もう / 다 / 회복되다 回復する
❺아마 恐らく / 서준 씨 / 여동생

연습 2 例のように適切な助詞を入れて会話してみよう。

ⓐ 남이섬에 가면 뭐 먹을 거예요?

ⓑ 닭갈비를 먹으려고 해요.

ⓐ

❶남이섬 / 가다 / 뭐 / 먹다
❷돈 お金 / 있다 / 뭐 / 사다
❸날씨 天気 / 좋다 / 어디 / 가다
❹학교 / 멀다 / 이사하다 引っ越す
❺ →自由に質問してみよう。

ⓑ

❶닭갈비 / 먹다
❷핸드폰 携帯電話 / 사다
❸디즈니랜드 ディズニーランド / 가다
❹네, 학교 / 근처 / 살다
❺ →自由に答えてみよう。

연습 3 例のように会話してみよう。

ⓐ 색이 너무 밝은데 다른 색 있어요?

ⓑ 손님, 이 색 잘 어울리시는데요.

ⓐ

❶색이 너무 밝다/ 다른 색 있다
❷배고프다 / 밥 먹으러 가다 (勧誘文)
❸서울역까지 멀다 / 택시를 타다
❹교실에 와 있다 / 유카 씨는 왜 안 오다
❺일본어과 박지수 / 교수님 계시다

※색 色、밝다 明るい、다르다 違う

ⓑ

❶손님 이 색 잘 어울리시다
❷아까 먹었다
❸서울역까지 가는 버스가 있다
❹오늘 휴강
❺지금 안 계시다

※어울리다 似合う、아까 ちょっと前、휴강 休講

연습 4 例のように質問し、地図を見ながら適切な単語をⓑから選んで話してみよう。

ⓐ 전철을 타고 싶은데 전철역이 어디에 있어요?

ⓑ 사거리/여기에서 왼쪽으로 가면 편의점 맞은편에 있어요.

※사거리 交差点

ⓐ

❶전철을 타다 / 전철역 電車の駅
❷선물을 사다 / 백화점
❸물을 마시다 / 편의점
❹빵을 먹다 / 빵집 パン屋
❺꽃을 선물하다 / 꽃집 花屋

ⓑ

오른쪽 右
왼쪽 左
맞은편 向かい側
옆 横
쭉 가다 真っ直ぐ行く
바로 すぐ

말해봅시다 話してみよう

カード取りゲーム

〈ゲームのルール〉

グループ（3～4人）ごとに、それぞれ10枚の質問者カードと回答者カードを用意する。回答者カードは全員が見えるように広げておく。質問者が10枚の質問者カードを読み上げ、残りのメンバーが質問に適切な回答者カードを取り、「려고요 / 으려고요」の文で答える。カードをたくさん集めた人が勝利！

例）質問者カード　**맛있는데 왜 안 드세요?**

質問：맛있는데 왜 안 드세요?

例）回答者カード　**오늘부터 다이어트를 하다**

回答：오늘부터 다이어트를 하려고요.

※다이어트 ダイエット

들어봅시다 聞いてみよう

71 

2人の会話を聞いて、内容が正しければ○、間違っていれば×をつけよう。

(1) 유카 씨는 오늘 오전에 수업이 있었어요.　(　)

(2) 남자는 유카 씨에게 책을 빌리려고 해요.　(　)

(3) 여자는 오늘 유카 씨를 만났어요.　(　)

覗いてみよう、韓国文化

コラム 7

おかわりし放題？　韓国はおかずが無料で自由？

韓国語で、「무한리필」という言葉があります。「무한・無限」と「리필・おかわり」の合成語で、日本語で食べ放題、つまりおかわり自由という意味で、制限のない提供やサービスを意味します。日本と同様に、韓国でもお酒や飲料、食事を無制限に提供する食べ放題のお店が多くあります。また、韓国で食事をすると、メインメニュー以外におかずが無料で提供されます。キムチを始め、3～5種類のおかずが無料で食べられます。日本でおかずをおかわりすると、別料金を払うことが多いですが、韓国では、メインメニュー以外のおかずは一般的に食事の値段に含まれているので、ほとんどのお店で自由におかわりができます。

特にお金がない大学生に、おかずが多いお店は大人気です。まず、メイン料理が提供される前におかずを食べておかわりし、さらにメイン料理と一緒におかずを食べるのが学生たちにとっては当たり前のことです。皆さんも韓国料理を食べるときは、是非自由におかわりを頼んでみましょう！

제14과 내일 만날 수 있어요?

可能表現を話す　明日会うことができますか。

できることとできないことを伝えるために、どんな言い方したらいいんだろう?

主な表現

- ㄹ語幹用言
- ～できる/～できない ： -ㄹ/을 수 있다/없다
- ～から、～ので ： -니까/으니까
- ～なければならない ： -아야/어야 하다/되다

ごめんなさい、
約束があって出かけなくてはいけないんです。

明日会えますか。

문법과 표현 文法と表現

문법 1 ㄹ語幹用言

1. 子音語幹ではなく母音語幹として扱う。

例) 仮定・条件 (면/으면)	놀다 遊ぶ	놀 + 면	→	놀면 遊べば
動作の目的 (러/으러)	놀다 遊ぶ	놀 + 러	→	놀러 遊びに

2. さらに、「ㄴ、ㄹ、ㅂ、ㅅ」で始まる語尾が続くと、【ㄹ脱落】する。

例)【ㄴ】	現在連体形 (動詞語幹+는)	놀 + 는	→	노는
【ㄹ】	意志・確認 (ㄹ게요/을게요)	놀 + ㄹ게요	→	놀게요
【ㅂ】	합니다体 (ㅂ니다/습니다)	놀 + ㅂ니다	→	놉니다
【ㅅ】	尊敬形 (세요/으세요)	놀 + 세요	→	노세요

연습 1 例のように表を完成させよう。

	는/ㄴ/은데	ㄹ/을까요?	ㅂ니다/습니다	세요/으세요	-러/으러
例) 팔다 売る	파는데	팔까요?	팝니다	파세요	팔러
만들다 作る					
살다 住む					
길다 長い					

문법 ② 動詞語幹 + ㄹ / 을 수 있다 / 없다「～できる / ～できない」

可能・不可能「～できる」「～できない」の意味を表す。「-ㄹ/을 수(가/는/도) 있다/없다」のように助詞と共に用いることもできる。

母音語幹	+ ㄹ 수 있다/없다	가다 行く 갈 수 있어요/없어요
ㄹ**語幹【**ㄹ**脱落】**		놀다 遊ぶ 놀 수 있어요/없어요
子音語幹 + 을 수 있다/없다		잡다 取る 잡을 수 있어요/없어요

날씨가 좋으면 갈 수 있어요.　天気が良ければ行けます。

여기선 놀 수 없어요.　ここでは遊べません。

연습 2 **例のように、適切な助詞を補い「-아서/어서, -ㄹ/을 수 있어요/없어요」を用いた해요体の文にしよう。**

例) 너무 / 힘들다 / 더 / 이상 / 일하다　너무 힘들어서 더 이상 일할 수 없어요.
とても疲れているので、これ以上働けません。

(1) 지금 / 시간 / 있다 / 같이 / 가다 ＿＿＿＿＿＿＿＿

(2) 카메라 カメラ / 고장나다 故障する / 사진 / 찍다 ＿＿＿＿＿＿＿＿

(3) 비 / 많이 / 오다 / 창문 / 열다 ＿＿＿＿＿＿＿＿

문법 ❸ 用言語幹＋니까/으니까「～から、～ので」

理由・原因を表す。過去形は「-았으니까/었으니까」となる。指定詞は、「-이니까」(現在形)もしくは「-였으니까/이었으니까」(過去形)となる。また、文末では「-니까요/으니까요」「-았으니까요/었으니까요」という形で使われる。

母音語幹	＋니까	막히다 混む → 막히니까 混むから/ので
ㄹ語幹【ㄹ脱落】		울다 泣く → 우니까 泣くから/ので
子音語幹 ＋ 으니까		재미있다 面白い → 재미있으니까 面白いから/ので

※「-니까/으니까」は、相手の行動を促す依頼・命令・勧誘などの文が後続する。一方「-아서/어서」は、使えないので注意しよう。

길이 막히니까(○)/막혀서(×) 전철로 가죠. 道が混んでるから電車で行きましょう。

그 영화 재미있으니까 꼭 보세요. その映画、面白いので是非見てください。

아이가 우니까 택시를 타죠. 子どもが泣くのでタクシーに乗りましょう。

연습 3 例のように、適切な助詞を補い「-니까/으니까」を用いた해요体の文にしよう。

例) 시간 / 있다 / 같이 / 식사하다　　시간이 있으니까 같이 식사해요.
時間があるので一緒に食事しましょう。

(1) 오늘 / 안 바쁘다 / 공원 / 자전거 / 타다 ＿＿＿＿＿＿＿＿

(2) 어제 / 토요일 土曜日이었다 / 일하고 싶지 않았다 ＿＿＿＿＿＿＿＿

(3) 그 식당 / 잘 / 알다 / 주말 / 가다 ＿＿＿＿＿＿＿＿

문법 ❹ 用言語幹 + 아야 / 어야 하다 / 되다「～なければならない」

義務と必要性を表す。「하다」の代わりに「되다」も使われる。

陽母音 + 아야 하다	밝다 明るい → 밝아야 하다 明るくなければならない
陰母音 + 어야 하다	들다 持つ → 들어야 하다 持たなければならない
하다 → 해야 하다	정하다 決める → 정해야 하다 決めなければならない

교실은 밝아야 해요.　　教室は明るくなければなりません。

일요일까지 정해야 돼요.　　日曜日までに決めなければなりません。

연습 4 例のように、適切な助詞を補い「-니까/으니까, -아야/어야 하다/되다」を用いた해요体の文にしよう。

例) 한국어능력시험(TOPIK) / 있다 / 공부하다

한국어능력시험이 있으니까 공부해야 해요/돼요.

韓国語能力試験(TOPIK)があるので勉強しなければなりません。

(1) 친구 / 결혼식 結婚式 / 있다 / 미용실 美容室 / 가다

____

(2) 면접 / 보다 / 정장 スーツ / 입다

____

(3) 오늘 / 여동생 / 생일이다 / 케이크 / 만들다

____

단어 単語

No.	韓国語	発音	意味
(1)	고장나다		故障する
(2)	잠깐		ちょっと
(3)	화나다		怒る
(4)	끊다	[끈타]	切る、断つ

単語の引き出し

접속사 接続詞

그럼 では　그런데 ところで(縮約形：근데)　그래서 それで　그리고 そして　그러나 しかし
하지만 けれども、だけど　또 また　그래도 それでも　그러니까 だから　왜냐하면 なぜなら
그렇지만 そうだけど

본문 회화 本文会話

しばらく連絡が取れなかったソジュンに由香が怒っている。

72

(電話で)

① 서준: 유카 씨, 전데요.

② 유카: 누구세요?

③ 서준: 서준이에요. 미안해요. 핸드폰이 고장나서 연락을 할 수 없었어요. 내일 만날 수 있어요? 잠깐 이야기를 하고 싶은데요.

④ 유카: 내일은 아르바이트를 해야 돼요.

⑤ 서준: 그럼 주말은요?

⑥ 유카: 아는 사람이랑 약속이 있어요.

⑦ 서준: 유카 씨, 혹시 화났어요?

⑧ 유카: 아뇨! 늦었으니까 전화 끊을게요.

【注意する発音変化】

③ 미안해요 [미아내요]　할 수 없었어요 [할 쑤 업써써요]

⑥ 약속이 [약쏘기]

⑦ 혹시 [혹씨]

⑧ 끊을게요 [끄늘께요]

회화 연습 会話練習

연습 1 例のように、aの答えをbと繋ぎ会話してみよう。bの下線部は語群から単語を選び相応しい形に変えよう。

a 바지 사이즈는 어때요?

b 좀 긴 것 같아요.

a

❶바지 사이즈는 어때요?
❷회사 생활은 어때요?
❸점심 때 뭐 먹을까요?
❹병원에 어떻게 갈 거예요?
❺냄새가 나요.

※사이즈 サイズ、병원 病院、냄새가 나요 臭いがする

b

❶제가 볶음밥을 ______ㄹ까요?/을까요?
❷생각보다 ______ㅂ니다/습니다.
❸좀 ______는/은/ㄴ 것 같아요.
❹그럼 창문을 ______세요/으세요.
❺너무 ______면/으면 택시를 타려고요.

※볶음밥 チャーハン、창문 窓

멀다 遠い　열다 開ける　만들다　~~길다~~　힘들다

연습 2 例のように会話してみよう。

a 영화 티켓이 있는데 같이 보러 갈 수 있어요?

b 알바가 있어서 갈 수 없어요.

a

❶영화 티켓이 있는데 같이 보러 가다
❷자전거가 고장났는데 고치다
❸일본에 오래 사셨는데 낫토를 드시다
❹내일 8시부터 회의인데 일찍 오다
❺쉬는 날인데 같이 놀다

※고장나다 故障する、고치다 直す、낫토 納豆、쉬는 날 休日

b

❶알바가 있다 / 가다
❷이건 오래되다 / 고치다
❸입에 안 맞다 / 먹다
❹출장 出張 / 참석하다 出席する
❺약속 있다 / 놀다

※오래되다 古くなる、입에 안 맞다 口に合わない

연습 3 例のように会話してみよう。

ⓐ 날씨가 좋으니까 공원에 놀러 가요.

ⓑ 미안해요. 내일이 시험이어서 공부해야 돼요.

ⓐ

❶날씨 / 좋다 / 공원 公園 / 놀러 가요.
❷택시 タクシー / 빠르다 / 타고 갈까요?
❸너무 / 힘들다 / 좀 / 쉬고 싶어요.
❹내일 / 토요일 / 노래방 / 갈래요?
❺어제 / 쉬었다 / 오늘 / 열심히 해요.

ⓑ

❶미안해요. / 내일 / 시험 / 공부하다
❷좋아요. / 시간 / 없다 / 빨리 가다
❸안 돼요. / 마감 締切 / 오늘 / 끝내다 終える
❹일 / 있다 / 일찍 早く / 돌아가다 帰る
❺그래요. / 마지막 기회 / 꼭 / 시험 / 붙다

※마지막 기회 最後のチャンス、시험에 붙다 試験に受かる

제 14 과

말해봅시다 話してみよう

ペアで例のように話してみよう。

例） A：○○ 씨, 이번 주에 친구들이랑 같이 ①파티할 생각이에요. 괜찮으면 올래요?

B：이번 주요? 이번 주 언제인데요?

A：모두 오후 시간이 ②좋은 것 같으니까, 토요일 오후에 하려고요.

B：미안해요. 그날은 ③갈 수 없어요.

A：왜요? 무슨 일 있어요?

B：④시험이 있어서 공부해야 해요.

A：아 그래요…. 그럼 다음에 꼭 같이 해요.

場面 1

① 파티하다 / 오다
② 좋다 / 토요일
③ 가다
④ 시험이 있다 / 공부하다

場面 2

① 과제를 하다 課題をする / 같이 하다
② 괜찮다 / 수요일
③ 같이 하다
④ 발표 / 자료를 찾다 資料を探す

場面 3

① 한국 요리를 만들다 / 같이 만들다
② 한가하다 暇だ / 일요일
③ 같이 만들다
④ 한국에서 친구가 오다 / 마중하러 가다 迎えに行く

☞ ペアで作って話してみよう

①
②
③
④

会話を聞いて質問に答えてみよう。

(1) 남자는 오늘 왜 공원에 가고 싶어해요?

____

(2) 여자는 저녁에 뭐 해야 해요?

____

(3) 여자는 오늘 공원에 갈 수 있어요?

____

잠깐 들어가도 돼요?

許可を求める　ちょっと入ってもいいですか。

ここでは許可や禁止を表す表現を学んでみよう。

主な表現

- 으変則用言
- 〜ても ： -아도/어도
- 〜てもいい ： -아도/어도 되다
- 〜ればいい ： -면/으면 되다

문법과 표현 文法と表現

문법 ❶ 으変則用言

語幹末が母音「ㅡ」で終わる用言は、아/어型語尾が続くと変則的な活用をする。「ㅡ」の前の母音が陽母音（ㅏ・ㅗ）の場合は、「ㅡ」を「ㅏ」に、陰母音（ㅏ・ㅗ以外）の場合は、「ㅡ」を「ㅓ」に置き換える。

바쁘다 忙しい	바쁘【陽母音】+ ㅏ요 → 바빠요 忙しいです
예쁘다 きれいだ	예쁘【陰母音】+ ㅓ요 → 예뻐요 きれいです
크다 大きい	크　【陰母音】+ ㅓ요 → 커요 大きいです

연습 1 例のように表を完成させよう。

	합니다体		해요体		아서 / 어서
	現在形	過去形	現在形	過去形	
例）고프다 (お腹が) 空いた	고픕니다	고팠습니다	고파요	고팠어요	고파서
모으다 集める					
슬프다 悲しい					
쓰다 書く					

문법 2　動詞語幹 + 아도 / 어도「〜ても」

譲歩や仮定「〜ても」を表す。過去形は「았어도/었어도」となる。

陽母音 + 아도	자다 寝る → 자 + 아도 → 자도 寝ても
陰母音 + 어도	먹다 食べる → 먹 + 어도 → 먹어도 食べても
하다 → 해도	연습하다 練習する → 연습 + 해도 → 연습해도 練習しても

아무리 자도 졸려요.　どんなに寝ても眠いです。

많이 먹어도 살이 안 쪄요.　たくさん食べても太りません。

몇 번을 연습해도 잘 안 돼요.　何度練習してもうまくできません。

연습 2 例のように適切な助詞を補い、「-아도/어도」を用いた해요体の文にしよう。

例）술 / 많이 / 마시다 / 취하지 않다　술을 많이 마셔도 취하지 않아요.

お酒をたくさん飲んでも酔いません。

(1) 아무리 どんなに / 화가 나다 腹が立つ / 참다 我慢する ＿＿＿＿＿＿＿＿

(2) 안경 眼鏡 / 쓰다 かける / 안 보이다 見えない ＿＿＿＿＿＿＿＿

(3) 친구 / 수업 / 결석하다 欠席する / 시험 / 잘 / 보다 ＿＿＿＿＿＿＿＿

제 15 과

문법 3　動詞語幹 + 아도 / 어도 되다「～てもいい」

許可・許容を表す。「**되다**」の代わりに「**괜찮다** 大丈夫だ」「**좋다** 良い」も使われる。

陽母音 + 아도 되다	받다 受け取る → **받아도 돼요** 受け取ってもいいです
陰母音 + 어도 되다	먹다 食べる → **먹어도 돼요** 食べてもいいです
하다 → 해도 되다	연습하다 練習する → **연습해도 돼요** 練習してもいいです

이거 제가 받아도 괜찮아요?　これ私が受け取っても大丈夫ですか。

다 먹어도 돼요?　全部食べてもいいですか。

한번 연습해 봐도 돼요?　一度練習してみてもいいですか。

연습 3　例のように適切な助詞を補い、「-는/ㄴ/은데, -아도/어도 되다」を用いた해요体の文にしよう。

例）머리 / 아프다 / 먼저 / 집 / 가다　머리가 아픈데 먼저 집에 가도 돼요?
頭が痛いのですが、先に家に帰ってもいいですか。

(1) 공부하다 / 텔레비전 テレビ / 끄다 消す　＿＿＿＿＿＿＿＿＿＿＿＿?

(2) 질문 / 있다 / 물어보다 尋ねてみる　＿＿＿＿＿＿＿＿＿＿＿＿?

(3) 자리 / 없다 / 같이 / 앉다　＿＿＿＿＿＿＿＿＿＿＿＿?

문법 ❹ 用言語幹＋면/으면 되다「～ればいい」

適当な方法や相手に助言を尋ねたり答えたりするときに使う。一方、「用言語幹+면/으면 안 되다 ～てはいけない」は、禁止・制限を表す。「안 되다」は「だめだ、いけない」という意味を表す。

母音語幹	＋면 되다	～ればいい	母音語幹	＋면 안 되다	～てはいけない
ㄹ語幹			ㄹ語幹		
子音語幹＋으면 되다			子音語幹＋으면 안 되다		

주문하실 때 이 버튼을 누르면 돼요.　注文される時、このボタンを押したらいいです。

도서관에서 떠들면 안 돼요.　図書館で騒いではいけません。

제 15 과

연습 4 例のように適切な助詞を補い、(○)は「-면/으면 되다」、(×)は「-면/으면 안 되다」を用いた해요体の文にしよう。

例）출입국 관리 사무소 / 어떻게 / 가다 (○)
출입국 관리 사무소는 어떻게 가면 돼요?
出入国管理事務所は、どのように行けばいいですか。

(1) 집 / 몇 시 / 출발하다 (○)　＿＿＿＿＿＿＿＿＿＿?

(2) 수업 시간 / 늦다 (×)　＿＿＿＿＿＿＿＿＿＿.

(3) 아버지 父 / 제 / 비밀 秘密 / 알다 (×)　＿＿＿＿＿＿＿＿＿＿.

단어 単語

No.	韓国語	発音	意味
(1)	똑똑		コンコン (ドアをノックする音)
(2)	들어오다	[드러오다]	入る、入ってくる
(3)	오랜만에	[오랜마네]	久しぶりに
(4)	화를 내다		腹を立てる、怒る
(5)	한동안		しばらく、一時
(6)	연락이 되다	[열라기 되다]	連絡がつく
(7)	사실		事実、実 (は)
(8)	기쁘다		嬉しい
(9)	아무리		どんなに、いくら
(10)	그냥		そのまま、ただ
(11)	이야기하다		話 (を) する

単語の引き出し

SNS 용어 SNS用語

인싸 人気者　절친 / 베프 親友　프사 プロフィール写真　디엠 DM　심쿵 胸キュン　셀카 セルフカメラ　강추 イチオシ　멘붕 精神崩壊　노잼 面白くない

본문 회화 本文会話

ソジュンのことで由香はジウに相談する。

① 유카: (똑똑) 지우 씨, 바빠요? 잠깐 들어가도 돼요?

② 지우: 네, 들어오세요. 무슨 일이에요?

③ 유카: 어제 서준 선배한테 오랜만에 전화가 왔는데 제가 화를 내고 끊었어요.

④ 지우: 정말요? 왜 화를 냈어요?

⑤ 유카: 한동안 연락이 안 돼서 정말 걱정도 되고 화도 났어요. 그런데 사실은 전화가 와서 기뻤어요.

⑥ 지우: 아무리 화가 나도 그냥 전화를 끊으면 안 되죠. 만나서 잘 이야기해 보세요.

⑦ 유카: 네, 이야기해 볼게요. 고마워요.

제 15 과

【注意する発音変化】

② 무슨 일이에요 [무슨니리에요]

③ 전화가 [저놔가]　끊었어요 [끄너써요]

⑤ 연락이 [열라기]　걱정도 [걱쩡도]

⑥ 끊으면 [끄느면]

⑦ 볼게요 [볼께요]

회화 연습 会話練習

연습 1 例のようにaの答えをbと繋ぎ会話してみよう。bの下線部は語群から単語を選び、相応しい形に変えよう。

a 요즘에도 많이 바쁘세요?

b 바빠서 잘 시간도 없어요.

a

❶요즘에도 많이 바쁘세요?
❷어디 안 좋으세요?
❸점심 시간인데 밥 먹으러 갈까요?
❹이 영화 재미있어요?
❺회원 가입을 하고 싶은데요.

※회원 가입 会員登録

b

❶그럼 여기에 이름을 ______아/어 주세요.
❷재미있는데 ____았어요/었어요.
❸________아서/어서 아까 먹었어요.
❹머리가 계속 ______아요/어요.
❺______아서/어서 잘 시간도 없어요.

※계속 ずっと

배고프다　~~바쁘다~~　쓰다　아프다 痛い　슬프다 悲しい

연습 2 例のように会話してみよう。

a 요즘 남친(여친)하고 잘 지내요?

b 아뇨, 요즘 만나도 재미없어요.

a

❶요즘 남친(여친)하고 잘 지내다
❷내일 꽃구경 갈 것이다
❸잃어버린 노트는 찾았다
❹많이 바쁘신데 식사는 하셨다
❺여행 갈 돈은 다 모았다

※꽃구경 花見、모으다 集める

b

❶아뇨, 요즘 만나다 / 재미없다
❷네, 비가 오다 / 갈 것이다
❸아뇨, 아무리 찾다 / 없다
❹네, 아무리 바쁘다 / 밥/ 꼭 / 먹다
❺아뇨, 아무리 모으다 / 부족하다 足りない

연습 3 例のように適切な助詞を入れて会話してみよう。**b**は「**-면/으면 안 되다**」、「**아도/어도 되다**」を適切に使い分けしてみよう。

a 컴퓨터를 꺼도 돼요?

b 아뇨. 아직 과제가 안 끝났으니까 끄면 안 돼요.

a

❶컴퓨터를 끄다
❷저 창문을 열다
❸수업 중에 스마트폰 쓰다
❹빈 자리에 앉다
❺혹시 이 책 읽다

※컴퓨터 パソコン、스마트폰 スマートフォン、비다 空く

b

❶아뇨 / 아직 / 과제 / 안 끝났다 / 끄다
❷아뇨 / 바람 風 / 불다 吹く / 창문 / 열다
❸아뇨 / 수업 중 / 스마트폰 / 쓰다
❹네 / 아무도 誰も / 없다 / 앉다
❺네 / 지금 / 안 보다 / 읽다

제 15 과

말해봅시다 話してみよう

韓国の文化について例のように話してみよう。

例） A：○○ 씨, 한국 문화에 대해서 알고 싶은데요.
①밥 먹을 때 젓가락으로 먹어도 돼요?
B：아뇨, ②젓가락으로 먹으면 안 돼요.
A：그래요? 그럼 ③밥은 어떻게 먹어요?
B：④밥은 숟가락으로 먹어야 해요.
A：그렇군요. 잘 알겠어요.

※-에 대해서 ～について

例）**식사 예절** 礼儀

① 밥 먹을 때 젓가락으로 먹다
② 젓가락으로 먹다
③ 밥은 어떻게 먹다
④ 밥은 숟가락으로 먹다

※젓가락 箸

금연 禁煙

① 음식점에서 담배를 피우다
② 음식점에서는 담배를 피우다
③ 담배는 어디서 피우다
④ 담배는 흡연장소에서 피우다

※음식점 飲食店、담배를 피우다 タバコを吸う、흡연장소 喫煙場所

군대 軍隊

① 서준 씨는 군대에 안 가다
② 군대에 안 가다
③ 지우 씨도 군대에 가다
④ 아뇨. 저는 남자니까 가다

☞ 他に韓国や日本の文化についても話してみよう。

들어봅시다 聞いてみよう

会話を聞き、答えてみよう。

(1) 왜 내일 오후에 회의를 할 수 없어요?

____

(2) 남자는 내일 오전에 뭘 해야 해요?

____

(3) 회의는 언제 할 예정이에요?

____

覗いてみよう、韓国文化

コラム 8

시험에 붙다 vs 미역국을 먹다

日本では試験の前に、「勝つ」にかけてカツ丼や豚カツなどを食べると言われますが、韓国では一般的にもち米ご飯やもち米で作った大福餅、または飴などを食べたりプレゼントしたりします。これにはどういう意味があるでしょうか。もち米や大福餅、飴の共通点は、粘性です。粘り強く試験にくっ付いて落ちないという意味を込めているのです。また、試験を控えている人はワカメを食べないようにしています。ぬるぬるしたワカメを食べて滑らないようにという意味があるからでしょう。そのため、韓国語で「試験に合格する」は「시험에 붙다/합격하다」、「試験に落ちる」は「미역국을 먹다, 시험에 미끄러지다/떨어지다」といった表現が使われます。

제 15 과

제16과 사귄 지 벌써 1년이 됐어요.

時間の経過を話す　付き合ってからもう１年が経ちました。

時間の経過などを表現してみよう。

主な表現

- ㅂ変則用言
- ～てから ： －ㄴ/은 지
- ～ほうだ ： 連体形+편이다
- ～ですね/ますね ： －네요

留学してから
１年経ちました。
付き合ってから
100日目です。

문법과 표현 文法と表現

문법 1　ㅂ変則用言

語幹末が子音ㅂで終わる用言は、으型語尾及び아/어型語尾が続くと変則的な活用をする。

1. 으型語尾が続くと、「ㅂ ＋ 으」が「우」に変わる。

例）・仮定・条件（면/으면）　춥다 寒い　→ 춥 ＋ 으면　→ 추우면

・連体形（ㄴ/은）　가깝다 近い → 가깝 ＋ 은 사람 → 가까운 사람

2. 아/어型語尾が続くと、「ㅂ ＋아/어」が「워」に変わる。

例）・理由・原因（아서/어서）　춥다 寒い　→ 춥 ＋ 어서　→ 추워서

・해요体　가깝다 近い → 가깝 ＋ 어요 → 가까워요

※ ただし、「돕다 手伝う、곱다 きれいだ」は「도와서 / 고와서」「도와요 / 고와요」となる。多くの形容詞が、ㅂ変則用言に従うのに対し、動詞は正則活用に従う。

연습 1 例のように表を完成させよう。

	-니까/으니까	-아서/어서	합니다体	해요体
例）가볍다 軽い	가벼우니까	가벼워서	가볍습니다	가벼워요
반갑다 嬉しい				
무겁다 重い				
돕다★ 手伝う				

문법 ② 動詞語幹 + ㄴ/은 지「～てから」

時間の経過を表す。「-ㄴ/은 지」の後ろには、「**되다** なる」「**지나다** 過ぎる」「**넘다**越える」などの動詞が用いられる。

母音語幹	+ ㄴ 지	만나다 会う → 만난 지 会ってから
ㄹ語幹【ㄹ脱落】		알다 知る → 안 지 知ってから
子音語幹 + 은 지		앉다 座る → 앉은 지 座ってから

그 사람을 만난 지 3년이 됐어요. その人に会ってから3年になりました。

그 사실을 안 지 1년이 지났어요. その事実を知ってから1年が過ぎました。

책상 앞에 앉은 지 5시간이 넘었어요. 机の前に座ってから5時間が過ぎました。

연습 2 例のように、適切な助詞を補い「-ㄴ/은 지」を用いた해요体の文にしよう。

例）한국 / 오다 / 1년 / 되다　　한국에 온 지 1년이 됐어요.

韓国に来てから1年になりました。

(1) 서울 / 살다 / 10년 / 넘다　＿＿＿＿＿＿

(2) 고기 肉 / 안 먹다 / 2년 / 지나다　＿＿＿＿＿＿

(3) 선배 / 사귀다 / 100일 / 되다　＿＿＿＿＿＿

문법 ❸ 連体形 + 편이다「～ほうだ」

傾向や頻度に対し、話し手の大まかな判断を表す。

	過去	現在	
動　詞	ㄴ/은	는	+ 편이다
形容詞	았던/었던	ㄴ/은	

영화보다 드라마를 좋아하는 편이에요. 映画よりドラマが好きなほうです。

저는 가족과 여행을 많이 한 편이에요. 私は家族と旅行をたくさんしたほうです。

저희 집에서 역까지는 먼 편이에요. 私の家から駅までは遠いほうです。

연습 3 例のように適切な助詞を補い、「-ㄹ/을 때, -편이다」を用いた해요体の文にしよう。

例）스트레스 / 쌓였다 / 여행 / 하다　　스트레스가 쌓였을 때 여행을 하는 편이에요.

ストレスが溜まった時は旅行するほうです。

(1) 영화 / 보다 / 잘 / 울다　＿＿＿＿＿＿＿＿

(2) 문제 / 풀다 / 사전 辞書 / 안 쓰다　＿＿＿＿＿＿＿＿

(3) 식사하다 / 꼭 / 야채 / 먹다　＿＿＿＿＿＿＿＿

문법 ❹ 用言語幹 + 네요「～ですね、～ますね」

話し手の感嘆(気づきや発見など)を表す。尊敬形「-시/으시」、過去形「-았/었」、未来意志形「-겠」の後ろにもつく。

動詞/存在詞/形容詞	語幹 + 네요	예쁘다 きれいだ	→ 예쁘네요
	ㄹ語幹【ㄹ脱落】+ 네요	알다 知る	→ 아네요
母音終わりの体言 + 네요		오빠 兄	→ 오빠네요
子音終わりの体言 + 이네요		식당 食堂	→ 식당이네요

여동생은 키도 크고 예쁘네요. 妹は背も高くてきれいですね。

유명한 곳을 잘 아시네요. 有名なところをよくご存じですね。

분위기도 좋고 요리도 맛있는 곳이네요. 雰囲気も良くて料理も美味しいところですね。

제 16 과

연습 4 例のように適切な助詞を補い、文末に「-네요」を用いた文にしよう。

例) 정말 / 바쁘다 / 사람　　정말 바쁜 사람이네요.

本当に忙しい人ですね。

(1) 맛있다 / 비빔밥 / 만들었다 ＿＿＿＿＿＿

(2) 좋다 / 집 / 살다 ＿＿＿＿＿＿

(3) 참 / 아름답다 美しい / 바다 ＿＿＿＿＿＿

단어 単語

No.	韓国語	発音	意味
(1)	지나다		過ぎる、経過する
(2)	처음		最初
(3)	맵다	[맵따]	辛い
(4)	어렵다	[어렵따]	難しい
(5)	항상		いつも、常に
(6)	도와주다		助けてあげる、手伝う

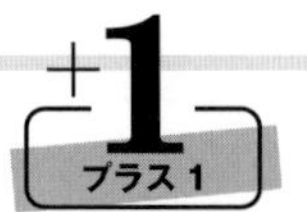

助詞のずれ②

「~に」が動作の目的を表す場合は「-에」の代わりに「-를/을」が使われる場合もある。

여행을 가다	旅行に行く
유학을 가다	留学に行く
출장을 가다	出張に行く
등산을 가다	登山に行く
쇼핑을 하러 가다	買い物に行く
영화를 보러 가다	映画に行く
알바를 하러 가다	バイトに行く

본문 회화 本文会話

ソジュンと仲直りして韓国の生活について話す。

76

① 유카: 여보세요? 서준 오빠, 저예요.

② 서준: 아직도 많이 화났어요? 정말로 미안해요.

③ 유카: 아니에요. 연락이 안 돼서 걱정을 정말 많이 했어요.

④ 서준: 앞으로는 연락 잘 할게요.

⑤ 유카: 그런데 그거 알아요?
우리 **사귄 지** 벌써 1년이 됐어요.

⑥ 서준: 그럼 유카 씨가 한국에 온 지도 벌써 1년이 **지났네요**.
한국 생활은 힘들지 않아요?

⑦ 유카: 괜찮아요. 처음에는 음식이 **매워서** 힘들었지만,
이제는 잘 **먹는 편이에요**.

⑧ 서준: 어려운 게 있으면 다 말해요.
내가 항상 옆에서 도와줄게요.

⑨ 유카: 정말 고마워요.

【注意する発音変化】

② 아직도 [아직또]　많이 [마니]　미안해요 [미아내요]

④ 연락 [열락]　할게요 [할께요]

⑤ 일년이 [일려니]

⑥ 지났네요 [지난네요]　않아요 [아나요]

⑦ 괜찮아요 [괜차나요]　먹는 [멍는]

⑧ 말해요 [마래요]

第16과

회화 연습 会話練習

연습 1 例のように、aの答えをbと繋ぎ、会話してみよう。bの下線部は語群から単語を選び、相応しい形に変えよう。

a 맛이 어때요?

b 좀 매운데 맛있어요.

a

❶맛이 어때요?
❷어느 게 마음에 들어요?
❸오늘 날씨는 어때요?
❹이번 시험은 잘 봤어요?
❺힘들어 보이는데 제가 들게요.

※맛 味、마음에 들다 気に入る、들다 (手に) 持つ

b

❶좀 ____았는데/었는데 잘 봤다.
❷____아/어 줘서 정말 고맙다.
❸어제보다 많이 ______아요/어요.
❹좀 ____는데/ㄴ데/은데 맛있다.
❺이게 더 ____는/ㄴ/은 것 같다.

~~맵다~~ 辛い　귀엽다 可愛い　어렵다　돕다 手伝う　춥다

연습 2 例のように会話してみよう。

a 한국에 온 지 얼마나 됐어요?

b 한국에 온 지 2년이 지났어요.

c 시간이 정말 빠르네요.

a

❶한국에 오다
❷두 사람은 사귀다
❸우리 밥 먹다
❹이 쿠키는 굽다
❺이 아파트에서 살다

※굽다 焼く、아파트 アパート

b

❶한국에 오다 / 2년이 지나다
❷사귀다 / 100일이 지나다
❸먹다 / 1시간밖에 안 되다
❹굽다 / 5분도 안 되다
❺여기서 살다 / 10년은 넘다

※지나다 過ぎる、넘다 超える

c

❶시간이 정말 빠르다
❷벌써 100일
❸그런데 벌써 배고프다
❹너무 맛있겠다
❺정말 오래됐다

제 16 과

연습 3 例のように会話してみよう。

a 친구랑 싸우면 어떻게 해요?

b 먼저 사과하는 편이에요.

a

❶친구랑 싸우다 / 어떻게 하다
❷한국어를 혼자 공부하다 / 뭐가 제일 어렵다
❸스트레스가 쌓이다 / 어떻게 풀다
❹혼자 살다 / 식사는 어떻게 하다
❺도쿄하고 비교하다 / 서울의 겨울은 따뜻하다

※싸우다 喧嘩する、쌓이다 溜まる、풀다 解消する、비교하다 比べる、겨울 冬

b

❶먼저 사과하다
❷발음이 제일 어렵다
❸친구하고 놀다
❹만들어서 먹다
❺아뇨, 도쿄보다 춥다

※사과하다 謝る

말해봅시다 話してみよう

例のように発表してみよう。自分や友達についても話してみよう。

例） 안녕하세요?
저는 박지수예요.
①아르바이트로 일본어를 가르치고 있어요.
②일본어를 가르친 지 5개월이 됐는데 ③생각보다 어려워요.
저는 ④성격이 활발한데 ⑤사람들 앞에서 긴장을 많이 하는 편이에요.

例） **이름: 박지수**

① 아르바이트로 일본어를 가르치다
② 일본어를 가르치다 / 5개월이 됐다
③ 생각보다 어렵다
④ 성격이 활발하다
⑤ 사람들 앞에서 긴장을 많이 하다

※어렵다 難しい、활발하다 活発だ

練習1） **이름: 와다 유카**

① 한국에서 유학하다
② 서울에 살다 / 10개월이 됐다
③ 서울의 겨울은 도쿄보다 많이 춥다
④ 한국 음식을 잘 먹다
⑤ 매운 음식은 아직 좀 힘들다

練習2） **이름: 김서준**

① 요즘 기타를 배우다
② 배우다 / 1년이 넘었다
③ 아직 잘 못하다 まだ上手くできない
④ 노래는 잘 못하다
⑤ 음악은 자주 듣다

※기타 ギター

自分/友達について **이름:**

①
②
③
④
⑤

들어봅시다 聞いてみよう

会話を聞き、答えてみよう。

(1) 남자와 여자는 사귄 지 며칠 됐어요?

(2) 남자와 여자는 언제 어디에서 만나요?

(3) 남자는 뭘 자주 하는 편이에요?

제16과

제17과 다음 달에 군대에 가게 됐어요.

変化を話す　来月に軍隊に行くことになりました。

ここでは行動の禁止を表す表現を学んでみよう。

写真を撮らないでください！
飲食厳禁！
煙草を吸わないでください！
おしゃべり禁止！
電話を使わないでください！

主な表現

- 르変則用言
- ～するように、～く、～に ： -게 (되다)
- 禁止 ： -지 말다
- ～ようと思う、～かと思う ： -ㄹ까/을까 하다

문법과 표현 文法と表現

문법 1 르変則用言

르変則用言は아／어型語尾が続くと、「르」の前の母音が陽母音（ㅏ・ㅗ）の場合は「르」が「ㄹ라」となり、陰母音（ㅏ・ㅗ以外）の場合は「르」が「ㄹ러」となる。

모르다 知らない	모르 + ㄹ라요 → 몰라요 知りません
기르다 育てる/飼う	기르 + ㄹ러요 → 길러요 育てます

※ ただし、「따르다 従う、들르다 立ち寄る、치르다 支払う」は、으変則用言に従う。

연습 1 例のように表を完成させよう。

	합니다体		해요体		아서 / 어서
	現在形	過去形	現在形	過去形	
例）다르다 異なる	다릅니다	달랐습니다	달라요	달랐어요	달라서
부르다 呼ぶ・歌う					
오르다 上がる					
들르다★ 立ち寄る					

★は으変則

문법 ② 用言語幹 + 게 (되다)「〜するように、〜く、〜に」

「用言語幹+게」は、主に動詞や形容詞を副詞化する。動詞は「〜するように/することに」、形容詞は「〜く、〜に」の意味となる。さらに、「用言語幹+게 되다」という形で状態または属性の変化を表す。

動詞語幹 + 게	가다 行く → 가게 됐어요 行くことになりました
形容詞語幹 + 게	깨끗하다 綺麗だ → 깨끗하게 해 주세요 綺麗にしてください

출장은 제가 가게 됐어요. 出張は私が行くことになりました。

방을 깨끗하게 청소해 주세요. 部屋を綺麗に掃除してください。

연습 2 例のように適切な助詞を補い、「-ㄹ/을 때는, -게, -세요/으세요」を用いた해요体の文にしよう。

例） 사진 / 찍다 / 밝다 / 웃다　　사진을 찍을 때는 밝게 웃으세요.

写真を撮る時は明るく笑ってください。

(1) 춥다 / 따뜻하다 / 입다 ＿＿＿＿＿＿＿＿

(2) 식사하다 / 편하다 / 드시다 ＿＿＿＿＿＿＿＿

(3) 수영하다 / 가볍다 / 준비운동 / 하다 ＿＿＿＿＿＿＿＿

문법 ❸ 動詞語幹 + 지 말다「禁止」

「動詞語幹+지 마요/말아요/마세요（～ないでください）」という形で禁止を意味する。さらに、文中では「지 말고」という形で「～ないで、せずに」という意味となり、この場合、命令や勧誘形が後続する。

動詞語幹 + 지 말다	먹다 食べる → 먹지 마요/말아요/마세요 食べないでください
動詞語幹 + 지 말고	운동하다 運動する → 운동하지 말고 運動せずに

도서관에서 음식을 먹지 마세요.　図書館で食べ物を食べないでください。

오늘은 운동하지 말고 푹 쉬세요.　今日は運動せずにゆっくり休んでください。

연습 3 例のように適切な助詞を補い、「-지 말다」を用いた해요体の文にしよう。

例）금연 구역 / 담배 / 피우다 금연 구역에서는 담배를 피우지 마세요.

禁煙区域では、たばこを吸わないでください。

(1) 이 아파트 / 애완동물 ペット / 기르다 飼う ＿＿＿＿＿＿＿＿

(2) 도서관 / 옆 사람 / 말하다 話す ＿＿＿＿＿＿＿＿

(3) 수업 / 시간 / 만화책 マンガ / 읽다 ＿＿＿＿＿＿＿＿

문법 ❹ 動詞語幹 + ㄹ까 / 을까 하다「~ようと思う、~かと思う」

話し手の漠然とした意向や不確かな計画を表す。

母音語幹	+ ㄹ까 하다	보다 見る → 볼까 해요 見ようかと思います
ㄹ語幹【ㄹ脱落】		팔다 売る → 팔까 해요 売ろうかと思います
子音語幹 + 을까 하다		찾다 探す → 찾을까 해요 探そうかと思います

시간이 있으면 영화라도 볼까 해요.　時間があったら映画でも見ようかと思います。

벼룩시장에서 옷이라도 팔까 해요.　フリーマーケットで服でも売ろうかと思います。

이사할 집을 인터넷에서 찾을까 해요.　引っ越す家をインターネットで探そうかと思います。

연습 4 例のように適切な助詞を補い、「-면/으면, -ㄹ까/을까 하다」を用いた해요体の文にしよう。

例) 한국 / 가다 / 순두부 찌개 / 먹다　<u>한국에 가면 순두부 찌개를 먹을까 해요.</u>

韓国に行ったら、スンドゥブチゲを食べようかと思います。

(1) 1학년 / 마치다 終える / 군대 / 가다　＿＿＿＿＿＿＿＿

(2) 주말 / 가족 / 모이다 / 사진 / 찍다　＿＿＿＿＿＿＿＿

(3) 내년 来年 / 졸업하다 / 혼자 / 살다　＿＿＿＿＿＿＿＿

제 17 과

단어 単語

No.	韓国語	発音	意味
(1)	어		ん?あれ?
(2)	군대		軍隊
(3)	모르다		知らない、わからない
(4)	건강하다		健康だ、元気だ
(5)	다녀오다		行って来る
(6)	제대하다		除隊する
(7)	취업		就職

전혀 全く　가끔 たまに　자주 よく、頻繁に　거의 ほとんど　항상·늘·언제나 いつも

본문 회화 本文会話

入隊が決まったソジュンがジウと話している。

78 

① 지우: **어? 선배, 무슨 일 있어요?**

② 서준: **저… 다음 달에 군대에 가게 됐어요.**

③ 지우: **어머! 정말이에요? 유카 씨도 알아요?**

④ 서준: **아뇨, 몰라요. 유카 씨한테 아직 말하지 마세요.
제가 말할게요.**

⑤ 지우: **알겠어요. 유카 씨 걱정은 하지 말고 건강하게
잘 다녀오세요.**

⑥ 서준: **고마워요. 제대하면 취업 준비할까 해요.
일본에 여행도 가고요.**

⑦ 지우: **좋네요. 저도 일본에 한번 가 보고 싶어요.**

【注意する発音変化】

① 무슨 일 [무슨닐]

④ 말하지 [마라지]　말할게요 [마랄께요]

⑤ 걱정은 [걱쩡은]

⑦ 좋네요 [존네요]

제 17 과

회화 연습 会話練習

연습 1 例のように、aの答えをbと繋ぎ会話してみよう。bの下線部は語群から単語を選び、相応しい形に変えて会話してみよう。

a 혹시 이 사람 아세요?

b 아뇨, 잘 몰라요.

a

❶혹시 이 사람 아세요
❷이번 주말에 뭐 하세요
❸머리 어떻게 해 드릴까요
❹무슨 좋은 일 있어요
❺왜 이렇게 빨리 출발해요

※이렇게 こんなに、출발하다 出発する

b

❶차가 막혀서 ＿＿아야/어야 돼요.
❷아뇨, 잘 ＿＿아요/어요.
❸짧게 ＿＿아/어 주세요.
❹기말 시험 성적이 ＿＿았어요/었어요.
❺친구를 ＿＿아서/어서 파티를 하려고요.

※짧게 短く、기말 期末、성적 成績、파티 パーティー

~~모르다~~　서두르다 急ぐ　오르다 上がる　자르다 切る　부르다 呼ぶ

연습 2 例のように会話してみよう。

a 왜 한국에 유학을 오게 됐어요?

b 한국에 대해서 알고 싶어서 오게 됐어요.

a

❶왜 한국에 유학을 오다
❷왜 이 회사에 지원하다
❸두 사람은 어떻게 사귀다
❹그런데 왜 헤어지다
❺왜 거기로 이사하다

※지원하다 志願する、헤어지다 別れる

b

❶한국에 대해서 알고 싶다 / 오다
❷꿈을 이루고 싶다 / 지원하다
❸친구가 소개해 주다 / 사귀다
❹성격이 너무 다르다 / 헤어지다
❺집세가 오르다 / 이사하다

※에 대해서 について、꿈을 이루다 夢を叶える、집세 家賃、오르다 上がる

연습 3 例のように適切な助詞を入れて会話してみよう。

ⓐ 지금 창문을 열어도 돼요?

ⓑ 비가 오니까 창문을 열지 마세요.

ⓐ
❶지금 / 창문 / 열다
❷여기 / 사진 / 찍다
❸담배 タバコ / 피우다 吸う
❹여기 / 주차하다 駐車する
❺술 / 마시다

ⓑ
❶비 / 오다 / 창문 / 열다
❷촬영하고 있다 撮影している / 사진 / 찍다
❸금연 禁煙 / 담배 / 피우다
❹여기 / 주차 금지 / 주차하다
❺건강 健康 / 안 좋다 / 술 / 마시다

연습 4 例のように適切な助詞を入れて会話してみよう。

ⓐ 방학 때 뭐 할 거예요?

ⓑ 한가해서 아르바이트를 할까 해요.

ⓐ
❶방학 / 때 / 뭐 / 하다
❷오늘 / 저녁 / 뭐 / 하다
❸휴일 休日 / 뭐 / 하다
❹결혼식 / 뭐 / 입다
❺무슨 / 요리 / 만들다

ⓑ
❶한가하다 暇だ / 아르바이트 / 하다
❷친구 / 만나다 / 같이 / 영화 / 보다
❸요즘 / 살찌다 太る / 운동하다
❹전통 결혼식 伝統結婚式 / 한복 / 입다
❺한국 요리 / 좋아하다 / 불고기 / 만들다

말해봅시다 話してみよう

ペアで例のように話してみよう。練習が終わったら、自分のことについても話してみよう。

例） A：○○ 씨, 요즘 어떻게 지내요?
B：저 ①휴학하게 됐어요.
A：정말요?
B：②건강이 안 좋아서 쉴까 해요.
A：그렇군요. ③무리하지 말고 푹 쉬세요.
B：네, 고마워요.

例）
① 휴학하다
② 건강이 안 좋다 / 쉬다
③ 무리하다 / 푹 쉬다
※휴학하다 休学する、무리하다 無理する、푹 ゆっくり

練習1）
① 입원하다
② 허리가 너무 아프다 / 수술을 받다
③ 많이 움직이다 / 치료 잘 받다
※입원하다 入院する、수술을 받다 手術を受ける、움직이다 動く、치료 治療

練習2）
① 다음 주부터 알바를 하나 더 하다
② 돈을 모으다 / 외국에서 살다
③ 알바, 너무 많이 하다 / 공부도 열심히 하다

練習3）
① 이사하다
② 집세가 오르다 / 기숙사로 들어가다
③ 급하게 결정하다 / 천천히 알아보다
※급하게 결정하다 急いで決める、천천히 ゆっくり

들어봅시다 聞いてみよう

79

会話を聞き、答えてみよう。

(1) 한국 남자들은 보통 언제 군대에 가요?　※보통 普通

____

(2) 남자는 군대에 갔다 왔어요?

____

覗いてみよう、韓国文化　コラム 9

혼밥! 혼영! 혼술!

私が日本に留学に来たばかりの頃、一人でご飯を食べることがとても苦手でした。いつもは美味しかったご飯も一人で食べるとまずくなってしまう。気になる食堂があってもやはり一人だと入れなかったのです。

少なくとも10年前の韓国では一人でご飯を食べたり、お酒を飲んでいる人はあまり見かけませんでした。一人でご飯を食べていると、「どうして寂しく一人で食べているの？一緒に食べよう」と誘って来る人がいるほど、韓国では一人にさせてくれない(?)雰囲気がありました。しかし何年か前から、혼밥(혼자 밥・ 人ご飯)、혼술(혼자 술・一人酒)、혼영(혼자 영화・一人で映画)、さらに혼여(혼자 여행・一人旅)といった新造語が流行るほど、社会の雰囲気が変わりつつあるようです。「ご飯くらいは好きにさせてよ」という考え方が一般的な社会では当たり前のことかもしれませんが、世の中って変わるもんですね。みなさんは혼밥(一人ご飯)がいいですか、みんなと一緒に食べるご飯がいいですか？

제 17 과

제18과 갑자기 추워져서 감기에 걸린 것 같아요.

病気の症状を話す　急に寒くなって風邪を引いたみたいです。

病気の原因や、症状について話してみよう。

主な表現

- ㅅ変則用言
- 〜くなる、〜になる ： -아지다/어지다
- 〜ため、〜ので ： -기 때문에
- 〜たり、〜か ： -거나

문법과 표현 文法と表現

문법 1 ㅅ変則用言

語幹末が子音ㅅで終わる用言は、으型語尾及び아／어型語尾が続くと、変則的な活用をする。

1. 으型語尾が続く場合　→ ㅅ脱落（ただし、으は脱落しない）

例）・仮定・条件（면/으면）　잇다 繋ぐ　→ 잇 ＋ 으면　→ 이으면 繋げば

・連体形（ㄴ/은）　잇다 繋ぐ　→ 잇 ＋ 은 선　→ 이은 선 繋いだ線

2. 아/어型語尾が続く場合　→ ㅅ脱落

例）・理由・原因（아서/어서） 젓다 混ぜる → 젓 ＋ 어서　→ 저어서 混ぜて

・해요体　젓다 混ぜる → 젓 ＋ 어요　→ 저어요 混ぜます

※ ただし、「웃다 笑う、씻다 洗う、벗다 脱ぐ」などは、正則活用に従う。

연습 1 例のように表を完成させよう。

	-니까/으니까	-아서/어서	합니다体	해요体
例）긋다 引く	그으니까	그어서	긋습니다	그어요
낫다 治る				
짓다 建てる／炊く				
웃다★ 笑う				

★は正則

문법 2 形容詞語幹 + 아지다 / 어지다「～くなる、～になる」

次第にある状態に変化するという意味を表す。

陽母音 + 아지다	밝다 明るい	→ 밝아지다 明るくなる
陰母音 + 어지다	재미있다 面白い	→ 재미있어지다 面白くなる
하다 → 해지다	깨끗하다 綺麗だ	→ 깨끗해지다 綺麗になる

집을 새로 지어서 집안이 밝아졌어요. 家を新しく建てたので、家の中が明るくなりました。

한국어가 점점 재미있어지는 것 같아요. 韓国語がだんだん面白くなるようです。

오랜만에 집 청소를 해서 깨끗해졌어요. 久しぶりに家の掃除をして綺麗になりました。

연습 2 例のように適切な助詞を補い、「-면/으면, -아지다/어지다」を用いた해요体の文にしよう。

例） 여름 / 되다 / 해 / 길다 　여름이 되면 해가 길어져요.
夏になると日が長くなります。

(1) 1월 / 되다 / 많이 / 춥다 ______

(2) 이사 / 하다 / 학교 / 멀다 ______

(3) 다이어트 ダイエット / 하다 / 날씬하다 スリムだ ______

제 18 과

문법 ❸ 用言語幹＋기 때문에「〜ため、〜ので」

「用言語幹+기 때문에」は、理由・原因を表す。「아서/어서」及び「니까/으니까」より論理的な理由・原因を表し、新聞、論文などでよく使われる。ただし、「名詞+때문에」は、「〜のために、〜のせいで」という意味を表す。

用言語幹 + 기 때문에	많다 多い → 많기 때문에 多いので
用言語幹 + 았기/었기 때문에	덥다 暑い → 더웠기 때문에 暑かったので

사람이 많기 때문에 들어갈 수 없어요. 人が多いので、入ることができません。

너무 더웠기 때문에 손님이 없었어요. あまりにも暑かったので、お客さんがいませんでした。

수능 때문에 너무 힘들어요. 大学修学能力試験※のせいでとても大変です。

※日本の大学入学共通テストにあたる。

연습 3 例のように適切な助詞を補い、「-기 때문에」を用いた해요体の文にしよう。

例） 목 / 부었다 腫れた / 발표 / 할 수 없다
목이 부었기 때문에 발표를 할 수 없어요.
喉が腫れているので発表ができません。

(1) 사고 / 많이 / 나다 / 조심해야 하다 ＿＿＿＿＿＿＿＿

(2) 물가 物価 / 올랐다 上がった / 생활 / 힘들다 ＿＿＿＿＿＿＿＿

(3) 친구 / 아니다 / 전화번호 / 모르다 ＿＿＿＿＿＿＿＿

문법 ④ 用言語幹 + 거나「～たり、～か」

二つ以上を羅列したり、その中で一つを選んだりするときに使う。過去形は「-았거나/었거나」となる。

単独：用言語幹 ＋ 거나	청소하다 掃除する →	청소하거나 친구를 만나요. 掃除をするか友達に会います。
反復：用言語幹 ＋ 거나	듣다 聞く ＋ 쓰다 書く →	듣거나 쓰거나 해요. 聞いたり書いたりします。

시간이 있을 때 청소를 하거나 친구를 만나요. 時間がある時、掃除をするか、友達に会います。

주말엔 음악을 듣거나 편지를 쓰거나 해요. 週末には音楽を聞いたり手紙を書いたりします。

연습 4 例のように適切な助詞を補い、「-ㄹ/을 때는, 거나」を用いた해요体の文にしよう。

例）모르다 / 사전 / 찾다 / 선배 / 묻다
모를 때는 사전을 찾거나 선배한테 물어요.
わからないときは辞書を引くか、先輩に尋ねます。

(1) 기침 咳 / 나다 出る / 물 / 마시다 / 약 / 먹다

____

(2) 춥다 / 옷 / 따뜻하게 입다 / 유자차 ゆず茶 / 마시다

____

(3) 피곤하다 / 맛사지 マッサージ / 하다 / 집 / 쉬다

____

단어 単語

No.	韓国語	発音	意味
(1)	목소리	[목쏘리]	声
(2)	갑자기	[갑짜기]	急に、いきなり、突然
(3)	감기에 걸리다		風邪をひく
(4)	병원		病院
(5)	빨리		速く、早く
(6)	낫다	[낟따]	治る
(7)	무리하다		無理する
(8)	조심하다	[조시마다]	気を付ける

単語の引き出し

아픈 증상 말하기 病気の症状を話す

배탈이 나다 お腹を壊す　피가 나다 血が出る　체하다 胃がもたれる
감기에 걸리다 風邪を引く　머리가 아프다 頭が痛い　목이 붓다 喉が腫れる　열이 나다 熱がある
기침이 나다 咳が出る　콧물이 나다 鼻水が出る　몸살이 나다 筋肉痛と悪寒が伴う風邪のような症状

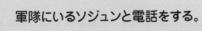

본문 회화 本文会話

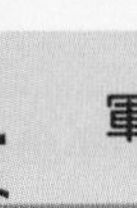

80

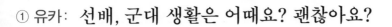

軍隊にいるソジュンと電話をする。

① 유카: 선배, 군대 생활은 어때요? 괜찮아요?

② 서준: 네, 괜찮아요. 잘 지내고 있어요.

그런데, 목소리가 왜 그래요? 어디 아파요?

③ 유카: 요즘 갑자기 추워져서 감기에 걸린 것 같아요.

④ 서준: 병원에는 가 봤어요?

⑤ 유카: 아직이요. 시험 때문에 시간이 없었어요.

⑥ 서준: 병원부터 가 봐요. 병원에 가면 빨리 나을 거예요.

그리고, 늦게 자거나 무리하면 안 돼요.

⑦ 유카: 네. 알겠어요. 선배도 감기 조심하세요.

제 18 과

【注意する発音変化】

① 괜찮아요 [괜차나요]

② 목소리 [목쏘리]

③ 갑자기 [갑짜기]

⑤ 없었어요 [업써써요]

⑥ 나을 거예요 [나을 꺼에요]　늦게 [늗께]

⑦ 조심하세요 [조시마세요]

회화 연습 会話練習

연습 1 例のように ⓐの答えをⓑと繋ぎ会話してみよう。ⓑの下線部は語群から単語を選んで、相応しい形に変えよう。

ⓐ 약을 먹어도 아직 안 좋아요.

ⓑ 병원에 가면 빨리 나을 수 있어요.

ⓐ

❶약을 먹어도 아직 안 좋아요.
❷구두를 신고 들어가도 돼요?
❸이 건물 오래됐어요?
❹이건 어떻게 먹어요?
❺요즘 목이 자주 아파요.

※약을 먹다 薬を飲む、구두 靴、신다 履く、건물 建物、목 喉

ⓑ

❶잘 ___아서/어서 드세요.
❷___ㄴ/은 지 50년 됐어요.
❸병원에 가면 빨리 ___ㄹ/을 수 있어요.
❹목이 ___면/으면 이 약을 먹어 보세요.
❺아뇨, 신발은 ___세요/으세요.

※빨리 早く

~~낫다~~ 治る　붓다 腫れる　젓다 かき混ぜる　짓다 建てる　벗다 脱ぐ

연습 2 例のように会話してみよう。

ⓐ 남동생은 요즘 잘 지내요?

ⓑ 운동을 해서 몸이 많이 좋아졌어요.

ⓐ

❶남동생은 요즘 잘 지내다
❷요즘도 많이 바쁘다
❸한국 유학은 어땠다
❹왜 늦었다
❺요즘 경기가 안 좋다

※경기 景気

ⓑ

❶네 / 운동 / 하다 / 몸 体 / 많이 / 좋다
❷일 / 많다 / 더 / 바쁘다
❸친구 / 많이 / 생기다 / 또 / 가고 싶다
❹결론 結論 / 안 나다 出ない / 회의 / 길다
❺네 / 물가 / 오르다 / 생활 / 어렵다

※물가 物価

연습 3 例のように適切な助詞を入れて会話してみよう。

ⓐ 노트 좀 빌려줄 수 있어요?

ⓑ 시험 공부를 해야 하기 때문에 어려울 것 같아요.

ⓐ

❶노트 / 좀 / 빌려줄 수 있다
❷왜 / 이렇게/ 시끄럽다 うるさい
❸어제 / 왜 / 결석했다
❹우리 / 왜 / 들어가면 안 되다
❺내일 / 왜 / 만날 수 없다

ⓑ

❶시험 공부 / 해야 하다 / 어려울 것 같다
❷근처 / 공사하는 곳이 많다 / 시끄럽다
❸감기에 걸렸다 / 학교 / 갈 수 없었다
❹학생이다 / 들어가면 안 되다
❺알바 / 있다 / 힘들 것 같다

※공사하다 工事する

연습 4 例のように適切な助詞を入れて会話してみよう。

ⓐ 잠이 안 올 때 어떻게 해요?

ⓑ 책을 읽거나 우유를 마셔요.

ⓐ

❶잠 / 안 / 오다
❷길 / 모르다
❸지갑 / 안 / 가지고 나갔다
❹한국 요리 / 먹고 싶다
❺스트레스 / 쌓였다

ⓑ

❶책 / 읽다 / 우유 / 마시다
❷인터넷 / 검색하다 / 지나가는 사람 / 물어보다
❸돈 / 빌리다 / 집 / 돌아가다
❹한국 식당 / 가다 / 직접 / 만들다
❺친구 / 수다를 떨다 / 청소하다

※검색하다 検索する、지나가는 사람 通りすがりの人、수다를 떨다 おしゃべりをする

말해봅시다 話してみよう

質問に対し、グループのメンバーでキーワードを出し合って、例のように文にしてみよう。

文型 : 아지다/어지다, 게 되다, 기 때문에, 거나

1. 한국어를 배우고 달라진 것이 있어요?

キーワード : 한국인 친구, 매운 음식, 한국 여행, 코리아타운, 드라마, 케이팝 굿즈 グッズ, 等々

例1) 한국인 친구를 사귀게 됐어요. 제가 한국 음식을 좋아하기 때문에 친구하고 같이 코리아타운에 자주 가는데 거기에서 한국 음식을 먹거나 케이팝 굿즈를 사거나 해요.

例2) 한국어를 배우게 돼서 한국을 좋아하게 됐어요. 한국에 여행도 자주 가서 한국어는 잘할 수 있게 됐지만 여행 갈 돈을 모아야 하기 때문에 알바를 많이 해야 돼요. 그래서 공부할 시간이 없어요.

2. 대학교에 입학하고 달라진 게 있어요?

キーワード : ____________________

<参考表現> 남친/여친이 생기다, 헤어지다, 예쁘다, 머리가 짧다/길다, 활발하다 活発だ, 날씬하다 スリムだ, 뚱뚱하다 太っている

※입학 入学

3. 여름과 겨울은 어떻게 달라요?

キーワード : ____________________

<参考表現> 해가 길다/짧다 日が長い/短い, 옷을 얇게 薄く /두껍게 厚く 입다

4. 감기에 걸렸을 때는 어때요?

キーワード : ____________________

<参考表現> 목이 붓다 喉が腫れる, 기침이 나다 咳が出る, 열이 나다 熱が出る, 콧물이 나다 鼻水が出る, 머리가 아프다, 약을 먹다 薬を飲む

들어봅시다 聞いてみよう

会話を聞き、答えてみよう。

(1) 왜 감기에 걸렸어요?

___

(2) 감기에 걸리면 어떻게 하면 돼요?

___

(3) 남자는 왜 오후에 병원에 가려고 해요?

___

취업하기 전에 인턴 사원으로 일해 보기로 했어요.

計画を話す　就職する前にインターンで働いてみることにしました。

計画に関する表現を学んでみよう。

主な表現

- ㄷ変則用言
- ～できない ： 못/語幹+지 못하다
- ～する前に ： -기 전에
- ～した後に ： -ㄴ/은 후에
- ～ことにする ： -기로 하다

韓国に留学する前に、
お金を貯めることにしたんだ！

私は留学してから、
韓国でアルバイトする！

문법과 표현 文法と表現

문법 1 ㄷ変則用言

語幹末が子音ㄷで終わる用言は、으型語尾及び아/어型語尾が続くと、変則的な活用をする。

1. 으型語尾が続くと　→「ㄷ」が「ㄹ」に変わる。

例）・仮定・条件（면/으면）　묻다 尋ねる → 묻 + 으면 → 물으면 尋ねると

・連体形（ㄴ/은）　묻다 尋ねる → 묻 + 은 사람 → 물은 사람 尋ねた人

2. 아/어型語尾が続くと　→「ㄷ」が「ㄹ」に変わる。

例）・理由・原因（아서/어서）싣다 載せる → 싣 + 어서 → 실어서 載せて

・해요体　싣다 載せる → 싣 + 어요 → 실어요 載せます

※ ただし、믿다 信じる、받다 貰う、닫다 閉めるなどは、正則活用に従う。

연습 1 例のように表を完成させよう。

	-(으)니까	-아서/어서	합니다体	해요体
例) 깨닫다 さとる	깨달으니까	깨달아서	깨닫습니다	깨달아요
듣다 聞く				
걷다 歩く				
믿다★ 信じる				

★は正則

문법 2 못 + 動詞、動詞語幹 + 지 못하다「不可能：～できない」

不可能を表す表現である。特に、「못+動詞」は話し言葉でよく使われる。

못 + 動詞	만나다 会う → 못 만나다 会えない
動詞語幹 + 지 못하다	마시다 飲む → 마시지 못하다 飲めない

※「名詞+하다」の形の動詞は、「하다」の前に「못」を入れる。
요리 못 하다（○）／못+요리하다（×）

약속이 있어서 오늘은 못 만나요. 約束があるので今日は会えません。

여기서 음료수는 마시지 못해요. ここで飲み物は飲めません。

너무 바빠서 식사 준비를 못 했어요. とても忙しくて食事の準備ができませんでした。

연습 2 例のように(1)(2)は「-아서/어서, 못+動詞」、(3)(4)は「-아서/어서, 動詞語幹+지 못했다」の해요体の文をつくりましょう。

例) 맵다 / 떡볶이 / 먹다　　매워서 떡볶이를 못 먹어요.
辛いのでトッポキを食べられません。

머리 / 아프다 / 숙제 / 하다　　머리가 아파서 숙제를 하지 못했어요.
頭が痛くて宿題ができませんでした。

(1) 한국어 / 모르다 / 한국 노래 / 부르다 ＿＿＿＿＿＿

(2) 사람 / 많다 / 가게 / 들어가다 ＿＿＿＿＿＿

(3) 시간 / 없다 / 이력서 履歴書 / 내다 出す ＿＿＿＿＿＿

(4) 경험 経験 / 부족하다 / 합격하다 合格する ＿＿＿＿＿＿

문법 3 動詞語幹＋기 전에「～する前に」、動詞語幹＋ㄴ/은 후에「～した後に」

後続の動作の前後を述べるときに使う。「動詞語幹+-ㄴ/은 후에」の「후에」は「다음에」や「뒤에」に置き換えることができる。

母音語幹	＋기 전에	만나다 会う → 만나기 전에 会う前に
ㄹ語幹		만들다 作る → 만들기 전에 作る前に
子音語幹		먹다 食べる → 먹기 전에 食べる前に
母音語幹	＋ㄴ 후에	만나다 会う → 만난 후에 会った後に
ㄹ語幹【ㄹ脱落】		만들다 作る → 만든 후에 作った後に
子音語幹＋은 후에		먹다 食べる → 먹은 후에 食べた後に

식기 전에 드세요. 冷める前にお召し上がりください。

숙제를 다 한 후에 친구 집에 가려고 해요. 宿題を全部した後に友達の家に行こうと思います。

연습 3 例のように適切な助詞を補い、「←」は「-기 전에」、「→」は「-ㄴ/은 후에」を用いた해요体の文にしよう。

例） 책 / 읽다 → 레포트 / 쓰다　　책을 읽은 후에 레포트를 써요.
本を読んだ後にレポートを書きます。

(1) 한국 / 살다 ← 미국 / 살았다 ＿＿＿＿＿＿＿＿

(2) 아침 / 1시간 / 걷다 → 아침 / 먹다 ＿＿＿＿＿＿＿＿

(3) 회사 / 방문하다 訪問する ← 연락 / 해야 하다 ＿＿＿＿＿＿＿＿

(4) 군대 / 갔다 오다 → 취업 준비 / 하다 ＿＿＿＿＿＿＿＿

문법 ❹ 動詞語幹＋기로 하다「～ことにする」

決定や計画などを表す。

動詞語幹 ＋ 기로 하다	여행하다 旅行する	→	여행하기로 하다 旅行することにする
	놀다 遊ぶ	→	놀기로 하다 遊ぶことにする
	닫다 閉める	→	닫기로 하다 閉めることにする

방학 때 미국에 여행 가기로 했어요.　休みにアメリカへ旅行することにしました。

앞으로 1년간은 놀기로 했어요.　これから1年間は遊ぶことにしました。

불경기라서 가게 문을 닫기로 했어요.　不景気で店をたたむことにしました。

연습 4 例のように適切な助詞を補い、「-기로 하다」を用いた해요体の文にしよう。

例） 저녁 / 기숙사 / 먹다　　저녁은 기숙사에서 먹기로 했어요.

夕食は寮で食べることにしました。

(1) 내년 / 한국어 말하기 대회 / 나가다 ______

(2) 졸업한 후 / 한국 / 살다　※졸업 卒業 ______

(3) 동아리 / 부산 / 엠티 / 가다 ______

제 19 과

단어 単語

No.	韓国語	発音	意味
(1)	취업 준비		就職活動
(2)	인턴 사원		インターン社員
(3)	취업난	[취엄난]	就職難
(4)	경험		経験
(5)	먼저		まず
(6)	생각하다	[생가카다]	考える
(7)	그러다		そうする

理由・原因を表す表現のまとめ

「－아서/어서(9課)、－니까/으니까(14課)、－기 때문에(18課)」の使い方には、主に以下のような違いがあるので注意しよう。

	接続	文末	
	過去形	命令文・依頼・勧誘	感謝・謝罪・挨拶表現
－아서/어서	×	×	○
－니까/으니까	○	○	×
－기 때문에	○	×	×

例）

【過去形】　비쌌어서(×) / 비쌌으니까(○) / 비쌌기 때문에(○) 안 샀어요.

【勧誘】　사람이 많아서(×) / 많으니까(○) / 많기 때문에 (×) 다음에 올까요?

【謝罪】　늦어서(○) / 늦었니까(×) / 늦었기 때문에(×) 죄송합니다.

본문 회화 本文会話

由香とジウが就活について話をしている。 82

① 지우: 유카 씨, 취업 준비 어떻게 할 거예요?

② 유카: 저는 **취업하기 전**에 인턴 사원으로 일해 **보기로 했어요**.

③ 지우: 그래요? 요즘 취업난 때문에 인턴 경험이 있으면 좋죠!

④ 유카: 맞아요. 아까 선배한테도 **물어봤는데** 인턴으로 일할 회사를 아직 **못 정했어요**.

⑤ 지우: 그럼 먼저 유카 씨가 하고 싶은 일을 **생각한 후에** 회사를 알아보는 게 어때요?

⑥ 유카: 네, 그럴게요. 고마워요.

【注意する発音変化】

① 어떻게 [어떠케]　할 거예요 [할꺼에요]

② 취업하기 [취어파기]　전에 [저네]　일해 [이래]

③ 취업난 [취엄난]　경험이 [경어미]　좋죠 [조쵸]

④ 물어봤는데 [무러봔는데]　못 정했어요 [몯쩡애써요]

⑤ 싶은 일을 [시픈 니를]　생각한 [생가칸]

회화 연습 会話練習

연습 1 例のようにⓐの答えをⓑと繋ぎ会話してみよう。ⓑの下線部は語群から単語を選び相応しい形に変えよう。

ⓐ 유카 씨 연락처를 아세요?

ⓑ 아뇨, 지우 씨한테 물어보세요.

ⓐ

❶유카 씨 연락처를 아세요?
❷이 짐은 어떻게 할까요?
❸한국어를 잘하는 방법이 뭐예요?
❹요즘에도 매일 운동해요?
❺저 사람은 거짓말하는 것 같아요.

※연락처 連絡先、방법 方法、매일 毎日、거짓말하다 嘘をつく

ⓑ

❶아뇨, 지우 씨한테 ___아/어 보세요.
❷매일 한 시간씩 ___아요/어요.
❸한국어를 많이 ___면/으면 돼요.
❹그래도 한번 ___아/어 보면 어때요?
❺무거우니까 제 차에 ___세요/으세요.

※씩 ずつ

싣다 載せる　듣다　묻다 尋ねる　걷다　믿다 信じる

연습 2 例のように適切な助詞を入れて会話してみよう。

ⓐ 김치를 먹을 수 있어요?

ⓑ 아뇨, 너무 매워서 못 먹어요.

ⓐ

❶김치 / 먹을 수 있다
❷숙제 / 다 / 했다
❸오늘 / 학교 / 안 / 갔다
❹왜 / 머리 / 안 / 잘랐다
❺한국어 / 이야기한 적 있다

ⓑ

❶아뇨, 너무 / 맵다 / 먹다
❷아뇨, 깜빡하다 / 했다
❸네, 감기 / 걸리다 / 갔다
❹미용실 / 쉬는 날 / 잘랐다
❺네, 그런데 / 말 / 빠르다 / 알아듣었다

※깜빡하다 うっかりする、알아듣다 聞き取る、理解する

연습 3 例のように会話してみよう。

a ○○ 씨, 메일을 보내기 전에 내용을 한번 확인하세요.

b 네, 알겠어요. 확인한 후에 메일을 보낼게요.

a

❶메일을 보내다 / 내용을 한번 확인하다
❷약을 먹다 / 먼저 식사를 하다
❸거래처에 가다 / 미리 연락하다
❹컴퓨터를 사다 / 기능을 잘 알아보다
❺카드를 만들다 / 주의사항을 꼭 읽다

※확인하다 確認する、먼저 先に、미리 前もって、기능 機能、카드 カード、주의사항 注意事項

b

❶확인하다 / 메일을 보내다
❷밥을 먹다 / 약을 먹다
❸약속을 잡다 / 가다
❹잘 알아보다 / 사다
❺잘 읽다 / 신청하다

※약속을 잡다 約束を取り付ける、신청하다 申請する

연습 4 例のように会話してみよう。

a 이제 방학인데 뭐 할 거예요?

b 내년 유학을 가야 해서 알바하기로 했어요.

a

❶이제 방학 / 뭐 하다
❷오늘 친구들 모임이 있다 / 가다
❸이번 주가 파티 / 어떻게 하다
❹학교가 멀다 / 기숙사에서 계속 살다
❺케이크가 남아 있다 / 먹다

※남아 있다 残っている

b

❶내년에 유학을 가다 / 알바하다
❷일을 끝내다 / 안 가다
❸이것저것 준비하다 / 음식은 배달시키다
❹돈을 아끼다 / 기숙사에서 계속 살다
❺다이어트하다 / 단 음식을 안 먹다

※이것저것 あれこれ、배달시키다 出前を取る、돈을 아끼다 節約する、大事にする

말해봅시다 話してみよう

提示された文型とボックス内にある参考表現を用いて、1～4について話してみよう。

文型 ： 기 전에, 은 후에, 기로 하다, 못, 지 못하다

1. 어제 한 일 / 오늘 할 일

<参考表現> 쇼핑하다, ◯◯를/을 먹다, 영화를 보다, 친구를 만나다, 차를 마시다, 카페에 가다, 쇼핑하다, 이야기를 듣다, 노래방에 가다, 상담을 하다, 물어보다, 이력서를 쓰다 履歴書を書く …

例1) 어제는 친구를 만났어요. 오랜만에 같이 영화를 보기로 했는데, 영화를 보기 전에 먼저 쇼핑을 했어요. 영화를 본 후 한국 요리를 먹고, 카페에서 차도 마셨어요. 그리고 노래방에도 가려고 했는데, 시간이 늦어서 못 갔어요.

例2) 오늘은 학교 선배를 만나서 취업 이야기도 듣고 인턴 상담도 하기로 했어요. 선배를 만나기 전에 이력서를 쓸 거예요. 이력서를 쓴 후에 선배한테 여러 가지 물어볼 생각이에요.

※여러 가지 色々

2. 하루 일정

<参考表現> 한국어, 동아리, 수업, ◯◯교시, 댄스, 일어나다, 산책하다, 공부하다, 올해, 토픽, 과제를 하다, 도서관에 가다 …

3. 주말, 연휴에 한 일

<参考表現> 숙제하다, 공부하다, 운동하다, 전화하다, 식사를 하다, 알바를 하다, 여행을 가다, 친구를 만나다, 레포트를 쓰다, 파티에 가다 …

4. 졸업 후 계획 / 앞으로의 결심

<参考表現> ◯◯ 공부하다, 인턴을 하다, 취업하다, 결혼하다, 유학을 가다, ◯◯을 만들다, 여행을 가다, 남친/여친을 사귀다, 토픽을 보다 돈을 모으다, 다이어트를 하다 …

들어봅시다 聞いてみよう

83 

会話を聞き、答えてみよう。

(1) 합격 연락은 언제 왔어요?

(2) 남자는 언제부터 일하기로 했어요?

(3) 남자는 취업 준비를 어떻게 했어요?

覗いてみよう、韓国文化

コラム 10

電車利用について

今は日本でも、電車の車内放送で韓国語の案内を耳にします。同じように韓国でも電車の中で日本語の案内放送が流れるので、とても親切さが感じられます。

しかし、電車を利用するときのマナーや利用方法などは日韓で異なる点が多く、注意する必要があります。日本では、電車の中での通話がマナー違反ですが、韓国では普通に通話する姿が見受けられます。韓国では電車とバス等での通話はマナー違反ではなく許容の範囲内で、通話することが問題なくできます。

現在、日本の公共交通機関では、交通系カードの利用が主流で、1回きりの切符はほとんど使われていない状況です。そのような事情は韓国でも同じで、ソウル市が出資・設立したティーマネー(T-money)という交通カードをほとんどの人が使っています。そのカードを利用すると地下鉄からバスに乗り換えても「通し運賃扱い」となるので、切符に比べてお得になります。

はじめての韓国旅行ではシステム等がよくわからず、そのカードをどこで買えばいいのか、どのように使えばいいのかが分りませんよね。実際にソウル駅の改札口でティーマネーを持ってはいるけれど、改札から出ることができず、困っている日本人観光客をよく見かけます。日本では、各駅に駅員さんがいるので何かのトラブルが生じた場合は、駅員さんに聞けばすぐに対応してくれますが、韓国ではソウル駅でも改札口によっては駅員さんがいない場合が多く、どうしようもない状況に陥ることもあります。もし皆さんがソウル市内を電車で観光したいときはどうしたらいいでしょうか。

ティーマネーは、駅近くのコンビニで買えます。そして、改札でのトラブルの際は、呼び出しボタンを探して駅員さんを呼んでください。それでもダメな場合は、'동일역 5분 재개찰 제도'「同一駅5分再改札制度」というものがあります。それは、乗客が間違った方向の改札に入ってしまったとき等、5分以内で同じ改札を利用すれば、1回に限って電車代が免除されるという制度です。ですので大きなスーツケースをもって誤って改札に入ってしまったときなどに、一度使ってみてください。但し、1回使い切りの切符は、'동일역 5분 재개찰 제도'は、適用されないので注意しましょう。

앞으로 지각하지 않도록 조심할게요.

助言をする　これから遅刻しないように気を付けます。

失敗した人に助言しよう。

主な表現

- ㅎ変則用言
- ～ながら、～のに ： -면서/으면서
- ～ように、～まで、～ほど ： -도록
- ～てしまう ： -아/어 버리다

次からは遅れないようにしてくださいね。

朝寝坊をして遅れてしまいました。
すみません。

문법과 표현 文法と表現

문법 1 ㅎ変則用言

語幹末が子音ㅎで終わる形容詞は、으型語尾及び아/어型の語尾が続くと変則的な活用をする。

1. 으型語尾が続く場合　→「ㅎ」と「으」が脱落する。

例）・仮定・条件（면/으면）　이렇다 こうだ → 이렇 ＋ 으면 → 이러면 こうなら

・連体形（ㄴ/은）　이렇다 こうだ → 이렇 ＋ 은 사람 → 이런 사람 こんな人

2. 아／어型語尾が続く場合　→「ㅎ」が脱落し、아/어母音が「ㅐ」に変わる。「하얗다」のみ、母音が「ㅒ」となる。

例）・理由・原因（아서/어서）노랗다 黄色い → 노랗 ＋ 아서 → 노래서 黄色いので

・해요体　빨갛다 赤い → 빨갛 ＋ 아요 → 빨개요 赤いです

※ ただし、形容詞の「좋다 良い」と動詞は、正則活用に従う。

연습 1 例のように表を完成させよう。

	-(으)니까	-아서/어서	합니다体	해요体
例) 그렇다 そうだ	그러니까	그래서	그렇습니다	그래요
파랗다 青い				
하얗다 白い				
좋다★ 良い				

★は正則

문법 ② 用言語幹＋면서／으면서「〜ながら、〜のに」

二つの動作や状態が同時に成立するという意味を表す。また、対立や逆接を表す用法もある。

母音語幹	＋면서	공부하다 勉強する	→ 공부하면서 勉強しながら
ㄹ語幹		울다 泣く	→ 울면서 泣きながら
子音語幹＋으면서		읽다 読む	→ 읽으면서 読みながら

신문을 읽으면서 차를 마셔요. 新聞を読みながらお茶を飲みます。

어머니는 울면서 드라마를 봐요. 母は泣きながらドラマを見ます。

비싸면서 맛이 없어요. 高いのに美味しくないです。

연습 2 例のように適切な助詞を補い、「-면서/으면서」を用いた해요体の文にしよう。

例) 저 / 운전하다 / 노래 / 부르다 　저는 운전하면서 노래를 불러요.
私は運転しながら歌を歌います。

(1) 선배 / 케이크 / 만들다 / 이야기 / 했다 ＿＿＿＿＿＿＿＿

(2) 언니 / 대학교 / 다니다 / 알바 / 하다 ＿＿＿＿＿＿＿＿

(3) 친구 / 항상 / 웃다 / 말하다 ＿＿＿＿＿＿＿＿

문법 ❸ 動詞語幹 + 도록「〜ように、〜まで、〜ほど」

文脈によって、命令や指示、目的や方向、限界や程度などを表す。

動詞語幹 + 도록	만나다 会う → 만나도록 하세요 会うようにしてください
	만들다 作る → 만들도록 하세요 作るようにしてください
	넘다 超える → 넘지 않도록 하세요 超えないようにしてください

【命令や指示】 앞으로 지각하지 않도록 하세요.
今後遅刻しないようにしてください。

【目的や方向】 아이가 잘 먹을 수 있도록 작게 잘랐어요.
子どもがうまく食べられるように小さく切りました。

【限界や程度】 목이 터지도록 친구 이름을 불렀어요.
喉が裂けるまで友達の名前を呼びました。

연습 3 例のように、適切な助詞を補い「-도록」を用いた해요体の文にしよう。

例） 자격증 / 딸 때 / 죽다 / 고생했다　　자격증을 딸 때 죽도록 고생했어요.
資格を取る時死ぬほど苦労しました。

(1) 늦잠 寝坊 / 자지 않다 / 일찍 / 잤다　　＿＿＿＿＿＿＿＿

(2) 친구 / 밤새다 徹夜する / 이야기했다　　＿＿＿＿＿＿＿＿

(3) 자신감 自信感 / 가질 수 있다 持てる / 칭찬하다 褒める (命令)
＿＿＿＿＿＿＿＿

문법 4 動詞語幹 + 아 / 어 버리다「〜てしまう」

動作が完了·実現したことを表す。

陽母音 + 아 버리다	앉다 座る	→ 앉아 버리다 座ってしまう
陰母音 + 어 버리다	보내다 送る	→ 보내 버리다 送ってしまう
하다 → 해 버리다	주문하다 注文する	→ 주문해 버리다 注文してしまう

다리가 아파서 그냥 앉아 버렸어요. 足が痛くてそのまま座り込んでしまいました。

확인도 안 하고 메일을 보내 버렸어요. 確認もせずにメールを送ってしまいました。

요리를 너무 많이 주문해 버렸어요. 料理を注文しすぎてしまいました。

연습 4 例のように適切な助詞を補い、「-았는데/었는데, -아/어 버리다」を用いた해요体の文にしよう。

例) 도서관 / 책 / 빌리다 / 잃다　　도서관에서 책을 빌렸는데 잃어버렸어요.

図書館で本を借りたんですが、失くしてしまいました。

(1) 열심히 / 공부하다 / 시험 / 떨어지다 ____________________

(2) 지난 달 / 사다 / 벌써 / 고장나다 ____________________

(3) 그 일 / 비밀 / 말하다 ____________________

단어 単語

No.	韓国語	発音	意味
(1)	첫 출근하다	[천출그나다]	初出勤する
(2)	첫날	[천날]	初日
(3)	늦잠을 자다	[늗짜믈 자다]	寝坊をする
(4)	지각하다	[지가카다]	遅刻する
(5)	깨우다		起こす
(6)	마치다		終える
(7)	다행이다		幸いだ、何よりだ

빨간색 赤色　주황색 橙色　노란색 黄色　초록색 緑色　파란색 青色　남색 藍色　보라색 紫色
하얀색 白色　까만색 黒色　갈색 茶色　핑크색 ピンク　베이지색 ベージュ　회색 グレー

본문 회화 本文会話

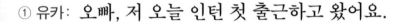

由香とソジュンが将来について話す。 84

① 유카: 오빠, 저 오늘 인턴 첫 출근하고 왔어요.

② 서준: **어땠어요**? 많이 힘들었죠?

③ 유카: 그런데, 첫날부터 늦잠을 자서 지각**해 버렸어요**.

④ 서준: 아무리 인턴이라도 지각하면 안 돼요.

⑤ 유카: 앞으로 지각하지 **않도록** 조심할게요.

⑥ 서준: 내가 같이 있으면 깨워 줄 수 있는데.

⑦ 유카: 어머! 정말요?

⑧ 서준: 그런데, 인턴을 마치면 한국에서 취업할 거죠?

⑨ 유카: 네, 인턴을 **하면서** 계속 취업 준비를 할 거예요.

⑩ 서준: 다행이에요. 앞으로도 계속 나랑 같이 있어 줄래요?

【注意する発音変化】

① 출근하고 [출그나고]

② 많이 [마니]　힘들었죠 [힘드럳쬬]

③ 첫날부터 [천날부터]　늦잠을 [늗짜믈]　지각해 [지가캐]

⑤ 않도록 [안토록]　조심할게요 [조시말께요]

⑥ 같이 [가치]

⑦ 정말요 [정말료]

⑧ 취업할 거죠 [취어팔 꺼죠]

회화 연습 会話練習

연습 1 例のようにⓐの答えをⓑと繋ぎ会話してみよう。ⓑの下線部は語群から単語を選んで、相応しい形に変えよう。

ⓐ 무슨 색을 좋아하세요?

ⓑ 저는 파란색을 좋아하는 편이에요.

ⓐ

❶무슨 색을 좋아하세요?
❷점심은 뭐가 좋을까요?
❸왜 이렇게 길이 막혀요?
❹이 티셔츠 어느 색이 괜찮아요?
❺남자 친구가 너무 잘해 줘요.

※티셔츠 Tシャツ

ⓑ

❶시원한 냉면은 ______아요/어요?
❷______색이 잘 어울리는 것 같아요.
❸저도 ______ㄴ/은 사람을 만나고 싶어요.
❹날씨가 _____아서/어서 다들 놀러 가는 것 같아요.
❺저는 _____색을 좋아하는 편이에요.

※냉면 冷麺、다들 みんな

그렇다　좋다　하얗다　~~파랗다~~　어떻다

연습 2 例のように適切な助詞を入れ会話してみよう。

ⓐ 여동생은 지금 뭐 해요?

ⓑ 음악을 들으면서 요리를 만들어요.

ⓐ

❶여동생은 지금 뭐 하다
❷어제 남자 친구하고 뭐 했다
❸영어 공부는 어떻게 하다
❹이거 어떻게 열다
❺내년에 대학원에 가다

※대학원 大学院

ⓑ

❶음악 / 듣다 / 요리 / 만들다
❷피자 ピザ / 먹다 / 영화 / 봤다
❸단어 単語 / 쓰다 / 외우다 覚える
❹뚜껑 蓋 / 누르다 押す / 돌리면 되다 回せばいい
❺네, 일하다 / 연구 研究 / 하기로 했다

연습 3 例のように適切な助詞を入れ会話してみよう。

ⓐ 유학 간 친구한테 연락 왔어요?

ⓑ 아뇨, 한달이 지나도록 연락이 없어요.

ⓐ

❶유학 간 친구한테 연락 왔다
❷눈이 빨간데 왜 그렇다
❸시험 결과는 나왔다
❹많이 추운데 어떻게 지내다
❺호텔은 예약했다

※눈 目、결과 結果

ⓑ

❶아뇨, 한달 / 지나다 / 연락 / 없다
❷어제 / 밤새다 / 드라마 / 봤다
❸아뇨, 눈 / 빠지다 / 기다리고 있다
❹독감 / 걸리지 않다 / 조심하고 있다
❺네, 편하게 쉴 수 있다 / 넓은 방 / 예약했다

※밤새다 徹夜する、눈이 빠지도록 기다리다 首を長くして待つ、독감 インフルエンザ、조심하다 気を付ける

연습 4 例のように会話してみよう。

ⓐ 너무 바빠서 약속을 잊어버렸어요.

ⓑ 앞으로는 메모를 잘 하도록 하세요.

ⓐ

❶너무 바빠다 / 약속을 잊다
❷늦잠을 자다 / 전철을 놓치다
❸어젯밤에 출출하다 / 라면을 먹다
❹사고 싶은 게 있다 / 힘들게 번 돈을 다 쓰다
❺형이 화가 나다 / 집을 나가다

※잊다 忘れる、늦잠을 자다 寝坊をする、놓치다 逃す、출출하다 小腹が空く

ⓑ

❶메모를 잘 하다
❷일찍 자고 일찍 일어나다
❸너무 늦은 시간에는 먹지 않다
❹사기 전에 한번 더 생각하다
❺싸우지 않다

※일어나다 起きる

말해봅시다 話してみよう

例のように悩みを聞き、参考表現に「−도록, −세요/으세요」、「−도록, −아/어 보세요」を付けてアドバイスをしてみよう。

고민 悩み

例）약속을 자주 잊어버리다

1. 한국어 발음이 어렵다
2. 아침에 일찍 못 일어나서 자주 지각하다
3. 수업이 어려워서 따라갈 수 없다
4. 좋아하는 아이돌을 만나고 싶다
5. 밤에 많이 먹어서 아침에 얼굴이 붓다
6. 발표할 때 긴장을 많이 해서 실수해 버리다
7. 외국 사람과 사귀고 싶다
8. 지갑을 자주 잃어버리다
9. 하루 세끼 먹으면서 다이어트도 하고 싶다
10. 自分の悩みを相談してみよう。

※잊어버리다 忘れてしまう、일어나다 起きる、지각하다 遅刻する、따라갈 수 없다 ついていけない、실수해 버리다 失敗してしまう、잃어버리다 無くしてしまう、하루 세끼 一日三食

例） A：저는 약속을 자주 잊어버려요.

B：그럼 자주 메모를 하도록 해 보세요.

参考表現

메모하다, 자다, 연습하다, 자신을 가지다 自信を持つ, 야식 夜食, 아침을 먹다, 많이 듣다, 인터넷, 정보, 유학가다, 확인, 운동하다 …

들어봅시다 聞いてみよう

85 

会話を聞き、答えてみよう。

(1) 여자는 왜 지각을 했어요?

____

(2) 면접은 어땠어요?

____

付録

助詞のまとめ

		助詞	終声	例文
は		는	無	저는 대학생이에요. 私は大学生です。
		은	有	남동생은 회사원이에요. 弟は会社員です。
		께서는 (尊敬)	－	선생님께서는 안 계세요. 先生はいらっしゃいません。
が		가	無	여기가 식당이에요. ここが食堂です。
		이	有	이 분이 선생님이에요. この方が先生です。
		께서 (尊敬)	－	선생님께서 가세요. 先生が行かれます。
を		를	無	드라마를 봐요. ドラマを見ます。
		을	有	사진을 찍어요. 写真を撮ります。
と		와	無	우유와 빵 牛乳とパン
		과	有	빵과 우유 パンと牛乳
		하고 (話し言葉)	－	빵하고 우유 パンと牛乳
		랑 (話し言葉)	無	친구랑 여동생 友達と妹
		이랑 (話し言葉)	有	여동생이랑 친구 妹と友達
の		의	－	친구의 친구 友達の友達
も		도	－	저도 가요. 私も行きます。
に	(位置)	에	－	왼쪽에 있어요. 左にいます。
	(時間)	에	－	12시에 만나요. 12時に会います。
	(場所)	에	－	학교에 가요. 学校に行きます。
	(人)	에게	－	친구에게 보내요. 友達に送ります。
		께 (尊敬)	－	선생님께 보내요. 先生に送ります。

助詞のまとめ

<table>
<tr><th colspan="2"></th><th>助詞</th><th>終声</th><th>例文</th></tr>
<tr><td colspan="2" rowspan="2">へ（方向）</td><td>로</td><td>無</td><td>학교로 가요. 学校へ行きます。</td></tr>
<tr><td>으로</td><td>有</td><td>이쪽으로 오세요. こちらへ来てください。</td></tr>
<tr><td rowspan="4">で</td><td rowspan="2">（手段）</td><td>로</td><td>無</td><td>버스로 가요. バスで行きます。</td></tr>
<tr><td>으로</td><td>有</td><td>손으로 써요. 手で書きます。</td></tr>
<tr><td>（場所）</td><td>에서</td><td>－</td><td>학교에서 공부해요. 学校で勉強します。</td></tr>
<tr><td>（単位）</td><td>에</td><td>－</td><td>천원에 부탁해요. 千ウォンでお願いします。</td></tr>
<tr><td rowspan="4">から</td><td>（場所）</td><td>에서</td><td>－</td><td>한국에서 와요. 韓国から来ます。</td></tr>
<tr><td>（時間）</td><td>부터</td><td>－</td><td>1시부터 만나요. 1時から会います。</td></tr>
<tr><td rowspan="2">（人）</td><td>에게서</td><td>－</td><td>친구에게서 받았어요. 友達から貰いました。</td></tr>
<tr><td>한테서（話し言葉）</td><td>－</td><td>친구한테서 받았어요. 友達から貰いました。</td></tr>
<tr><td colspan="2">まで</td><td>까지</td><td>－</td><td>저녁까지 공부해요. 夕方まで勉強します。</td></tr>
<tr><td colspan="2">より</td><td>보다</td><td>－</td><td>공부보다 운동 勉強より運動</td></tr>
<tr><td colspan="2">だけ</td><td>만</td><td>－</td><td>한 개만 있어요. ひとつだけあります。</td></tr>
<tr><td colspan="2" rowspan="2">でも</td><td>라도</td><td>無</td><td>식사라도 하죠. 食事でもしましょう。</td></tr>
<tr><td>이라도</td><td>有</td><td>빵이라도 먹죠. パンでも食べましょう。</td></tr>
<tr><td colspan="2">しか</td><td>밖에</td><td>－</td><td>100원밖에 없어요. 100ウォンしかありません。</td></tr>
<tr><td colspan="2">ように</td><td>처럼</td><td>－</td><td>학생처럼 보여요. 学生のように見えます。</td></tr>
</table>

발음 변화 発音変化

● 有声音化

1. 子音ㄱ[k]、ㄷ[t]、ㅂ[p]、ㅈ[tʃ]が母音に挟まれると、それぞれ[g] [d] [b] [dʒ]のように有声音化（濁音化）する。

例） 고기 [kogi] 肉　　바다 [pada] 海

부부 [pubu] 夫婦　　아주 [adʒu] とても

2. 終声「ㄴ」「ㅁ」「ㄹ」「ㅇ」の後に続く平音「ㄱ」「ㄷ」「ㅂ」「ㅈ」は有声音化する。「ㄱ」「ㄷ」「ㅂ」「ㅈ」以外の子音が有声音化することはない。

終声		初声		終声		初声	
ㄴ ㅁ ㄹ ㅇ	+	ㄱ[k] ㄷ[t] ㅂ[p] ㅈ[tʃ]	=	そのまま	+	ㄱ[g] ㄷ[d] ㅂ[b] ㅈ[dʒ]	한국 [hanguk] 韓国 담당 [tamdaŋ] 担当 일본 [ilbon] 日本 상자 [saŋdʒa] 箱

● 連音化

終声の次に母音が続くと、終声が次の母音に移って発音される。この現象を連音化と言う。終声が二文字の場合は、左側の子音は終声として残り、右側の子音のみ次の母音に移って発音される。

국어 [구거] 国語
흙이 [흘기] 土が
젊은이 [절므니] 若者
밖에 [바께] 外に
종이 [종이] 紙

※ 終声が濃音の場合、終声全体が次の母音に移る。
※ 終声がㅇの場合、連音化は起きず、初声の母音が鼻音になる。

● ㅎ音の弱音化

1. 終声「ㄴ」「ㅁ」「ㄹ」「ㅇ」や母音の後に「ㅎ」が続くと、「ㅎ」の音は弱くなり、終声の連音化が起きる。

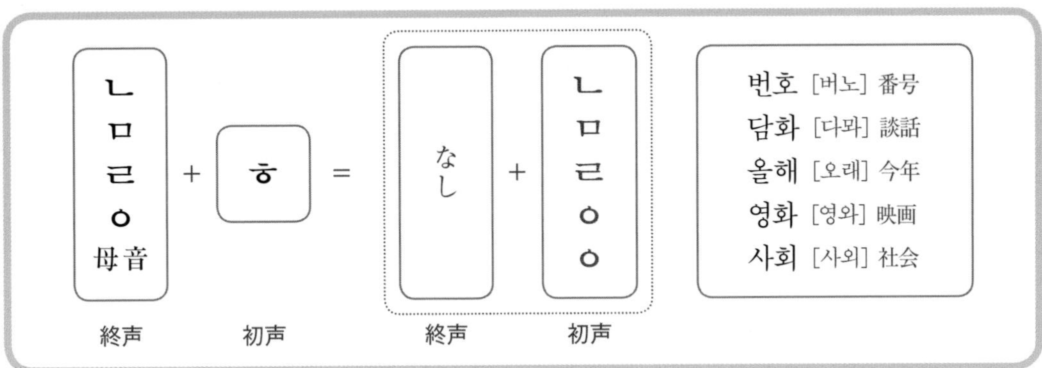

※ただし、終声が「ㅇ」の場合は連音化しない。

2. 終声「ㅎ」の後に「ㅇ」が続くと、「ㅎ」は発音されない。

終声		初声		終声		初声	例
ㅎ	+	ㅇ	=	なし	+	ㅇ	좋아요 [조아요] 良いです 놓아요 [노아요] 置きます

3. 終声「ㄶ」「ㅀ」の後に「ㅇ」が続くと、「ㅎ」音が発音されず、それぞれの終声「ㄴ」と「ㄹ」が連音化する。

終声		初声		終声		初声	例
ㄶ ㅀ	+	ㅇ	=	ㄴ ㄹ	+	ㅇ	괜찮아요 [괜차나요] 大丈夫です 싫어요 [시러요] 嫌いです

● ㅎ音の激音化

1. 終声「ㄱ(k型)」「ㄷ(t型)」「ㅂ(p型)」の後に「ㅎ」が続くと、終声が連音化され、それぞれ激音に変わる。

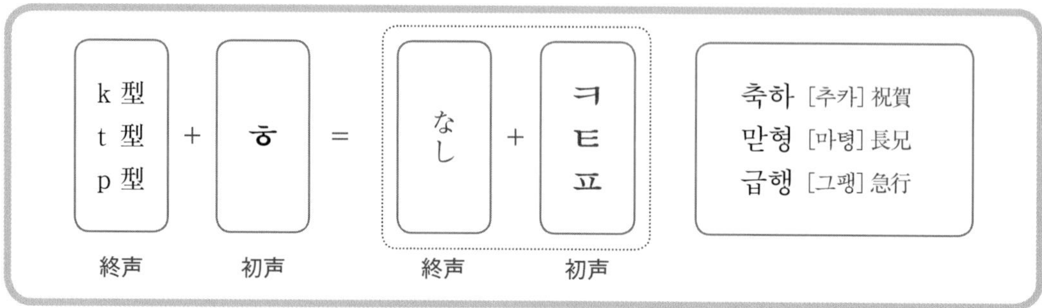

※ただし、パッチム「ㅈ」の後ろに「ㅎ」が続く場合、「ㅊ」になる。例) 맞히다 [마치다] 当てる

2. 終声「ㅎ」の後に「ㄱ」「ㄷ」「ㅈ」が続くと、それぞれ激音に変わる。

ㅎ ＋ ㄱ ㄷ ㅈ ＝ なし ＋ ㅋ ㅌ ㅊ

終声　初声　終声　初声

놓고 [노코] 置いて
좋다 [조타] 良い
좋지 [조치] 良いとも

● 濃音化

終声「ㄱ(k型)」「ㄷ(t型)」「ㅂ(p型)」の後に「ㄱ」「ㄷ」「ㅂ」「ㅅ」「ㅈ」で始まる子音が続くと、それぞれ濃音の「ㄲ」「ㄸ」「ㅃ」「ㅆ」「ㅉ」に発音される。

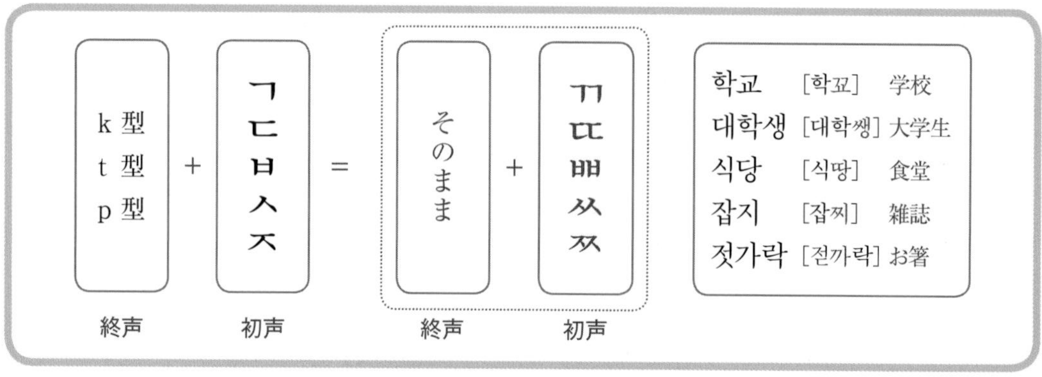

● 鼻音化

1. 終声「ㄱ (k型)」「ㄷ (t型)」「ㅂ (p型)」の後に鼻音「ㄴ」「ㅁ」が続くと、「ㄱ (k型)」は「ㅇ」、「ㄷ (t型)」は「ㄴ」、そして「ㅂ (p型)」は「ㅁ」で発音する。

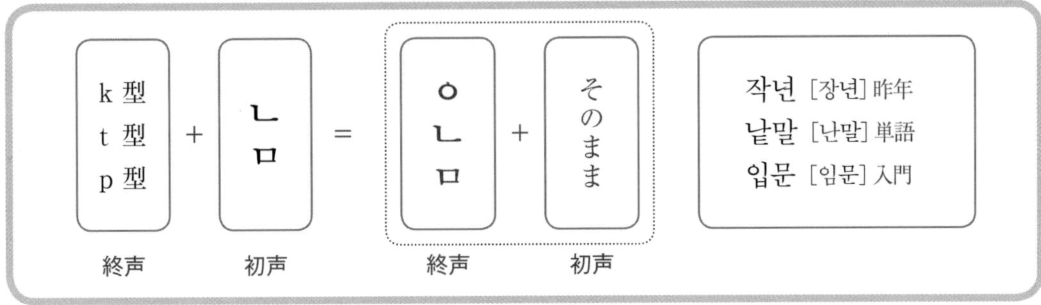

2. 終声「ㅁ」「ㅇ」の後に「ㄹ」が続くと、「ㄹ」は鼻音「ㄴ」で発音される。

ㅁ ㅇ（終声） + ㄹ（初声） = そのまま（終声） + ㄴ（初声）

심리 [심니] 心理
종류 [종뉴] 種類

3. 終声「ㄱ (k型)」「ㅂ (p型)」の後に「ㄹ」が続くと、「ㄹ」が「ㄴ」に変わり、終声「ㄱ」「ㅂ」はそれぞれの鼻音「ㅇ」「ㅁ」に変わって発音される。

k 型 p 型（終声） + ㄹ（初声） = ㅇ ㅁ（終声） + ㄴ（初声）

독립 [동닙] 独立
급료 [금뇨] 給料

● 流音化

終声「ㄴ」の後に「ㄹ」の子音が続く場合、また終声「ㄹ」の後に「ㄴ」の子音が続く場合は、どちらも「ㄹ」で発音される。ただし、漢字語の合成語の場合は、「ㄴ」+「ㄴ」となる。

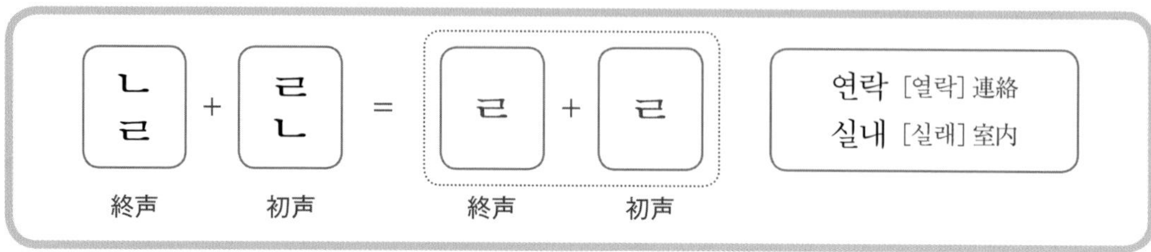

※漢字語の合成語の場合　例）의견란[의견난] 意見欄

● 口蓋音化

終声「ㄷ」と「ㅌ」の次に母音「이」が続くと、それぞれ「ㅈ」「ㅊ」の音に変わる。

ㄷ ㅌ（終声）+ 이 = なし（終声）+ 지 치

굳이 [구지] あえて
같이 [가치] 一緒に

● ㄴ挿入

合成語や派生語の場合、前が子音で終わり、後ろが이、야、여、요、유で始まると、ㄴが挿入され「니、냐、녀、뇨、뉴」になる。

例）부산역　[부산녁]（ㄴ挿入）釜山駅
　　십육　[십뉵]（ㄴ挿入）　→　[심뉵]（鼻音化）十六
　　백육　[백뉵]（ㄴ挿入）　→　[뱅뉵]（鼻音化）百六
　　첫여름　[천녀름]（ㄴ挿入）　→　[천녀름]（鼻音化）初夏
　　볼일　[볼닐]（ㄴ挿入）　→　[볼릴]（流音化）用事

連体形のまとめ

	未来	現在	過去	
			単純過去	回想
動詞・存在詞	ㄹ/을	는	ㄴ/은	던, 았던/었던
形容詞・指定詞	ㄹ/을	ㄴ/은	던, 았던/었던	

※ 存在詞「있다、없다、계시다」の場合は、「있던、없던、계시던」という形で単純過去を表す。
用言と「時（때）」が結合する場合は、時制に関係なく慣用的に「ㄹ/을 때」または「았을/었을 때」を使う。

● 未来連体形

내일 갈 장소 明日行く場所、 내일 놀 시간 明日遊ぶ時間

내일 입을 옷 明日着る服

● 現在連体形（動詞・存在詞）

전화하는 사람 電話している人、 노는 사람 遊んでいる人、 읽는 사람 読んでいる人

여기 있는 사람 ここにいる人、 재미없는 사람 面白くない人

● 現在連体形（形容詞・指定詞）

성격이 나쁜 사람 性格が悪い人、 단 음식 甘い食べ物、 좁은 집 狭い家

교사인 형 教師の兄、 교사가 아닌 형 教師ではない兄

● 過去連体形（動詞）

어제 쓴 편지 昨日書いた手紙、 같이 논 사람 一緒に遊んだ人

어제 받은 과사 昨日もらったお菓子

● 過去連体形（形容詞・指定詞）

시끄럽던 / 시끄러웠던 교실 うるさかった教室

초등학생이던 / 초등학생이었던 여동생 小学生だった妹

● 過去回想連体形（動詞）

자주 읽던 / 읽었던 책 よく読んでいた本

変則用言のまとめ

● 活用の種類

用言の活用型は、次の3つの種類がある。

活用型		文型例	用例
語幹型	語幹のみ	逆接 (지만)	가다 → 가지만 行くけど
			먹다 → 먹지만 食べるけど
으型	母音語幹 + φ	仮定 (면/으면)	가다 → 가면 行ったら
	子音語幹 + 으		먹다 → 먹으면 食べたら
아/어型	陽母音 + 아	해요体	앉다 → 앉아요 座ります
	陰母音 + 어		먹다 → 먹어요 食べます

活用型	文型
語幹型	지 않다 (否定形)、고 (羅列)、고 싶다 (希望)、겠 (意思)、지만 (対比・逆接)、 지요 (確認・質問)、고 있다 (状況・進行)、네요 (感嘆)、게 (副詞化)、 지 말다/마세요 (禁止)、기 때문에 (理由・原因)、거나 (羅列)、 지 못하다 (不可能)、기 전에 (動作の順序)、기로 하다 (決定・計画)、 도록 (命令・指示)
으型	시/으시 (尊敬形)、ㄹ까요?/을까요? (意向・意見)、러/으러 (目的)、 ㄹ게요/을게요 (意志・約束)、ㄴ/은 적이 있다/없다 (経験の有無)、 ㄹ/을 때 (時)、ㄹ/을 것이다 (意志・予定)、ㄹ래요/을래요 (意志・意向)、 면/으면 (仮定・条件)、려고/으려고 하다 (意図)、 ㄹ/을 수 있다/없다 (可能・不可能)、니까/으니까 (理由・原因)、 면/으면 되다 (適当な方法)/안 되다 (禁止・制限)、ㄴ/은 지 (時間の経過)、 ㄴ/은 편이다 (傾向・頻度)、ㄹ까/을까 하다 (不確かな計画)、 ㄴ/은 후에 (動作の順序)、면서/으면서 (同時進行)
아/어型	해요体、아/어 주다 (依頼)、아서/어서 (先行・理由)、아/어 있다 (完了の持続)、 아/어 보다 (経験)、아야/어야 하다/되다 (義務・必要性)、 아도/어도 (譲歩・仮定)、아도/어도 되다 (許可・許容)、 아지다/어지다 (状態の変化)、아/어 버리다 (完了・実現)

変則用言のまとめ

● ㄹ語幹用言

1. 子音語幹ではなく母音語幹として扱う。

例）・仮定・条件（면/으면）　놀 + 면 → 놀면 遊べば

・動作の目的（러/으러）　놀 + 러 → 놀러 遊びに

※初声のㄹで始まる語尾（러/으러など）が続くと、ㄹ脱落は起きない。

2. さらに、「ㄴ、ㄹ、ㅂ、ㅅ」で始まる語尾が続くと【ㄹ脱落】する。

例）・【ㄴ】現在連体形（動詞語幹＋는）　놀＋는 → 노는 遊んでいる

・【ㄹ】意志・確認（ㄹ게요/을게요）　놀＋ㄹ게요 → 놀게요 遊びます（終声のㄹ語尾）

・【ㅂ】합니다体（ㅂ니다/습니다）　놀＋ㅂ니다 → 놉니다 遊びます

・【ㅅ】尊敬形（세요/으세요）　놀＋세요 → 노세요 遊んでください

	는/ㄴ/은데	ㄹ/을까요?	ㅂ니다/습니다	세요/으세요	-러/으러
들다 持つ	드는데	들까요?	듭니다	드세요	들러
열다 開ける	여는데	열까요?	엽니다	여세요	열러
살다 住む	사는데	살까요?	삽니다	사세요	살러

● 으変則用言

語幹末が「ㅡ」で終わる用言は、아/어型語尾が続くと変則的な活用をする。「ㅡ」の前の母音が陽母音（ㅏ・ㅗ）の場合は、「ㅡ」を「ㅏ」に、陰母音（ㅏ・ㅗ以外）の場合は、「ㅡ」を「ㅓ」に置き換える。

・바쁘다 忙しい　바쁘【陽母音】 + ㅏ요 → 바빠요 忙しいです

・예쁘다 きれいだ　예쁘【陽母音】 + ㅓ요 → 예뻐요 きれいです

・크다 大きい　크【陰母音】 + ㅓ요 → 커요 大きいです

	합니다		해요体	
	現在形	過去形	現在形	過去形
아프다 痛い	아픕니다	아팠습니다	아파요	아팠어요
기쁘다 嬉しい	기쁩니다	기뻤습니다	기뻐요	기뻤어요
끄다 消す	끕니다	껐습니다	꺼요	껐어요

変則用言のまとめ

● ㅂ変則用言

語幹末が子音ㅂで終わる用言は、으型語尾及び아/어型語尾が続くと変則的な活用をする。

1. 으型語尾が続くと、「ㅂ+으」が「우」に変わる。

例）・仮定·条件 (면/으면)　춥다 寒い　→ 춥+으면　→ 추우면 寒ければ
　　・連体形 (ㄴ/은)　가깝다 近い　→ 가깝+은 사람　→ 가까운 사람 近い人

2. 아/어型語尾が続くと、「ㅂ+아/어」が「워」に変わる。

例）・理由·原因 (아서/어서)　춥다 寒い　→ 춥+어서　→ 추워서 寒いので
　　・해요体　가깝다 近い　→ 가깝+어요　→ 가까워요 近いです

ただし、「돕다 手伝うと곱다 きれいだ」は、도와서/고와서、도와요/고와요となる。

※多くの形容詞がㅂ変則用言に従うのに対し、動詞は正則活用に従う。

	-니까/으니까	-아서/어서	합니다体	해요体
덥다 暑い	더우니까	더워서	덥습니다	더워요
맵다 辛い	매우니까	매워서	맵습니다	매워요
차갑다 冷たい	차가우니까	차가워서	차갑습니다	차가워요

● 르変則用言

르変則用言は、아/어型語尾が続くと、「르」の前の母音が陽母音 (ㅏ·ㅗ) の場合は、「르」が「ㄹ라」となり、陰母音 (ㅏ·ㅗ以外) の場合は、「르」が「ㄹ러」となる。

・모르다 知らない → 모르 + ㄹ라 → 몰라요 知りません
・기르다 育てる → 기르 + ㄹ러 → 길러요 育てます

※ただし、「따르다 従う、들르다 立ち寄る、치르다 支払う」は、으変則用言に従う。

	합니다体		해요体	
	現在形	過去形	現在形	過去形
자르다 切る	자릅니다	잘랐습니다	잘라요	잘랐어요
나르다 運ぶ	나릅니다	날랐습니다	날라요	날랐어요
들르다★ 立ち寄る	들릅니다	들렀습니다	들러요	들렀어요

★は으変則

変則用言のまとめ

● ㅅ変則用言

語幹末が子音ㅅで終わる用言は、으型語尾及び아/어型語尾が続くと、変則的な活用をする。

1. 으型語尾で始まる語尾が続く場合 → ㅅ脱落

例）・仮定・条件 (면/으면) 잇다 繋ぐ → 잇+으면 → 이으면 繋げば

・連体形 (ㄴ/은) 잇다 繋ぐ → 잇+은 선 → 이은 선 繋いだ線

2. 아/어型で始まる語尾が続く場合 → ㅅ脱落

例）・理由・原因 (아서/어서) 젓다 混ぜる → 젓+어서 → 저어서 混ぜて

・해요体 젓다 混ぜる → 젓+어요 → 저어요 混ぜます

※ただし、「웃다 笑う、씻다 洗う、벗다 脱ぐ」などは、正則活用に従う。

	-니까/으니까	-아서/어서	합니다体	해요体
붓다 腫れる、注ぐ	부으니까	부어서	붓습니다	부어요
짓다 建てる、炊く	지으니까	지어서	짓습니다	지어요
씻다★ 洗う	씻으니까	씻어서	씻습니다	씻어요

★は正則

● ㄷ変則用言

語幹末が子音ㄷで終わる用言は、으型語尾及び아/어型語尾が続くと、変則的な活用をする。

1. 으型語尾が続くと → 「ㄷ」が「ㄹ」に変わる。

例）・仮定・条件 (면/으면) 묻다 尋ねる → 묻+으면 → 물으면 尋ねると

・連体形 (ㄴ/은) 묻다 尋ねる → 묻+은 사람 → 물은 사람 尋ねた人

2. 아/어型語尾が続くと → 「ㄷ」が「ㄹ」に変わる。

例）・理由・原因 (아서/어서) 싣다 載せる → 싣+어서 → 실어서 載せて

・해요体 싣다 載せる → 싣+어요 → 실어요 載せます

※ただし、「닫다 閉める、믿다 信じる、받다 貰う」などは、正則活用に従う。

	니까/(으)니까	-아서/어서	합니다体	해요体
일컫다 称する	일컬으니까	일컬어서	일컫습니다	일컬어요
걷다 歩く	걸으니까	걸어서	걷습니다	걸어요
닫다★ 閉める	닫으니까	닫아서	닫습니다	닫아요

★は正則

変則用言のまとめ

● ㅎ変則用言

語幹末が子音ㅎで終わる形容詞は、으型語尾及び아/어型語尾が続くと変則的な活用をする。

1. 으型語尾が続く場合 → 「ㅎ」と「으」が脱落する。

例）・仮定·条件 (면/으면) **이렇다** こうだ → 이렇+으면 → 이러면 こうなら

・連体形 (ㄴ/은) **이렇다** こうだ → 이렇+은 사람 → 이런 사람 こんな人

2. 아/어型語尾が続く場合 → 「ㅎ」が脱落し、아/어母音が「ㅐ」に変わる。

「**하얗다**」のみ、母音が「ㅒ」となる。

例）・理由·原因 (아서/어서) **빨갛다** 赤い → 빨갛+아서 → 빨개서 赤いので

・해요体 **빨갛다** 赤い → 빨갛+아요 → 빨개요 赤いです

※ただし、形容詞の「좋다 良い」と動詞の場合は、正則活用に従う。

	-(으)니까	-아서/어서	합니다体	해요体
까맣다 黒い	까마니까	까매서	까맣습니다	까매요
하얗다 白い	하야니까	하얘서	하얗습니다	하얘요
낳다★ 産む	낳으니까	낳아서	낳습니다	낳아요

★は正則

● 러変則用言

語幹末が르で終わる用言のうち、**이르다**（至る）、**푸르다**（青い）、**누르다**（黄色い）は、러変則用言の活用に従う。

아/어型語尾が続くと、いずれも러が加わる。

・**이르다** 至る → 이르 + 러 + 어요 → 이르러요 至ります

・**푸르다** 青い → 푸르 + 러 + 어요 → 푸르러요 青いです

	합니다体	지만（逆接）	면/으면（仮定）	해요体
이르다 至る	이릅니다	이르지만	이르면	이르러요
푸르다 青い	푸릅니다	푸르지만	푸르면	푸르러요
누르다 黄色い	누릅니다	누르지만	누르면	누르러요

変則用言表

	語幹型	으型	아/어型
으変則	–	–	陽母音：ㅡ → ㅏ 陰母音：ㅡ → ㅓ
ㅂ変則	–	ㅂ + 으 → ㅜ	ㅂ + 아/어 → ㅝ
르変則	–	–	陽母音：르 → ㄹ + 라 陰母音：르 → ㄹ + 러
ㅅ変則	–	ㅅ脱落	
ㄷ変則	–	ㄷ → ㄹ	
ㅎ変則	–	ㅎ + 으 → 脱落	ㅎ + 아/어 → ㅐ
러変則	–		러追加

ㄹ語幹	母音語幹として扱う	–

主な変則用言語彙

으変則	쓰다 크다 뜨다 끄다 아프다 바쁘다 모으다 나쁘다 고프다 기쁘다 바쁘다 예쁘다 슬프다 들르다 치르다 따르다
ㅂ変則	춥다 덥다 가깝다 귀엽다 무겁다 가볍다 맵다 싱겁다 쉽다 어렵다 반갑다 고맙다 아름답다 뜨겁다 차갑다 굽다 눕다 시끄럽다 밉다 돕다 (아/어型活用に注意)
正則	뽑다 잡다 씹다 업다 접다 입다 좁다
르変則	모르다 부르다 오르다 고르다 지르다 누르다 흐르다 기르다 자르다 마르다 가르다 찌르다 나르다 다르다 빠르다 바르다 서두르다 서투르다 게으르다 머무르다
ㅅ変則	젓다 짓다 잇다 낫다 붓다 긋다
正則	벗다 빗다 솟다 웃다 씻다 빼앗다
ㄷ変則	걷다 歩く 듣다 알아듣다 묻다 尋ねる 깨닫다 싣다 일컫다
正則	닫다 뜯다 묻다 埋める 믿다 받다 얻다 걷다 まくる
ㅎ変則	이렇다 그렇다 저렇다 어떻다 빨갛다 하얗다 까맣다 노랗다 파랗다 동그랗다
正則	놓다 빻다 쌓다 좋다 낳다 넣다
러変則	누르다 푸르다 이르다

ㄹ語幹	알다 열다 울다 팔다 놀다 걸다 길다 달다 들다 멀다 불다 살다 만들다

反切表（반절표）

基本母音と子音

	ㅏ [a]	ㅑ [ja]	ㅓ [ɔ]	ㅕ [jɔ]	ㅗ [o]	ㅛ [jo]	ㅜ [u]	ㅠ [ju]	ㅡ [ɯ]	ㅣ [i]
ㄱ [k/g]	가	갸	거	겨	고	교	구	규	그	기
ㄴ [n]	나	냐	너	녀	노	뇨	누	뉴	느	니
ㄷ [t/d]	다	댜	더	뎌	도	됴	두	듀	드	디
ㄹ [r/l]	라	랴	러	려	로	료	루	류	르	리
ㅁ [m]	마	먀	머	며	모	묘	무	뮤	므	미
ㅂ [p/b]	바	뱌	버	벼	보	뵤	부	뷰	브	비
ㅅ [s/ʃ]	사	샤	서	셔	소	쇼	수	슈	스	시
ㅇ [無音/ŋ]	아	야	어	여	오	요	우	유	으	이
ㅈ [tʃ/dʒ]	자	쟈	저	져	조	죠	주	쥬	즈	지
ㅎ [h]	하	햐	허	혀	호	효	후	휴	흐	히

反切表（반절표）

複合母音と子音

	ㅐ [ɛ]	ㅒ [jɛ]	ㅔ [e]	ㅖ [je]	ㅘ [wa]	ㅙ [wɛ]	ㅚ [we]	ㅝ [wɔ]	ㅞ [we]	ㅟ [wi]	ㅢ [ɰi]
ㄱ [k/g]	개	걔	게	계	과	괘	괴	궈	궤	귀	긔
ㄴ [n]	내	냬	네	녜	놔	놰	뇌	눠	눼	뉘	늬
ㄷ [t/d]	대	댸	데	뎨	돠	돼	되	둬	뒈	뒤	듸
ㄹ [r/l]	래	럐	레	례	롸	뢔	뢰	뤄	뤠	뤼	릐
ㅁ [m]	매	먜	메	몌	뫄	뫠	뫼	뭐	뭬	뮈	믜
ㅂ [p/b]	배	뱨	베	볘	봐	봬	뵈	붜	붸	뷔	븨
ㅅ [s/ʃ]	새	섀	세	셰	솨	쇄	쇠	숴	쉐	쉬	싀
ㅇ [無音/ŋ]	애	얘	에	예	와	왜	외	워	웨	위	의
ㅈ [tʃ/dʒ]	재	쟤	제	졔	좌	좨	죄	줘	줴	쥐	즤
ㅎ [h]	해	햬	헤	혜	화	홰	회	훠	훼	휘	희

語彙リスト：（韓国・朝鮮語 → 日本語）

※ 数字は文法編課を表す ※ 特形は特集形容詞、特動は特集動詞を表す

ㄱ

가깝다	近い	特形①
가끔	たまに	17課（引）
가다	行く	4課（本）
가르치다	教える	10課（本）
가방	鞄	3課（会3）
가볍다	軽い	16課（文1）
가수	歌手	10課（文3）
가운데	真ん中	3課（引）
가을	秋	7課（引）
가족	家族	10課（本）
간장게장	カンジャンケジャン、渡り蟹の醤油漬け	9課（話）
갈비	カルビ	4課（文6）
갈색	茶色	20課（引）
갈아타다	乗り換える	10課（会3）
감기에 걸리다	風邪をひく	18課（本·引）
갑자기	急に、いきなり、突然	18課（本）
갔다 오다	行って来る	6課（本）
강추	イチオシ	15課（引）
같다	同じだ	特形①
같이	一緒に	4課（本）
개	個	4課（会2）
거기	そこ	5課（聞）
거의	ほとんど	17課（引）
거짓말하다	嘘をつく	19課（会1）
걱정하다	心配する	9課（本）
건강하다	健康だ、元気だ	17課（本）
건너다	渡る	5課（文1）
건물	建物	18課（会1）
걷다	歩く	19課（文1）
걸리다	かかる（時間が）	4課（会3）
걸리다	掛かる（壁に）	10課（引·話）
검색하다	検索する	18課（会4）
것	物	11課（会1）
게임	ゲーム	1課（引）
겨울	冬	7課（引）
겨울 방학	冬休み	5課（話）
결과	結果	20課（会3）
결론	結論	18課（会2）
결석하다	欠席する	15課（文2）
결정하다	決める、決定する	17課（話）
결혼식	結婚式	14課（文4）
경기	景気	18課（会2）
경치	景色	11課（本）
경험	経験	19課（本）
계속	ずっと、引き続き、継続	15課（会1）
계시다	いらっしゃる	7課（文1）
고기	肉	16課（文2）
고등학생	高校生	13課（会2）
고마워요（고맙다）	ありがとうございます（基本形は고맙다）	12課（本）
고속버스	高速バス	5課（本）
고장나다	故障する	14課（本）
고치다	直す	14課（会2）
고프다	（お腹が）空く	特形②
고향	故郷	1課（会2）
곧	まもなく、すぐ	7課（会2）
골프	ゴルフ	1課（引）
곳	場所、所	11課（会1）
공공장소	公共の場	15課（話）
공부	勉強	2課（会2）
공사하다	工事する	18課（会3）
공원	公園	14課（会3）
공책	ノート	3課（本）
공항	空港	10課（会3）
과일	果物	6課（会1）
과자	お菓子	11課（会2）
과제	課題	14課（話）
관광지	観光地	8課（会4）
관광하다	観光する	6課（会3）
괜찮다	大丈夫だ	13課（会1）
교수님	教授	7課（本）
교시	～時間目、～時限目	3課（会2）
교실	教室	2課（引），3課（会2）
교토	京都	1課（会2）
구경하다	見物する	6課（話）
구두	靴	18課（会1）
국물이 시원하다	スープがしみる	9課（話）
군대	軍隊	15課（話），17課（本）
굽다	焼く	16課（会2）
굿즈	グッズ	18課（話）
권	冊、巻	4課（会2）
귀걸이	イヤリング	3課（話）
귀엽다	可愛い	16課（会1）
그날	あの日	6課（本）
그냥	そのまま	15課（本）
그래도	それでも	14課（引）
그래서	それで、だから、そして	3課（話），14課（引）
그래요?	そうですか	2課（本）
그러나	しかし	14課（引）
그러니까	だから	14課（引）
그러다	そうする	19課（本）
그런데	ところで（縮約形：근데）	3課（本），14課（引）
그럼	では、それじゃ	2課（本），14課（引）
그렇다	そうだ	13課（本）
그렇지만	そうだけど	14課（引）
그릇	器	15課（話）
그리고	そして	14課（引）
근처	近く、近所	3課（引）、11課（本）
글쎄요	さあ…、そうですね…	8課（本）
금연	禁煙	15課（話），17課（会3）
금요일	金曜日	4課（本·引）
급하다	せっかちだ、急ぎだ	10課（話）
긋다	引く	18課（文1）
기능	機能	19課（会3）
기다리다	待つ	7課（会2），9課（本）
기대되다	期待する、楽しみだ	13課（本）
기르다	飼う	17課（文3）
기말	期末	17課（会1）
기쁘다	嬉しい	15課（本）
기숙사	寄宿舎、寮	10課（会2）
기억하다	覚える、記憶する	10課（文4）
기차	汽車	5課（引）
기침이 나다	咳が出る	18課（引·話）
기타	ギター	16課（話）
기회	機会、チャンス	14課（会3）
긴장하다	緊張する	6課（会2）
길다	長い	10課（話3）
김밥	のり巻き	9課（会1）
김치	キムチ	5課（会1）
까만색	黒色	20課（引）
깜빡하다	うっかりする	19課（会2）
깨끗하다	きれいだ（清潔）	11課（会3）
깨우다	起こす	20課（本）
꺼지다	消える	10課（引）
꼭	必ず	12課（本）
꽃	花	9課（会1）
꽃구경	花見	15課（会2）
꽃집	花屋	13課（会4）
꿈을 이루다	夢をかなえる	17課（会2）
끄다	消す	15課（文3）
끊다	切る、断つ	14課（本）
끝나다	終わる	8課（会3）
끝내다	終える	14課（会3）

ㄴ

나	私	11課（引）
나다	出る	18課（会2）
나쁘다	悪い	特形②
나오다	出てくる、出る	5課（文1）
나이	歳	5課（会2）
날	日	14課（会2）
날씨	天気	11課（本）
날씬하다	スリムだ	18課（話）
남다	残る	10課（引），19課（会4）
남동생	弟	11課（引），13課（会1）
남색	藍色	20課（引）
남이섬	南怡島（地名）	12課（本）
남자	男性、男	10課（会1）
남친	彼氏	5課（会3）
낫다	治る	18課（本）
낫토	納豆	14課（会2）
낮다	低い	特形①

내년	来年	7課 (引), 17課 (文4)
내다	出す	19課 (文2)
내리다	降りる、降る	10課 (会3)
내일	明日	2課 (本), 7課 (引)
냄새가 나다	臭いがする	14課 (会1)
냉면	冷麺	20課 (会1)
너무너무	あまりにも	10課 (本)
넓다	広い	10課 (会1)
넘다	超える	16課 (会2)
넣다	入れる	12課 (文2)
넥타이	ネクタイ	7課 (話)
년	年	3課 (文1)
노란색	黄色	20課 (引)
노래	歌	1課 (引)
노래방	カラオケ	7課 (会3)
노잼	面白くない	15課 (引)
노트	ノート	9課 (本)
놀다	遊ぶ	7課 (会3)
높다	高い	特形①
농구	バスケットボール	1課 (引)
놓이다	置かれる	10課 (引·文6)
놓치다	逃す	20課 (会4)
누가	誰が	7課 (会2)
누구	誰	5課 (聞), 8課 (引)
누나	(男性からみた)姉	11課 (引)
누르다	押す	20課 (会2)
눈	目	20課 (会3)
눈이 빠지도록 기다리다	首を長くして待つ	20課 (会3)
늘	いつも	17課 (引)
늦다	遅れる、遅い	7課 (文3), 9課 (本)
늦잠을 자다	寝坊をする	20課 (本·会4)

ㄷ

다	全部、全て、皆、ほとんど	11課 (会3)
다녀오다	行って来る	17課 (本)
다니다	通う	4課 (文3)
다들	みんな	20課 (会1)
다르다	違う、異なる	13課 (会3)
다음	次	8課 (話), 9課 (本)
다음 달	来月	5課 (話), 7課 (引)
다음 주	来週	5課 (本), 7課 (引)
다이어트	ダイエット	13課 (話), 18課 (文2)
다행이다	幸いだ、何よりだ	20課 (本)
단기유학	短期留学	6課 (話)
단어	単語	20課 (会2)
닫다	閉める	特動②
닫히다	閉まる	10課 (引·話)
달다	甘い	9課 (話)
닭갈비	タッカルビ	13課 (本)
담배	タバコ	15課 (話), 17課 (会3)
대학교	大学、大学校	7課 (会1)
대학생	大学生	1課 (会3)
대학원	大学院	20課 (会2)
댄스	ダンス	1課 (引·会2)
더	もっと、さらに、より	5課 (本)
덥다	暑い	特形①
데이트하다	デートする	11課 (会1)
도서관	図書館	2課 (引·会1)
도시락	弁当	9課 (会1)
도와주다	助けてあげる、手伝う	16課 (本)
도착하다	到着する	7課 (会2)
도쿄	東京	1課 (会2)
독감	インフルエンザ	20課 (会3)
독서	読書	1課 (引)
돈	お金	13課 (会2)
돌다	曲がる	13課 (引)
돌리다	回す	20課 (会2)
돌아가다	帰る	14課 (会3)
돕다	手伝う、助ける	16課 (会1)
동생	弟/妹	4課 (会2)
동아리	サークル	4課 (本)
동안	間	11課 (文1)
두껍다	厚い	18課 (話)
둘이	二人、二人で	13課 (話)
뒤	後	3課 (引)
드디어	いよいよ、ついに	11課 (会3)
드라마	ドラマ	1課 (引), 12課 (本)
드리다	差し上げる	7課 (話)
드림	拝 (手紙の最後で自分の名前のうしろにつける)	10課 (本)
드세요	召し上がってください	6課 (会1)
듣다	聞く、聴く	6課 (会2)
들다	(手に) 持つ、入る	10課 (引·話), 15課 (話), 16課 (会1)
들르다	立ち寄る	17課 (文1)
들어 보다	聞いてみる	11課 (話)
들어가다	入って行く、入る	4課 (文3)
들어오다	入ってくる、入る	15課 (本)
등산	登山	1課 (引), 4課 (本)
디브이디	DVD	11課 (会2)
디엠	DM	15課 (引)
디즈니랜드	ディズニーランド	13課 (会2)
따뜻하다	暖かい	9課 (会3)
따라가다	ついていく	20課 (話)
떡볶이	トッポキ	2課 (会2)
떨어지다	落ちる	10課 (引·文6)
또	また	10課 (本), 14課 (引)
똑똑	コンコン (ドアをノックする音)	15課 (本)
뚜껑	蓋	20課 (会2)
뚱뚱하다	太っている	18課 (話)

ㄹ

라면	ラーメン	6課 (会1)
레스토랑	レストラン	7課 (話)
레시피	レシピ	11課 (文1)
레포트	レポート	5課 (会1)

ㅁ

마감	締め切り	14課 (会3)
마라톤	マラソン	1課 (引)
마리	匹	9課 (話)
마시다	飲む	6課 (本)
마음	心	10課 (会1)
마음에 들다	気に入る	16課 (会1)
마중하다	迎える	14課 (話)
마지막	最後	14課 (会3)
마치다	終える、終わる	17課 (文4), 20課 (本)
만나다	会う	5課 (会3)
만나서 반갑습니다	お会いできて嬉しいです	1課 (本)
만들다	作る	2課 (会2)
만화 (책)	漫画	1課 (引) 17課 (文3)
많다	多い	特形①
많이	多く、たくさん	8課 (会2), 9課 (本)
말하기 대회	スピーチ大会	8課 (本)
말하다	話す	17課 (文3)
맛	味	16課 (会1)
맛없다	まずい	特形①
맛있다	美味しい	7課 (会2)
맞은편	向かい側	3課 (引), 13課 (会4)
매일	毎日	2課 (話), 19課 (会1)
맵다	辛い	9課 (話), 16課 (本)
머리	頭、髪	10課 (話3)
머리가아프다	頭が痛い	18課 (引)
먹다	食べる	2課 (会2)
먼저	まず	19課 (本)
멀다	遠い	14課 (会1)
멋있다	素敵だ	9課 (会3)
메모	メモ	6課 (本)
메일	メール	5課 (会1)
멘붕	精神崩壊	15課 (引)

면접	面接	2課（本）
명	名	4課（文1）
명동	明洞	2課（本）
몇	いくつ	8課（引）
몇 명	何人	8課（本）
모두	すべて、全部、全部で	3課（本）
모르다	知らない、わからない	17課（本）
모으다	集める	15課（会2）
모이다	集まる	10課（引·会3）
모임	集まり	6課（会2）
모자	帽子	3課（話）
목	喉、首	18課（会1）
목소리	声	18課（本）
목요일	木曜日	4課（引）
목이 붓다	喉が腫れる	18課（引）
몸	体	9課（話）, 18課（会2）
몸살이 나다	体調を崩す、悪寒	18課（引）
못하다	下手だ	16課（話）
무겁다	重い	16課（文1）
무리하다	無理する	17課（話）, 18課（本）
무슨	何、何の、どんな	3課（聞）, 8課（引）
무슨 일	何の用	7課（本）
무엇 (뭐)	何（뭐：縮約形）	1課（会2）, 2課（本）, 8課（引）
문화	文化	8課（本）
묻다	尋ねる	19課（会1）
물	水	9課（話）
물가	物価	18課（会2）
물어보다	尋ねてみる	15課（文3）
미국	アメリカ	7課（会2）
미국 사람	アメリカ人	1課（会1）
미리	前もって	19課（会3）
미안하다	すまない	9課（本）
미용실	美容室	4課（話）, 14課（文4）
믿다	信じる	19課（会1）
밑	下	3課（引）, 10課（文6）

ㅂ

바다	海	5課（本）
바닷가	海辺	6課（本）
바람	風	15課（会3）
바로	すぐ	13課（会4·引）
바쁘다	忙しい	9課（会3）
바지	ズボン	3課（話）
밖	外	3課（引）
반갑다	嬉しい	16課（文1）
받다	受け取る	6課（本）
발표	発表	8課（会1）
밝다	明るい	13課（会3）
밤	夜	6課（本）
밤새다	徹夜する	20課（会3）
밥	ご飯	5課（会1）
방문하다	訪問する	19課（文3）
방법	方法	19課（会1）
배	船	5課（引·話）
배고프다	お腹が空く	7課（会2）
배달시키다	出前を取る	19課（会4）
배우	俳優	10課（会2）
배우다	習う、学ぶ	2課（会3）
배탈이 나다	お腹を壊す	18課（引）
백화점	百貨店	2課（引·会1）
버스	バス	5課（引·会3）
번	番、回	3課（会1）
벌써	もう、すでに	6課（本）
벗다	脱ぐ	18課（会1）
베이지색	ベージュ	20課（引）
베트남 사람	ベトナム人	1課（会1）
벼룩시장	フリーマーケット	12課（会3）
벽	壁	10課（話）
병원	病院	2課（引）, 14課（会1）, 18課（本）
보내다	送る	5課（文1）
보다	見る、(試験を)受ける	2課（本）
보라색	紫色	20課（引）
보이다	見える、見せる	15課（文2）
보통	普通、普段	17課（聞）
볶음밥	チャーハン	14課（会1）
볼펜	ボールペン	3課（会3）
봄	春	7課（引）, 10課（会2）
부르다	呼ぶ	17課（会1）
부르다	歌う	7課（会3）
부모님	両親	12課（会2）
부산	釜山	1課（会2）, 5課（本）
부족하다	足りない、不足する	15課（会2）
부탁하다	お願いする	7課（本）
분	分	4課（本）
분	名様、方	4課（会2）
불고기	プルコギ	6課（会3）
불꽃놀이	花火	6課（本）
불다	吹く	15課（会3）
불편하다	不便だ	10課（本）
붓다	腫れる	18課（会1）
붙다	貼られる	10課（引）
비교하다	比べる、比較する	16課（会3）
비다	空く	15課（会3）
비밀	秘密	15課（文4）
비빔밥	ビビンパ	8課（話）
비싸다	(値段)高い	9課（話）
비행기	飛行機	5課（引·話）
비행기표	飛行機のチケット	8課（会4）
빌리다	借りる	9課（本）
빨간색	赤色	20課（引）
빨래	洗濯	12課（会2）
빨리	速く、早く	8課（話）, 18課（本）
빵	パン	12課（文3）
빵집	パン屋	13課（会4）

ㅅ

사거리	交差点	13課（引·会4）
사고가 나다	事故が起こる	18課（文3）
사과	リンゴ	6課（会1）
사과하다	謝る	16課（会3）
사귀다	付き合う	10課（本）
사다	買う	2課（会2）
사실	事実、実(は)	15課（本）
사이	間	3課（引）
사이다	サイダー	4課（会4）
사이즈	サイズ	14課（会1）
사장님	社長	9課（会3）
사전	辞書	16課（文3）
사진	写真	1課（引）, 6課（会2）
산	山	5課（本）
산책하다	散歩する	10課（会1）
살	歳	4課（会2）
살다	住む、暮らす、生きる	7課（会1）
살찌다	太る	17課（会4）
삼계탕	参鶏湯	9課（話）
상담	相談	7課（本）
색	色	13課（会3）
생각	考え、～つもり	12課（本）
생각하다	考える	12課（話）, 19課（本）
생기다	できる	11課（会3）
생일	誕生日	3課（会1）
생일 파티	誕生日パーティー	6課（話）
생활	生活	10課（本）
서다	立つ	10課（引）
서두르다	急ぐ	17課（会1）
서울	ソウル	1課（会2）, 5課（本）
서점	書店	2課（引）
선물	プレゼント	3課（聞）
선배	先輩	6課（本）
선생님	先生	8課（文1）
설렁탕	ソルロンタン	9課（話）
성격	性格	9課（会3）
성적	成績	17課（会1）
성함	お名前	7課（文2）
세끼	三食	20課（話）
세다	強い、数える	5課（文1）

세우다	止める	9課（文1）
세일중	セール中	3課（話）
셀카	自撮り	15課（引）
소개 받다	紹介してもらう	11課（会1）
소파	ソファー	3課（会3）
손님	お客さん	3課（話）
손수건	ハンカチ	7課（話）
솔로	ソロ、一人	11課（会3）
송년회	忘年会	8課（会2）
송이	輪（花を数える単位）	9課（会1）
쇼핑하다	ショッピングする、買い物する	2課（会2）
수다를 떨다	おしゃべりをする	18課（会4）
수술을 받다	手術を受ける	17課（話）
수업	授業	3課（会2），4課（本）
수영	水泳	1課（引·会2）
수요일	水曜日	4課（引）
수정과	水正菓	11課（話）
숙제	宿題	8課（会3）
숟가락	スプーン	5課（会1）
술	お酒	17課（会3）
쉬다	休む	2課（本）
쉽다	易しい	特形①
스마트폰	スマートフォン	15課（会3）
스키야키	すき焼き	11課（会4）
스터디	勉強会	6課（会2）
스튜디오	スタジオ	11課（話）
스트레스	ストレス	16課（会3）
스포츠센터	スポーツセンター	2課（引）
슬프다	悲しい	15課（会1）
시	時	4課（本）
시간	時間	4課（会3）
시계	時計	3課（文2）
시끄럽다	うるさい、やかましい	18課（会3）
시부야 역	渋谷駅	7課（聞）
시원하다	涼しい	特形②
시작하다	始める	7課（話）
시키다	注文する、させる	7課（文4）
시험	試験	4課（会1）
시험에 붙다	試験に受かる	14課（会3）
시험을 보다	試験を受ける	4課（話）
식당	食堂	2課（引·会1）
식사	食事	2課（会1）
신다	履く	18課（会1）
신발	履物、靴	3課（話）
신청하다	申請する	19課（会3）
신촌	新村	12課（会1）
신칸센	新幹線	5課（引）
신호등	信号	13課（引）
싣다	載せる	19課（会1）
실수하다	失敗する	20課（話）
싫다	嫌い、嫌だ	9課（本）
싫어하다	嫌いだ	9課（文5）
심쿵	胸キュン	15課（引）
싱겁다	味が薄い	9課（話）
싸다	安い	5課（本）
싸우다	喧嘩する	16課（会3）
쌓이다	溜まる	16課（会3）
쓰다	かける	15課（文2）
쓰다	書く	12課（会3）
쓰다	被る	10課（話）
-씨	〜さん	1課（本）
씩	ずつ	19課（会1）

ㅇ

아까	ちょっと前、さっき	13課（会3）
아끼다	節約する、大事にする	19課（会4）
아들	息子	13課（文1）
아래	下	3課（引·本）
아름답다	美しい	16課（文4）
아마	恐らく、たぶん	13課（会1）
아무도	誰も	15課（会3）
아무리	どんなに、いくら	15課（本）
아빠	パパ	11課（引）
아버지	父、お父さん	11課（引），15課（文4）
아시노코 호수	芦ノ湖	11課（本）
아주	とても、非常に	13課（会1）
아직	まだ	8課（本）
아침	朝、朝食	4課（会3）
아파트	アパート	16課（会2）
아프다	痛い、苦しい	15課（会1）
안	中	3課（引）
안경	眼鏡	15課（文2）
안내하다	案内する	13課（文5）
안녕하세요?	こんにちは	1課（本）
앉다	座る	7課（文1）
알다	知る、わかる	7課（本）
알바（아르바이트）	アルバイト	2課（本）
알아듣다	聴き取る、理解する	19課（会2）
알아보다	調べる	8課（会4）
앞	前（位置）	3課（引），7課（会2）
앞으로	これから	1課（本）
애니매이션	アニメ	1課（引）
애완동물	ペット	17課（文3）
야경	夜景	13課（本）
야구	野球	1課（引）
야식	夜食	20課（話）
야채	野菜	12課（文2）
약국	薬局	2課（引）
약속	約束	7課（会1）
약속을 잡다	約束を取り付ける	19課（会3）
약을 먹다	薬を飲む	18課（会1）
얇다	薄い	18課（話）
양	量	9課（話）
양념치킨	ヤンニョムチキン、味付けチキン	9課（話）
어	ん？あれ？	17課（本）
어느	どの	8課（引）
어느 나라	どの国	1課（会1）
어느 쪽	どちら	8課（引）
어디	どこ	1課（会2），2課（本），8課（引）
어때요	どうですか	8課（本）
어땠어요?	どうでしたか	6課（会2）
어떡해요	どうしよう	6課（本）
어떤	どんな	8課（引·本）
어떻게	どうやって、どのように	5課（本），8課（引）
어떻다	どうだ	4課（本）
어렵다	難しい	16課（本）
어리다	幼い	12課（会2）
어머	あら、まあ	6課（本）
어머니	母、お母さん	9課（文2），11課（引）
어울리다	似合う	13課（会3）
어제	昨日	6課（話），7課（引），8課（会1）
언니	（女性から見た）姉	6課（会1），11課（引）
언제	いつ	3課（会1），8課（引）
언제나	いつも	17課（引）
얼마	いくら	3課（本），8課（引）
얼마나	いくらくらい、どれくらい、どんなに	4課（会3）
엄마	ママ	11課（引）
없다	ない、いない	5課（文1），8課（本）
에 대해서	〜について	15課（話），17課（会2）
엠티	MT（主に大学生がグループで行く合宿）	5課（本）
여권	パスポート	12課（会2）
여기	ここ	4課（会3）
여기저기	あちこち	6課（話）
여동생	妹	3課（会2），11課（引）
여러 가지	色々	19課（話）
여름	夏	7課（引）
여름 방학	夏休み	5課（話），6課（会3）
여보세요	もしもし	2課（会1）
여친	彼女	15課（会2）

여행	旅行	1課（引）, 4課（本）
역	駅	7課（会2）
연구실	研究室	7課（本）
연락이 되다	連絡がつく	15課（本）
연락처	連絡先	19課（会1）
연락하다	連絡する	9課（本）
연세	お歳	7課（文2）
연습	練習	8課（会1）
연필	鉛筆	3課（会3）
연휴	連休	12課（会3）
열다	開ける	14課（会1）
열리다	開く	10課（引·話）
열심히	熱心に、一生懸命	8課（本）
열이 나다	熱がある	18課（引·話）
영어	英語	7課（会2）
영화	映画	1課（引）
영화 감상	映画鑑賞	1課（会2）
영화관	映画館	2課（引）, 10課（会3）
옆	横	3課（引）, 13課（会4）
예쁘다	きれいだ	10課（会1）
예약하다	予約する	8課（会4）
예절	礼儀	15課（話）
오늘	今日	5課（会2）, 7課（引）
오다	来る	4課（文3）
오래되다	古くなる	14課（会2）
오랜만에	久しぶりに	15課（本）
오르다	上がる	17課（会1）
오른쪽	右側	3課（引）, 13課（会4）
오빠	（女性から見た）兄	1課（文2）, 11課（引）
오사카	大阪	1課（会2）
오전	午前	4課（会3）
오키나와	沖縄	8課（話）
오후	午後	4課（本）
옥수수차	とうもろこし茶	9課（話）
온천	温泉	11課（本）
올해	今年	7課（引）, 11課（会3）
옷	服	7課（会3）
왜	なぜ	8課（引）
왜냐하면	なぜなら	14課（引）
왜요?	どうしてですか?	4課（本）
외국어	外国語	11課（会4）
외우다	覚える	20課（会2）
왼쪽	左、左側	3課（引）, 13課（会4）
요리	料理	1課（引·会2）
요즘	最近	9課（会3）
우리	私たち	5課（本）

우체국	郵便局	2課（引）
운동하다	運動する	2課（会3）
운전	運転	12課（会3）
울다	泣く	特動②
움직이다	動く	17課（話）
웃다	笑う	18課（文1）
원	ウォン	3課（本）
월	月	3課（文1）
월요일	月曜日	4課（引·会3）
위	上	3課（引）
유람선	遊覧船	11課（本）
유명하다	有名だ	13課（本）
유자차	ゆず茶	11課（話）, 18課（文4）
유튜브	YouTube	1課（引）
유학생	留学生	1課（会3）
육교	歩道橋	13課（引）
윷놀이	ユンノリ	11課（話）
은행원	銀行員	12課（会2）
음	ん…	8課（本）
음료수	飲み物	8課（話）
음악	音楽	1課（引）, 16課（話）
음식점	飲食店	15課（話）
응원하다	応援する	8課（本）
의사	医者	1課（会3）
의자	椅子	3課（会3）
이	この	3課（本）
이것저것	あれこれ	19課（会4）
이렇다	こうだ	17課（会1）
이력서	履歴書	19課（文2·話）
이미	もう、予め	13課（会1）
2（이）박 3（삼）일	二泊三日	12課（話）
이번 달	今月	5課（話）, 7課（引）
이번 주	今週	5課（本）, 7課（引）
이번 주말	今週末	2課（会2）
이사	引越	13課（話）
이사하다	引っ越す	13課（会2）
이야기	話	6課（会2）
이야기하다	話（を）する	15課（本）
이쪽	こちら側	3課（本）
인기	人気	9課（聞）
인분	人前、人分	9課（会1）
인사동	仁寺洞	11課（会1）
인싸	人気者	15課（引）
인터넷	インターネット	5課（会1）
인턴 사원	インターン社員	19課（本）
일	日	3課（文1）
일본 사람	日本人	1課（本）
일본어	日本語	2課（会3）
일본인	日本人	8課（本）
일어나다	起きる	20課（会4）

일요일	日曜日	4課（引·話）, 9課（文4）
1（일）주일	一週間	8課（会2）
일찍	早く	14課（会3）
일하다	働く	特動①
읽다	読む	2課（会2）
잃어버리다	失くす	20課（話）
입구	入り口	10課（話）
입다	着る	11課（文5）
입에 맞다	口に合う	14課（会2）
입원하다	入院する	17課（話）
입학	入学	18課（話）
있다	ある·いる	2課（本）
잊다	忘れる	20課（会4）

ㅈ

자기소개	自己紹介	6課（会2）
자다	寝る	7課（文1）
자동차학원	自動車学校	12課（会3）
자료	資料	14課（話）
자르다	切る	17課（会1）
자리	席	12課（会1）
자막 없이	字幕なしで	13課（話）
자신감을 가지다	自信を持つ	20課（文3）
자전거	自転車	5課（引）, 13課（本）
자주	よく、頻繁に	5課（会3）, 17課（引）
자판기	自動販売機	9課（本）
작년	去年、昨年	6課（話）, 7課（引）, 13課（文5）
작다	小さい	特形①
잔	杯	4課（会2）
잘 부탁합니다	よろしくお願いします	1課（本）
잘되다	うまくいく	5課（文1）
잘생기다	格好いい	10課（会2）
잘하다	上手だ	5課（会3）
잠	睡眠	8課（会2）
잠깐	ちょっと	14課（本）
잡지	雑誌	3課（会3）
장소	場所	10課（会3）
재미있다	面白い	2課（話）, 6課（会2）
저	私	10課（本）
저…	あの、	1課（本）
저기요	あの、すみません	3課（本）
저녁	夕方、夕食	4課（会3）
저쪽	あちら、あちら側	13課（本、話）
적다	少ない	特形①
전	前（時間）	11課（本）
전공	専攻	1課（会2）
전철	電車	5課（引）
전철역	電車の駅	13課（会4）
전통	伝統	17課（会4）

전통놀이	伝統遊び	11課（話）
전통차	伝統茶	11課（話）
전혀	全く	17課（引）
전화번호	電話番号	3課（会1），6課（本）
전화하다	電話する	特動②
절친/베프	親友	15課（引）
점	点、ところ	10課（本）
점심	昼、昼食	7課（会2）
점원	店員	3課（本）
젓가락	箸	15課（話）
젓다	かき混ぜる	18課（会1）
정도	程度	4課（会3）
정말	本当	8課（会4）
정장	スーツ、正装	14課（文4）
정하다	決める、決定する	8課（本）
제	私の	7課（会2）
제기차기	チェギチャギ	11課（話）
제대하다	除隊する	17課（本）
제출하다	提出する	5課（会1）
조심하다	気を付ける	18課（本）
졸업	卒業	19課（文4）
좀	ちょっと	9課（本）
좋다	良い	4課（本）
좋아하다	好む（好きだ）	5課（会3）
주다	あげる、やる、くれる	6課（文2）
주말	週末	6課（話）
주세요	ください	3課（本）
주스	ジュース	9課（話）
주의사항	注意事項	19課（会3）
주차하다	駐車する	17課（会3）
주차금지	駐車禁止	17課（会3）
주황색	橙色	20課（引）
준비하다	準備する	7課（話），8課（本）
줄	本（本数を数える単位）	9課（会1）
줄(을) 서다	並ぶ	10課（会3）
중국 사람	中国人	1課（会1）
지각하다	遅刻する	20課（本）
지갑	財布	3課（会3）
지금	今	2課（会1）
지나가는 사람	通りすがりの人	18課（会4）
지나다	過ぎる、経過する	16課（本）
지난달	先月	7課（引）
지난번	この間、前回	11課（会1）
지난주	先週	7課（引）
지내다	過ごす	10課（本）
지원하다	志願する	17課（会2）
지저분하다	散らかっている	11課（会3）
지하철	地下鉄	5課（引会3）
짐	荷物	10課（会3）
집	家	1課（会2），2課（引）
집값	家賃	13課（話）
집세	家賃	17課（会2）
짓다	建てる	18課（会1）
짧다	短い	17課（会1）
쭉 가다	真っすぐ行く	13課（会4,引）
찌개	チゲ	5課（会1）
찍다	撮る	6課（会2）
찍다	つける	9課（話）

ㅊ

차	お茶	8課（会4）
차	車	5課（引）
차가 막히다	車（道）が混む	9課（本）
차다	冷たい	特形②
참	そうだ！	9課（本）
참가하다	参加する	8課（本）
참다	我慢する、こらえる、耐える	15課（文2）
참석하다	出席する	14課（会2）
창문	窓	10課（話），14課（会1）
찾다	探す、調べる、おろす	5課（会1）
책	本	2課（会2）
책상	机	3課（会3）
처음	最初	16課（本）
천천히	ゆっくり	17課（話）
첫 출근하다	初出勤する	20課（本）
첫날	初日	20課（本）
청소하다	掃除する	12課（会2）
체하다	胃がもたれる	18課（引）
초등학생	小学生	11課（会3）
초록색	緑色	20課（引）
초콜릿	チョコレート	4課（会4）
촬영하다	撮影する	17課（会3）
추억	思い出	12課（話）
추천하다	推薦する	9課（話）
축구	サッカー	1課（引・会2）
출발하다	出発する	7課（会2）
출장	出張	14課（会2）
출출하다	小腹が空く	20課（会4）
춤(을) 추다	踊りを踊る	5課（文1），11課（話）
춥다	寒い	9課（会3）
취미	趣味	1課（引・会2）
취업	就職	17課（本）
취업 준비	就職活動	13課（話），19課（本）
취업난	就職難	19課（本）
층	階	3課（本）
치료	治療	17課（話）
치마	スカート	3課（話），10課（文2）
치즈닭갈비	チーズタッカルビ	9課（話）
친구	友達	4課（文2）
친절하다	親切だ	10課（会1）
칭찬하다	称賛する、褒める	20課（文3）

ㅋ

카드	カード	19課（会3）
카레	カレー	7課（会2）
카메라	カメラ	14課（文2）
카페	カフェ	2課（引・会1）
캠프	キャンプ	1課（引）
캠핑장	キャンプ場	11課（会2）
커피	コーヒー	6課（本）
커피숍	コーヒーショップ	3課（本）
컴퓨터	パソコン	15課（会3）
컵	カップ	10課（話）
케이크	ケーキ	2課（会3）
케이티엑스	KTX（韓国の高速鉄道）	5課（引・本）
케이팝	K-POP	1課（引）
켜다	点ける	6課（文1）
켜지다	点く	10課（引）
콘서트	コンサート	4課（話）
콜라	コーラ	4課（会4）
콧물이 나다	鼻水が出る	18課（引）
크다	大きい	特形①

ㅌ

타다	乗る	5課（会3）
탁구	卓球	1課（引）
택시	タクシー	5課（引），13課（文4）
테마	テーマ	8課（本）
테이블	テーブル	3課（会3）
텔레비전	テレビ	15課（文3）
토요일	土曜日	4課（引・話），14課（文3）
티셔츠	Tシャツ	3課（話），20課（会1）
티켓	チケット	12課（会2）

ㅍ

파란색	青色	20課（引）
파랗다	青い	20課（会1）
파티	パーティー	17課（会1）
팔다	売る	8課（会3）
팬	ファン	13課（話）
펜	ペン	11課（文2）
편의점	コンビニエンスストア	2課（引・本）
편하다	楽だ	5課（話），10課（会2）
포장하다	包装する	9課（会1）
푹	ゆっくり、ゆったり	17課（話）
풀다	解消する、ほどく	16課（会3）
프사	プロフィール写真	15課（引）
피가 나다	血が出る	18課（引）
피곤하다	疲れている	9課（会2）
피다	咲く	10課（引）

피우다	吸う	15課（話）, 17課（会3）
피자	ピザ	20課（会2）
필요하다	必要だ	12課（会2）
핑크색	ピンク	20課（引）

ㅎ

하다	する	2課（本）
하루	一日	8課（会2）
하얀색	白色	20課（引）
하얗다	白い	20課（会1）
하와이	ハワイ	6課（会3）
하지만	けれども、だけど	14課（引）
하코네	箱根	11課（本）
학교	学校	2課（会1）
학년	学年、年生	3課（会2）
학생	学生	1課（本）
학원	塾	2課（引）
한가하다	暇だ	14課（話）, 17課（会4）
한강	漢江	11課（本）
한국 사람	韓国人	1課（会1）
한국 음식	韓国料理	2課（会2）
한국어	韓国語	2課（会3）
한국어과	韓国語科	7課（本）
한동안	しばらく、一時	15課（本）
한복	韓服	11課（会4）
한옥 마을	韓屋村	11課（会4）
한턱내다	おごる	8課（会4）
할머니	祖母、お祖母さん	8課（話）, 11課（引）
할아버지	祖父、お祖父さん	11課（引）
합격하다	合格する	19課（文2）
항상	いつも、常に	16課（本）, 17課（引）
해	日、太陽	18課（文2）
해물탕	海鮮チゲ	6課（会2）
해외	海外	11課（会4）
핸드폰	携帯電話	13課（会2）
헤어지다	別れる	17課（会2）
헬스장	スポーツジム	11課（会2）
형	(男性から見た)兄	10課（文3）, 11課（引）
호실	号室	3課（会2）
호텔	ホテル	12課（文1）
혹시	ひょっとして、もし	1課（本）
혼자	ひとりで	11課（本）
홍대	弘益大学校	12課（話）
홍차	紅茶	4課（会4）
화나다	怒る	14課（本）
화를 내다	腹を立てる、怒る	15課（本）
화요일	火曜日	4課（引）
화장품	化粧品	7課（話）
확인하다	確認する	19課（会3）
활발하다	活発だ	16課（話）, 18課（話）
회복되다	回復する	13課（会1）
회사	会社	2課（引）
회사원	会社員	1課（会3）
회색	グレー	20課（引）
회원 가입	会員登録	15課（会1）
횡단보도를 건너다	横断歩道を渡る	13課（引）
휴강	休講	13課（会3）
휴일	休日	17課（会3）
휴학하다	休学する	17課（話）
흡연 장소	喫煙場所	15課（話）
힘들다	大変だ	6課（会2）

語彙リスト：(日本語 → 韓国・朝鮮語)

※ 数字は文法編課を表す ※ 特形は特集形容詞、特動は特集動詞を表す

あ		
藍色	남색	20課 (引)
間	동안	11課 (文1)
間	사이	3課 (引)
会う	만나다	5課 (会3)
青い	파랗다	20課 (会1)
青色	파란색	20課 (引)
赤色	빨간색	20課 (引)
上がる	오르다	17課 (会1)
明るい	밝다	13課 (会3)
秋	가을	7課 (引)
空く	비다	15課 (会3)
開く	열리다	10課 (引・話)
開ける	열다	14課 (会1)
あげる、やる、くれる	주다	6課 (文2)
朝、朝食	아침	4課 (会3)
味	맛	16課 (会1)
味が薄い	싱겁다	9課 (話)
明日	내일	2課 (本), 7課 (引)
芦ノ湖	아시노코 호수	11課 (本)
遊ぶ	놀다	7課 (文2)
暖かい	따뜻하다	9課 (会3)
頭、髪	머리	10課 (話3)
頭が痛い	머리가 아프다	18課 (引)
あちこち	여기저기	6課 (話)
あちら、あちら側	저쪽	13課 (本、話)
暑い	덥다	特形①
厚い	두껍다	18課 (話)
集まり	모임	6課 (会2)
集まる	모이다	10課 (引・会3)
集める	모으다	15課 (会2)
兄 (女性から見た)	오빠	1課 (文2), 11課 (引)
兄 (男性から見た)	형	10課 (文3), 11課 (引)
姉 (女性から見た)	언니	6課 (会1), 11課 (引)
姉(男性からみた)	누나	11課 (引)
アニメ	애니메이션	1課 (引)
あの、	저…	1課 (本)
あの、すみません	저기요	3課 (本)
あの日	그날	6課 (本)
アパート	아파트	16課 (会2)
あまりにも	너무너무	10課 (本)
アメリカ	미국	7課 (会2)
アメリカ人	미국 사람	1課 (会1)
謝る	사과하다	16課 (会3)
あら、まあ	어머	6課 (本)
ありがとうございます	고마워요 (고맙다)	12課 (本)
ある・いる	있다	2課 (本)
歩く	걷다	19課 (文1)
アルバイト	알바 (아르바이트)	2課 (本)
あれこれ	이것저것	19課 (会4)
案内する	안내하다	13課 (文5)
家	집	1課 (会2), 2課 (引)
胃がもたれる	체하다	18課 (引)
行く	가다	4課 (本)
いくつ	몇	8課 (引)
いくら	얼마	3課 (本), 8課 (引)
いくらくらい、どれくらい、どんなに	얼마나	4課 (会3)
医者	의사	1課 (会3)
椅子	의자	3課 (会3)
忙しい	바쁘다	9課 (会3)
急ぐ	서두르다	17課 (会1)
痛い、苦しい	아프다	15課 (会1)
イチオシ	강추	15課 (引)
一日	하루	8課 (会2)
いつ	언제	3課 (会1), 8課 (引)
一週間	1 (일) 주일	8課 (会2)
一緒に	같이	4課 (本)
行って来る	갔다 오다	6課 (本)
行って来る	다녀오다	17課 (本)
いつも、常に	항상	16課 (本), 17課 (引)
いつも	늘	17課 (引)
いつも	언제나	17課 (引)
今	지금	2課 (会1)
妹	여동생	3課 (会2), 11課 (引)
イヤリング	귀걸이	3課 (話)
いよいよ、ついに	드디어	11課 (会3)
いらっしゃる	계시다	7課 (文1)
入り口	입구	10課 (話)
入れる	넣다	12課 (文2)
色	색	13課 (会3)
色々	여러 가지	19課 (話)
仁寺洞	인사동	11課 (会1)
飲食店	음식점	15課 (話)
インターネット	인터넷	5課 (会1)
インターン社員	인턴 사원	19課 (本)
インフルエンザ	독감	20課 (会3)
上	위	3課 (引)
ウォン	원	3課 (本)
受け取る	받다	6課 (本)
動く	움직이다	17課 (話)
後	뒤	3課 (引)
薄い	얇다	18課 (話)
嘘をつく	거짓말하다	19課 (会1)
歌	노래	1課 (引)
歌う	부르다	7課 (会3)
うっかりする	깜빡하다	19課 (会2)
美しい	아름답다	16課 (文4)
器	그릇	15課 (話)
うまくいく	잘되다	5課 (文1)
海	바다	5課 (本)
海辺	바닷가	6課 (本)
売る	팔다	8課 (会3)
うるさい、やかましい	시끄럽다	18課 (会3)
嬉しい	기쁘다	15課 (本)
嬉しい	반갑다	16課 (文1)
運転	운전	12課 (会3)
運動する	운동하다	2課 (会3)
映画	영화	1課 (引)
映画館	영화관	2課 (引), 10課 (会3)
映画鑑賞	영화 감상	1課 (会2)
英語	영어	7課 (会2)
駅	역	7課 (会2)
MT	엠티	5課 (本)
鉛筆	연필	3課 (会3)
お会いできて嬉しいです	만나서 반갑습니다	1課 (本)
美味しい	맛있다	7課 (会2)
応援する	응원하다	8課 (本)
横断歩道を渡る	횡단보도를 건너다	13課 (引)
終える	끝내다	14課 (会3)
終える、終わる	마치다	17課 (文4), 20課 (本)
多い	많다	特形①
大きい	크다	特形①
多く、たくさん	많이	8課 (会2), 9課 (本)
大阪	오사카	1課 (会2)
母、お母さん	어머니	9課 (文2), 11課 (引)
お菓子	과자	11課 (会2)
お金	돈	13課 (会2)
置かれる	놓이다	10課 (引・文6)
沖縄	오키나와	8課 (話)
お客さん	손님	3課 (話)
起きる	일어나다	20課 (会4)
送る	보내다	5課 (文1)
遅れる、遅い	늦다	7課 (文3), 9課 (本)
起こす	깨우다	20課 (本)
怒る	화나다	14課 (本)
おごる	한턱내다	8課 (会4)
お酒	술	17課 (会3)
幼い	어리다	12課 (会2)
教える	가르치다	10課 (本)
おしゃべりをする	수다를 떨다	18課 (会4)
押す	누르다	20課 (会2)

恐らく、たぶん　아마　13課（会1）
お茶　차　8課（会4）
落ちる　떨어지다　10課（引·文6）
弟　남동생　11課（引），13課（会1）
弟/妹　동생　4課（会2）
お歳　연세　7課（文2）
踊りを踊る　춤（을）추다　5課（文1），11課（話）
お腹が空く　배고프다　7課（会2）
お腹を壊す　배탈이 나다　18課（引）
同じだ　같다　特形①
お名前　성함　7課（文2）
お願いする　부탁하다　7課（本）
覚える　외우다　20課（会2）
覚える、記憶する　기억하다　10課（文4）
重い　무겁다　16課（文1）
思い出　추억　12課（話）
面白い　재미있다　2課（話），6課（会2）
面白くない　노잼　15課（引）
降りる　내리다　10課（会3）
終わる　끝나다　8課（会3）
音楽　음악　1課（引），16課（話）
温泉　온천　11課（本）

か

カード　카드　19課（会3）
階　층　3課（本）
会員登録　회원 가입　15課（会1）
海外　해외　11課（会4）
外国語　외국어　11課（会4）
会社　회사　2課（引）
会社員　회사원　1課（会3）
解消する、ほどく　풀다　16課（会3）
海鮮チゲ　해물탕　6課（会2）
回復する　회복되다　13課（会1）
買う　사다　2課（会2）
飼う　기르다　17課（文3）
帰る　돌아가다　14課（会3）
かかる（時間が）　걸리다　4課（会3）
掛かる（壁に）　걸리다　10課（引·話）
かき混ぜる　젓다　18課（会1）
書く　쓰다　12課（会3）
学生　학생　1課（本）
確認する　확인하다　19課（会3）
学年、年生　학년　3課（会2）
かける　쓰다　15課（文2）
歌手　가수　10課（文3）
風　바람　15課（会3）
風邪をひく　감기에 걸리다　18課（本·引）
家族　가족　10課（本）
課題　과제　14課（話）
月　월　3課（文1）
格好いい　잘생기다　10課（会2）
学校　학교　2課（会1）
活発だ　활발하다　16課（話），18課（話）
カップ　컵　10課（話）
悲しい　슬프다　15課（会1）
必ず　꼭　12課（本）
彼女　여친　15課（会2）
鞄　가방　3課（会3）
カフェ　카페　2課（引·会1）
被る　쓰다　10課（話）
壁　벽　10課（話）
我慢する、こらえる、耐える　참다　15課（文2）
カメラ　카메라　14課（文2）
通う　다니다　4課（文3）
火曜日　화요일　4課（引）
辛い　맵다　9課（話），16課（本）
カラオケ　노래방　7課（会3）
体　몸　9課（話），18課（会2）
借りる　빌리다　9課（本）
軽い　가볍다　16課（文1）
カルビ　갈비　4課（文6）
カレー　카레　7課（会2）
彼氏　남친　5課（会3）
可愛い　귀엽다　16課（会1）
考え、～つもり　생각　12課（本）
考える　생각하다　12課（話），19課（本）
観光する　관광하다　6課（会3）
観光地　관광지　8課（会4）
韓国語　한국어　2課（会3）
韓国語科　한국어과　7課（本）
韓国人　한국 사람　1課（会1）
韓国料理　한국 음식　2課（会2）
カンジャンケジャン　간장게장　9課（話）
韓服　한복　11課（会4）
聞いてみる　들어 보다　11課（話）
黄色　노란색　20課（引）
消える　꺼지다　10課（引）
機会、チャンス　기회　14課（会3）
聴き取る、理解する　알아듣다　19課（会2）
聞く、聴く　듣다　6課（会2）
汽車　기차　5課（引）
寄宿舎、寮　기숙사　10課（会2）
ギター　기타　16課（話）
期待する、楽しみだ　기대되다　13課（本）
汚い　더럽다　11課（会3）
喫煙場所　흡연 장소　15課（話）
気に入る　마음에 들다　16課（会1）
機能　기능　19課（会3）
昨日　어제　6課（話），7課（引），8課（会1）
期末　기말　17課（会1）
キムチ　김치　5課（会1）
決める、決定する　결정하다　17課（話）
決める、決定する　정하다　8課（本）
キャンプ　캠프　1課（引）
キャンプ場　캠핑장　11課（会2）
休学する　휴학하다　17課（話）
休講　휴강　13課（会3）
休日　휴일　17課（会3）
急に、いきなり、突然　갑자기　18課（本）
今日　오늘　5課（会2），7課（引）
教室　교실　2課（引），3課（会2）
教授　교수님　7課（本）
京都　교토　1課（会2）
去年、昨年　작년　6課（話），7課（引），13課（文5）
嫌い、嫌だ　싫다　9課（本）
嫌いだ　싫어하다　9課（文5）
着る　입다　11課（文5）
切る　자르다　17課（会1）
切る、断つ　끊다　14課（本）
きれいだ　예쁘다　10課（会1）
きれいだ（清潔）　깨끗하다　11課（会3）
気を付ける　조심하다　18課（本）
禁煙　금연　15課（話），17課（会3）
銀行員　은행원　12課（会2）
緊張する　긴장하다　6課（会2）
金曜日　금요일　4課（本·引）
空港　공항　10課（会3）
薬を飲む　약을 먹다　18課（会1）
ください　주세요　3課（本）
果物　과일　6課（会1）
口に合う　입에 맞다　14課（会2）
靴　구두　18課（会1）
グッズ　굿즈　18課（話）
くっつく　붙다　10課（引）
首を長くして待つ　눈이 빠지도록 기다리다　20課（会3）
比べる、比較する　비교하다　16課（会3）
来る　오다　4課（文3）
車　차　5課（引）
車（道）が混む　차가 막히다　9課（本）
グレー　회색　20課（引）
黒色　까만색　20課（引）

軍隊	군대	15課（話），17課（本）
景気	경기	18課（会2）
経験	경험	19課（本）
携帯電話	핸드폰	13課（会2）
KTX（韓国の高速鉄道）	케이티엑스	5課（引・本）
ケーキ	케이크	2課（会3）
K-POP	케이팝	1課（引）
ゲーム	게임	1課（引）
景色	경치	11課（本）
化粧品	화장품	7課（話）
消す	끄다	15課（文3）
結果	결과	20課（会3）
結婚式	결혼식	14課（文4）
欠席する	결석하다	15課（文2）
月曜日	월요일	4課（引・会3）
結論	결론	18課（会2）
けれども、だけど	하지만	14課（引）
喧嘩する	싸우다	16課（会3）
研究室	연구실	7課（本）
健康だ、元気だ	건강하다	17課（文1）
検索する	검색하다	18課（会4）
見物する	구경하다	6課（話）
個	개	4課（会2）
公園	공원	14課（会3）
合格する	합격하다	19課（文2）
公共の場	공공장소	15課（話）
高校生	고등학생	13課（会2）
交差点	사거리	13課（引・会4）
工事する	공사하다	18課（会3）
号室	호실	3課（会2）
高速バス	고속버스	5課（本）
こうだ	이렇다	17課（会1）
紅茶	홍차	4課（会4）
声	목소리	18課（本）
超える	넘다	16課（会2）
コーヒー	커피	6課（本）
コーヒーショップ	커피숍	3課（本）
コーラ	콜라	4課（会4）
故郷	고향	1課（会2）
ここ	여기	4課（会3）
午後	오후	4課（本）
心	마음	10課（会1）
故障する	고장나다	14課（本）
午前	오전	4課（会3）
こちら側	이쪽	3課（本）
今年	올해	7課（引），11課（会3）
この	이	3課（本）
この間、前回	지난번	11課（会1）
好む（好きだ）	좋아하다	5課（会3）
小腹が空く	출출하다	20課（会4）
ご飯	밥	5課（会1）
ゴルフ	골프	1課（引）
これから	앞으로	1課（本）
今月	이번 달	5課（話），7課（引）
コンコン（ドアをノックする音）	똑똑	15課（本）
コンサート	콘서트	4課（話）
今週	이번 주	5課（本），7課（引）
今週末	이번 주말	2課（会2）
こんにちは	안녕하세요?	1課（本）
コンビニエンスストア	편의점	2課（引・本）

さ

さあ…、そうですね…	글쎄요	8課（本）
サークル	동아리	4課（本）
歳	살	4課（会2）
最近	요즘	9課（会3）
最後	마지막	14課（会3）
最初	처음	16課（本）
サイズ	사이즈	14課（会1）
サイダー	사이다	4課（会4）
財布	지갑	3課（会3）
幸いだ、何よりだ	다행이다	20課（本）
探す、調べる、おろす	찾다	5課（会1）
咲く	피다	10課（引）
差し上げる	드리다	7課（話）
冊、巻	권	4課（会2）
撮影する	촬영하다	17課（会3）
サッカー	축구	1課（引・会2）
雑誌	잡지	3課（会3）
寒い	춥다	9課（会3）
～さん	－씨	1課（本）
参加する	참가하다	8課（本）
三食	세끼	20課（話）
参鶏湯	삼계탕	9課（話）
散歩する	산책하다	10課（会1）
時	시	4課（本）
しかし	그러나	14課（引）
時間	시간	4課（会3）
志願する	지원하다	17課（会2）
～時間目、～時限目	교시	3課（会2）
試験	시험	4課（会1）
試験に受かる	시험에 붙다	14課（会3）
試験を受ける	시험을 보다	4課（話）
事故が起こる	사고가 나다	18課（文3）
自己紹介	자기소개	6課（会2）
事実、実（は）	사실	15課（本）
辞書	사전	16課（文3）
自信を持つ	자신감을 가지다	20課（文3）
下	밑	3課（引），10課（文6）
下	아래	3課（引・本）
失敗する	실수하다	20課（話）
自転車	자전거	5課（引），13課（本）
自動車学校	자동차학원	12課（会3）
自動販売機	자판기	9課（本）
自撮り	셀카	15課（引）
しばらく、一時	한동안	15課（本）
渋谷駅	시부야 역	7課（聞）
字幕なしで	자막 없이	13課（話）
閉まる	닫히다	10課（引・話）
締め切り	마감	14課（会3）
閉める	닫다	特動②
写真	사진	1課（引），6課（会2）
社長	사장님	9課（会3）
就職	취업	17課（本）
就職活動	취업 준비	13課（話），19課（本）
就職難	취업난	19課（本）
ジュース	주스	9課（話）
週末	주말	6課（話）
授業	수업	3課（会2），4課（本）
塾	학원	2課（引）
宿題	숙제	8課（会3）
手術を受ける	수술을 받다	17課（話）
出席する	참석하다	14課（会2）
出張	출장	14課（会2）
出発する	출발하다	7課（会2）
趣味	취미	1課（引・会2）
準備する	준비하다	7課（話），8課（本）
紹介してもらう	소개 받다	11課（会1）
小学生	초등학생	11課（会3）
称賛する、褒める	칭찬하다	20課（文3）
上手だ	잘하다	5課（会3）
食事	식사	2課（会1）
食堂	식당	2課（引・会1）
除隊する	제대하다	17課（本）
ショッピングする、買い物する	쇼핑하다	2課（会2）
書店	서점	2課（引）
初日	첫날	20課（本）
知らない、わからない	모르다	17課（本）
調べる	알아보다	8課（会4）
資料	자료	14課（話）
知る、わかる	알다	7課（本）
白い	하얗다	20課（会1）
白色	하얀색	20課（引）
新幹線	신칸센	5課（引）
信号	신호등	13課（引）

信じる	믿다	19課（会1）
申請する	신청하다	19課（会3）
親切だ	친절하다	10課（会1）
新村	신촌	12課（会1）
心配する	걱정하다	9課（本）
親友	절친/베프	15課（引）
水泳	수영	1課（引·会2）
推薦する	추천하다	9課（話）
睡眠	잠	8課（会2）
水曜日	수요일	4課（引）
吸う	피우다	15課（話），17課（会3）
スーツ、正装	정장	14課（文4）
スープがしみる	국물이 시원하다	9課（話）
スカート	치마	3課（話），10課（文2）
すき焼き	스키야키	11課（会4）
過ぎる、経過する	지나다	16課（本）
（お腹が）空く	고프다	特形②
少ない	적다	特形①
すぐ	바로	13課（会4、引）
過ごす	지내다	10課（本）
水正菓	수정과	11課（話）
涼しい	시원하다	特形②
スタジオ	스튜디오	11課（話）
ずつ	씩	19課（会1）
ずっと、引き続き、継続	계속	15課（会1）
素敵だ	멋있다	9課（会3）
ストレス	스트레스	16課（会3）
スピーチ大会	말하기 대회	8課（本）
スプーン	숟가락	5課（会1）
すべて、全部、全部で	모두	3課（本）
スポーツジム	헬스장	11課（会2）
スポーツセンター	스포츠센터	2課（引）
ズボン	바지	3課（話）
スマートフォン	스마트폰	15課（会3）
すまない	미안하다	9課（本）
住む、暮らす、生きる	살다	7課（会1）
スリムだ	날씬하다	18課（話）
する	하다	2課（本）
座る	앉다	7課（文1）
性格	성격	9課（会3）
生活	생활	10課（本）
精神崩壊	멘붕	15課（引）
成績	성적	17課（会1）
セール中	세일중	3課（話）
席	자리	12課（会1）
咳が出る	기침이 나다	18課（引·話）
せっかちだ、急ぎだ	급하다	10課（話）
節約する、大事にする	아끼다	19課（会4）
先月	지난달	7課（引）
専攻	전공	1課（会2）
先週	지난주	7課（引）
先生	선생님	8課（文1）
洗濯	빨래	12課（会2）
先輩	선배	6課（本）
全部、全て、皆、ほとんど	다	11課（会3）
掃除する	청소하다	12課（会2）
そうする	그러다	19課（本）
そうだ	그렇다	13課（本）
そうだ！	참	9課（本）
そうだけど	그렇지만	14課（引）
相談	상담	7課（本）
そうですか	그래요?	2課（本）
ソウル	서울	1課（会2），5課（本）
そこ	거기	5課（聞）
そして	그리고	14課（引）
卒業	졸업	19課（文4）
外	밖	3課（引）
そのまま	그냥	15課（本）
祖父、お祖父さん	할아버지	11課（引）
ソファー	소파	3課（会3）
祖母、お祖母さん	할머니	8課（話），11課（引）
ソルロンタン	설렁탕	9課（話）
それで、だから、そして	그래서	3課（話），14課（引）
それでも	그래도	14課（引）
ソロ、一人	솔로	11課（会3）

た

ダイエット	다이어트	13課（話），18課（文2）
大学、大学校	대학교	7課（会1）
大学院	대학원	20課（会2）
大学生	대학생	1課（会3）
大丈夫だ	괜찮다	13課（会1）
橙色	주황색	20課（引）
体調を崩す、悪寒	몸살이 나다	18課（引）
大変だ	힘들다	6課（会2）
高い	높다	特形①
（値段）高い	비싸다	9課（話）
だから	그러니까	14課（引）
タクシー	택시	5課（引），13課（文4）
出す	내다	19課（文2）
助けてあげる、手伝う	도와주다	16課（本）
尋ねてみる	물어보다	15課（文3）
尋ねる	묻다	19課（会1）
立ち寄る	들르다	7課（文1）
立つ	서다	10課（引）
タッカルビ	닭갈비	13課（本）
卓球	탁구	1課（引）
建物	건물	18課（会1）
建てる	짓다	18課（会1）
タバコ	담배	15課（話），17課（会3）
食べる	먹다	2課（会2）
たまに	가끔	17課（引）
溜まる	쌓이다	16課（会3）
足りない、不足する	부족하다	15課（会2）
誰	누구	5課（聞），8課（引）
誰が	누가	7課（会2）
誰も	아무도	15課（会3）
短期留学	단기유학	6課（話）
単語	단어	20課（会2）
誕生日	생일	3課（会1）
誕生日パーティー	생일 파티	6課（話）
ダンス	댄스	1課（引·会2）
男性、男	남자	10課（会1）
チーズタッカルビ	치즈닭갈비	9課（話）
小さい	작다	特形①
チェギチャギ	제기차기	11課（話）
近い	가깝다	特形①
近く、近所	근처	3課（引）、11課（本）
違う、異なる	다르다	13課（会3）
地下鉄	지하철	5課（引会3）
血が出る	피가 나다	18課（引）
チケット	티켓	12課（会2）
チゲ	찌개	5課（会1）
遅刻する	지각하다	20課（本）
父、お父さん	아버지	11課（引），15課（文4）
散らかっている	지저분하다	11課（会3）
チャーハン	볶음밥	14課（会1）
茶色	갈색	20課（引）
器	그릇	15課（話）
注意事項	주의사항	19課（会3）
中国人	중국 사람	1課（会1）
駐車禁止	주차금지	17課（文3）
駐車する	주차하다	17課（会3）
注文する、させる	시키다	7課（文4）
チョコレート	초콜릿	4課（会4）
ちょっと	잠깐	14課（本）
ちょっと	좀	9課（本）
ちょっと前、さっき	아까	13課（会3）
治療	치료	17課（話）
ついていく	따라가다	20課（話）
疲れている	피곤하다	9課（会2）
次	다음	8課（話），9課（本）

付き合う	사귀다	10課(本)
点く	켜지다	10課(引)
机	책상	3課(会3)
作る	만들다	2課(会2)
つける	찍다	9課(話)
点ける	켜다	6課(文1)
冷たい	차다	特形②
強い、数える	세다	5課(文1)
DM	디엠	15課(引)
Tシャツ	티셔츠	3課(話), 20課(会1)
提出する	제출하다	5課(会1)
ディズニーランド	디즈니랜드	13課(会2)
程度	정도	4課(会3)
デートする	데이트하다	11課(会1)
テーブル	테이블	3課(会3)
テーマ	테마	8課(本)
できる	생기다	11課(会3)
手伝う、助ける	돕다	16課(会1)
徹夜する	밤새다	20課(会3)
出てくる、出る	나오다	5課(文1)
では、それじゃ	그럼	2課(本) 14課(引)
出前を取る	배달시키다	19課(会4)
出る	나다	18課(会2)
テレビ	텔레비전	15課(文3)
点、ところ	점	10課(本)
店員	점원	3課(本)
天気	날씨	11課(本)
電車	전철	5課(引)
電車の駅	전철역	13課(会4)
伝統	전통	17課(会4)
伝統遊び	전통놀이	11課(話)
伝統茶	전통차	11課(話)
電話する	전화하다	特動②
電話番号	전화번호	3課(会1), 6課(本)
東京	도쿄	1課(会2)
どうしてですか?	왜요?	4課(本)
どうしよう	어떡해요	6課(本)
どうだ	어떻다	4課(本)
到着する	도착하다	7課(会2)
どうでしたか	어땠어요?	6課(会2)
どうですか	어때요	8課(本)
とうもろこし茶	옥수수차	9課(話)
どうやって、どのように	어떻게	5課(本), 8課(引)
遠い	멀다	14課(会1)
通りすがりの人	지나가는 사람	18課(会4)
読書	독서	1課(引)
時計	시계	3課(文2)
どこ	어디	1課(会2), 2課(本), 8課(引)
ところで	그런데(縮約形:근데)	3課(本), 14課(引)
登山	등산	1課(引), 4課(本)
歳	나이	5課(会2)
図書館	도서관	2課(引·会1)
どちら	어느 쪽	8課(引)
トッポキ	떡볶이	2課(会2)
とても、非常に	아주	13課(会1)
どの	어느	8課(引)
どの国	어느 나라	1課(会1)
止める	세우다	9課(文1)
友達	친구	4課(文2)
土曜日	토요일	4課(引·話), 14課(文3)
ドラマ	드라마	1課(引), 12課(本)
撮る	찍다	6課(会2)
どんな	어떤	8課(引·本)
どんなに、いくら	아무리	15課(本)

な

日	일	3課(文1)
ない、いない	없다	5課(文1), 8課(本)
直す	고치다	14課(会2)
治る	낫다	18課(本)
中	안	3課(引)
長い	길다	10課(話)
泣く	울다	特動②
失くす	잃어버리다	20課(話)
なぜ	왜	8課(引)
なぜなら	왜냐하면	14課(引)
夏	여름	7課(引)
納豆	낫토	14課(会2)
夏休み	여름 방학	5課(話), 6課(会3)
何	무엇(뭐)	1課(会2), 2課(本), 8課(引)
何、何の、どんな	무슨	3課(聞), 8課(引)
南怡島	남이섬	12課(本)
習う、学ぶ	배우다	2課(会3)
並ぶ	줄(을) 서다	10課(会3)
何人	몇 명	8課(本)
何の用	무슨 일	7課(本)
似合う	어울리다	13課(会3)
臭いがする	냄새가 나다	14課(会1)
肉	고기	16課(文2)
日曜日	일요일	4課(引·話), 9課(会4)
~について	에 대해서	15課(話), 17課(会2)
二泊三日	2(이)박 3(삼)일	12課(話)
日本語	일본어	2課(会3)
日本人	일본 사람	1課(本)
日本人	일본인	8課(本)
荷物	짐	10課(会3)
入学	입학	18課(話)
入院する	입원하다	17課(話)
人気	인기	9課(聞)
人気者	인싸	15課(引)
人前、人分	인분	9課(会1)
脱ぐ	벗다	18課(会1)
ネクタイ	넥타이	7課(話)
熱がある	열이 나다	18課(引·話)
熱心に、一生懸命	열심히	8課(本)
寝坊をする	늦잠을 자다	20課(本·会4)
寝る	자다	7課(文1)
年	년	3課(文1)
ノート	공책	3課(本)
ノート	노트	9課(本)
逃す	놓치다	20課(会4)
残る	남다	10課(引), 19課(会4)
載せる	싣다	19課(会1)
喉、首	목	18課(会1)
喉が腫れる	목이 붓다	18課(引)
飲み物	음료수	8課(話)
飲む	마시다	6課(本)
乗り換える	갈아타다	10課(会3)
のり巻き	김밥	9課(会1)
乗る	타다	5課(会3)

は

パーティー	파티	17課(会1)
杯	잔	4課(会2)
拝	드림	10課(本)
入って行く、入る	들어가다	4課(文3)
俳優	배우	10課(会2)
入ってくる、入る	들어오다	15課(本)
履物、靴	신발	3課(話)
履く	신다	18課(会1)
箱根	하코네	11課(本)
箸	젓가락	15課(話)
始める	시작하다	7課(話)
場所	장소	10課(会3)
場所、所	곳	11課(会1)
バス	버스	5課(引·会3)
バスケットボール	농구	1課(引)
パスポート	여권	12課(会2)
パソコン	컴퓨터	15課(会3)
働く	일하다	特動①
初出勤する	첫 출근하다	20課(本)
発表	발표	8課(会1)
花	꽃	9課(会1)

話	이야기	6課（会2）
話（を）する	이야기하다	15課（本）
話す	말하다	17課（文3）
花火	불꽃놀이	6課（本）
花見	꽃구경	15課（会2）
鼻水が出る	콧물이 나다	18課（引）
花屋	꽃집	13課（会4）
韓屋村	한옥 마을	11課（会4）
パパ	아빠	11課（引）
早く	일찍	14課（会3）
速く、早く	빨리	8課（話）, 18課（本）
腹を立てる、怒る	화를 내다	15課（本）
春	봄	7課（引）, 10課（会2）
腫れる	붓다	18課（会1）
ハワイ	하와이	6課（会3）
パン	빵	12課（文3）
パン屋	빵집	13課（会4）
番、回	번	3課（会1）
ハンカチ	손수건	7課（話）
漢江	한강	11課（本）
日、太陽	해	18課（文2）
匹	마리	9課（話）
引く	긋다	18課（文1）
低い	낮다	特形①
飛行機	비행기	5課（引・話）
飛行機のチケット	비행기표	8課（会4）
ピザ	피자	20課（会2）
久しぶりに	오랜만에	15課（本）
左、左側	왼쪽	3課（引）, 13課（会4）
引越	이사	13課（話）
引っ越す	이사하다	13課（会2）
必要だ	필요하다	12課（会2）
ひとりで	혼자	11課（本）
ビビンバ	비빔밥	8課（話）
暇だ	한가하다	14課（話）, 17課（会4）
秘密	비밀	15課（文4）
百貨店	백화점	2課（引・会1）
病院	병원	2課（引）, 14課（会1）, 18課（本）
美容室	미용실	4課（話）, 14課（文4）
ひょっとして、もし	혹시	1課（本）
昼、昼食	점심	7課（会2）
広い	넓다	10課（会1）
ピンク色	핑크색	20課（引）
ファン	팬	13課（話）
吹く	불다	15課（会3）
服	옷	7課（会3）
釜山	부산	1課（会2）, 5課（本）
蓋	뚜껑	20課（会2）
二人、二人で	둘이	13課（話）
普通、普段	보통	17課（聞）
物価	물가	18課（会2）
太っている	뚱뚱하다	18課（話）
太る	살찌다	17課（会4）
船	배	5課（引・話）
不便だ	불편하다	10課（本）
ふむ	흠	8課（本）
冬	겨울	7課（引）
冬休み	겨울 방학	5課（話）
フリーマーケット	벼룩시장	12課（会3）
古くなる	오래되다	14課（会2）
プルコギ	불고기	6課（会3）
プレゼント	선물	3課（聞）
プロフィール写真	프사	15課（引）
分	분	4課（本）
文化	문화	8課（本）
ベージュ色	베이지색	20課（引）
下手だ	못하다	16課（話）
ペット	애완동물	17課（文3）
ベトナム人	베트남 사람	1課（会1）
ペン	펜	11課（文2）
勉強	공부	2課（会2）
勉強会	스터디	6課（会2）
弁当	도시락	9課（会1）
帽子	모자	3課（話）
包装する	포장하다	9課（会1）
忘年会	송년회	8課（会2）
方法	방법	19課（会1）
訪問する	방문하다	19課（文3）
ボールペン	볼펜	3課（会3）
ホテル	호텔	12課（文1）
歩道橋	육교	13課（引）
ほとんど	거의	17課（引）
本	책	2課（会2）
本（本数を数える単位）	줄	9課（会1）
弘益大学校	홍대	12課（話）
本当	정말	8課（会4）

ま

曲がる	돌다	13課（引）
毎日	매일	2課（話）, 19課（会1）
前（位置）	앞	3課（引）, 7課（会2）
前（時間）	전	11課（本）
前もって	미리	19課（会3）
まず	먼저	19課（本）
まずい	맛없다	特形②
また	또	10課（本）, 14課（引）
まだ	아직	8課（本）
待つ	기다리다	7課（会2）, 9課（本）
真っすぐ行く	쭉 가다	13課（会4,引）
全く	전혀	17課（引）
窓	창문	10課（話）, 14課（会1）
ママ	엄마	11課（引）
まもなく、すぐ	곧	7課（会2）
マラソン	마라톤	1課（引）
回す	돌리다	20課（会2）
漫画	만화(책)	1課（引）, 17課（文3）
真ん中	가운데	3課（引）
見える、見せる	보이다	15課（文2）
右側	오른쪽	3課（引）, 13課（会4）
短い	짧다	17課（会1）
水	물	9課（話）
緑色	초록색	20課（引）
明洞	명동	2課（本）
見る、（試験を）受ける	보다	2課（本）
みんな	다들	20課（会1）
向かい側	맞은편	3課（引）, 13課（会4）
迎える	마중하다	14課（話）
難しい	어렵다	16課（本）
息子	아들	13課（文1）
胸キュン	심쿵	15課（引）
紫色	보라색	20課（引）
無理する	무리하다	17課（話）, 18課（本）
目	눈	20課（会3）
名	명	4課（文1）
名様、方	분	4課（会2）
メール	메일	5課（会1）
眼鏡	안경	15課（文2）
召し上がってください	드세요	6課（会1）
メモ	메모	6課（本）
面接	면접	2課（本）
もう、すでに	벌써	6課（本）
もう、予め	이미	13課（会1）
木曜日	목요일	4課（引）
もしもし	여보세요	2課（会1）
（手に）持つ、入る	들다	10課（引・話）, 15課（話）, 16課（会1）
もっと、さらに、より	더	5課（本）
物	것	11課（会1）

や

野球	야구	1課（引）

焼く	굽다	16課（会2）
約束	약속	7課（会1）
約束を取り付ける	약속을 잡다	19課（会3）
夜景	야경	13課（本）
易しい	쉽다	特形①
夜食	야식	20課（話）
安い	싸다	5課（本）
野菜	야채	12課（文2）
休む	쉬다	2課（本）
家賃	집값	13課（話）
家賃	집세	17課（会2）
薬局	약국	2課（引）
山	산	5課（本）
ヤンニョムチキン	양념치킨	9課（話）
夕方、夕食	저녁	4課（会3）
YouTube	유튜브	1課（引）
郵便局	우체국	2課（引）
有名だ	유명하다	13課（本）
遊覧船	유람선	11課（本）
ゆず茶	유자차	11課（話），18課（文4）
ゆっくり	천천히	17課（話）
ゆっくり、ゆったり	푹	17課（話）
夢をかなえる	꿈을 이루다	17課（会2）
ユンノリ	윷놀이	11課（話）
良い	좋다	4課（本）
よく、頻繁に	자주	5課（会3），17課（引）
横	옆	3課（引），13課（会4）
呼ぶ	부르다	17課（会1）
読む	읽다	2課（会2）
予約する	예약하다	8課（会4）
夜	밤	6課（本）
よろしくお願いします	잘 부탁합니다	1課（本）

ら

ラーメン	라면	6課（会1）
来月	다음 달	5課（話），7課（引）
来週	다음 주	5課（本），7課（引）
来年	내년	7課（引），17課（文4）
楽だ	편하다	5課（話），10課（会2）
留学生	유학생	1課（会3）
量	양	9課（話）
両親	부모님	12課（会2）
料理	요리	1課（引・会2）
旅行	여행	1課（引），4課（本）
履歴書	이력서	19課（文2・話）
輪	송이	9課（会1）
リンゴ	사과	6課（会1）
礼儀	예절	15課（話）
冷麺	냉면	20課（会1）
レシピ	레시피	11課（文1）
レストラン	레스토랑	7課（話）
レポート	레포트	5課（会1）
連休	연휴	12課（会3）
練習	연습	8課（文1）
連絡がつく	연락이 되다	15課（本）
連絡先	연락처	19課（会1）
連絡する	연락하다	9課（本）

わ

別れる	헤어지다	17課（会2）
忘れる	잊다	20課（会4）
私	나	11課（引）
私	저	10課（本）
私の	제	7課（会2）
私たち	우리	5課（本）
渡る	건너다	5課（文1）
笑う	웃다	18課（文1）
悪い	나쁘다	特形②
ん？あれ？	어	17課（本）

ん

ん…	음	8課（本）

◎ 著者
朴庾卿（パク・ユギョン　박유경）
法政大学大学院 博士（学術）。現在、長崎外国語大学特任講師。

仲島淳子（ナカジマ・ジュンコ　나카지마 준코）
関西大学大学院 外国語教育学研究科 博士後期課程。韓国語講師・日本語講師。

金美順（キム・ミスン　김미순）
関西大学大学院 外国語教育学研究科 博士後期課程。韓国語非常勤講師。

徐明煥（ソ・ミョンファン　서명환）
東京外国語大学 総合国際学研究科 博士前期課程修了。同大学院博士後期課程単位習得。上智大学、昭和女子大学韓国語非常勤講師。

〈監修〉
河正一（ハ・ジョンイル　하정일）
大阪公立大学 国際基幹教育機構
日本韓国研究会 会長（2022 年 9 月現在）

ワンアクション韓国語

検印省略

© 2023 年 1 月 30 日　初版発行

著者　朴庾卿　仲島淳子　金美順　徐明煥

監修　河正一

発行者　小川 洋一郎
発行所　株式会社　朝日出版社
101-0065　東京都千代田区西神田 3-3-5
電話　03-3239-0271/72
振替口座　00140-2-46008
http://www.asahipress.com/

組版／(株) 剛一　印刷／図書印刷

乱丁，落丁本はお取り替えいたします。
ISBN978-4-255-55701-4 C1087